U0072261

漢書

裡的

聽班固老爺子這樣說西漢故事

那些人那些事

江輝◎著

原書名：關於漢書的100個故事

編輯序

　　《漢書》，又名《前漢書》，為東漢史學家班固所著的史書。全書記載，上起劉邦被封為漢王元年（西元前206年），下終王莽地皇四年（西元23年），共二百三十年的史事，開創了中國紀傳體斷代史的先河。

　　《漢書》的文風莊嚴工整，排比華麗，遣詞用句典雅，擅長於敘事和人物描寫，亦對當時的風土民情、社會經濟制度，甚至是自然科學，提供了大量豐富的史料，是一部極為珍貴的古代文化史。

　　據此，本書在編纂《漢書》中的一百個故事時，也是圍繞著人物事件來寫的。

　　第一篇敘述了自西漢開國以來的各個帝王：從無賴變天子的劉邦；西楚霸王烏江自刎的英雄末路；名為皇帝，實為傀儡的漢惠帝；行儉約的「文景之治」的漢文帝、漢景帝……。透過一個個故事，讓這些帝王的形象「活」了起來，變得有血有肉，不再是一個個冰冷的符號。

　　第二篇，則是對西漢時期文臣武將的描寫，從每一個事件，到每一個決策的過程，都能讓讀者更加瞭解西漢的歷史發展，並對書中人物有更深的認識：大漢第一相蕭何；對劉邦至死不離的樊噲；從胯下爬起來的大將軍韓信；得罪權貴鬱鬱而終的才子賈誼；身殘志堅，發憤著《史記》的太史公司馬遷；第一使臣出使西域的張騫……。這些將相們絢爛點點的光彩，點亮著西漢的天空，少了他們的西漢史，一定黯然失色。

　　第三篇則以史學的角度，帶大家重回關鍵的時刻，慢動作重播當下的瞬間：如果劉邦沒有裝傻示弱—鴻門宴上，誰笑到最後？蕭何如何成就了韓信，最後卻也害死了韓信？樊噲為何差點被砍？如果漢成帝不當皇帝會怎樣？透過層層的抽繭剝絲，來解答這些疑問。

　　前面說盡了漢書中的恢宏故事，別忘了《漢書》之中還有許多兒女情

長：呂雉下嫁劉邦的酸甜歲月；虞姬與項羽的生死愛戀；紅顏命薄的戚夫人；「金屋藏嬌」的悲情結局；從歌女到皇后的衛子夫；紅顏禍水，誤國的趙氏姐妹……。用溫婉的筆觸，勾勒出《漢書》中令人柔腸百轉的情感糾葛。

最後，本書用政治角逐的權謀，寫出漢代名人在政治、軍事、民生上的手段；有權力爭鬥的殘酷；和親的無奈；揚威異域的霸氣。在這些故事裡，我們看不見溫情和浪漫，有的是冷血的政治、血腥的謀劃，以及為了國家的安定做出的犧牲。

《漢書裡的那些人那些事》用細膩的筆觸，勾勒出西漢建國兩百多年的興亡成敗，人物悲喜；以生動明快的語言，展開西漢這幅令人熱血沸騰的畫卷，讀來令人通體舒暢，大呼過癮。

你會發現，原來，歷史離我們並不遙遠，而《漢書》，竟是與我們如此貼近。

推薦給對歷史有興趣，卻對正統歷史書籍讀不上心的朋友，相信這本輕鬆詼諧，又不脫離史實的《漢書裡的那些人那些事》，會讓您咀嚼出意想不到的樂趣跟收穫。

自序

　　大多數人都覺得歷史是枯燥、嚴肅的，充滿了無謂的人名、瑣碎的數字與年代符號。但是如果你換一個角度去看歷史，把每個歷史事件都當成一個發生在身邊的故事，感覺就完全不一樣了，塵封在案頭的歷史人物、帝王將相瞬間都可愛可親了起來。

　　《漢書裡的那些人那些事》，就是以這個概念為出發，希望把嚴肅的歷史，轉換成一個個貼近生活的故事，讓這些故事，成為連接跟溝通古今的那座橋梁，用一種詼諧幽默的手法，帶給大家閱讀上的輕鬆感，從而讓大家瞭解歷史上發生了哪些事情，明白在西漢那個年代，到底經歷了怎樣的風雲變幻。

　　錢穆先生寫的《國史大綱》，序言中：「當任何一國之國民，尤其是自稱知識在水準線以上之國民，對其本國已往歷史，應該略有所知……」

　　歷史故事就是為了讓大家對歷史有所瞭解，彷彿是一面鏡子，反映出善惡興衰，供我們後人做為效法惕勵的參考。

　　很多人覺得學習歷史的門檻過高，不熟悉本國的歷史，也不了解自己的文化背景，這是非常可惜的。歷史，應該是每個人都可以讀的，可以懂得，可以理解的；歷史，應該是寫給每個人的。

　　在《漢書裡的那些人那些事》裡，我盡力想讓讀者讀到一本好看的「歷史小說」，知道一些好玩的歷史故事，感受一點西漢當時的社會氛圍。

　　到底是什麼事件，促使劉邦從一個市井小人物，成為一國之君？如果鴻門宴殺掉了劉邦，那麼天下是否就是項羽的？向漢景帝進言削藩的晁錯又錯在哪裡？李陵賣國，是為了什麼？又是什麼樣的原因，讓強大的大漢王朝日益衰落？

　　我用「故事」這把鑰匙，打開史書中貫穿古今的交流之鎖，把古人請

到今天，躍然在各位的紙上。無論是對歷史知識的理解，還是閒暇時的生活調劑，都是有益的，這也是《漢書》在二十一世紀的另一種意義。

　　希望各位會喜歡這本書。

目錄

第一篇：劉氏四百年江山——大漢王朝的戲劇性事件與後續

第二篇：國之棟樑、君之肱股——少了他們，漢室何去何從

第三篇：值得慢動作重播的瞬間──歷史是多重選擇題

第四篇：兒女情長哀怨生──多少人敗給了「愛情」

第五篇：政治角逐，唯不缺「權謀」——漢朝歷史名人的厲害手段

第一篇
劉氏四百年江山
——大漢王朝的戲劇性事件與後續

天生皇帝命
——從無賴到九五之尊，劉邦的草根逆襲

故事 01

劉邦在家排行老三，所以小名就叫劉三，他是中國歷史上有名的布衣皇帝。

當年，明太祖朱元璋稱帝後，拜祭歷代帝王廟時，僅給劉邦敬了一杯酒，原因就在這句話裡——「惟公與我起布衣而有天下」：兩人一樣都是從平民百姓起家當上皇帝的。

劉邦之所以發跡，一個重要的原因就是他有神一樣的好命。

讀過史書的人都知道，皇帝既然號稱「天子」，或曰「真龍天子」，當然不能再和小老百姓一樣的俗骨凡胎。而怎樣才能證明自己非同凡品，皇帝們自有高招，即編造種種荒誕不經的故事，說他們出生之時，乃至在娘胎裡就和普通人大不相同，不但不一樣，而且神乎其神。

相傳，那是一個郊遊的好天氣，劉媽媽在大湖岸邊歇息，不知不覺睡著了，做了一個春夢。

突然，雷電轟鳴，劉爸爸太公一看天氣不好，就出門去接老婆回家，

【漢高祖劉邦畫像】

走到湖邊，看見一條蛟龍正伏在劉媽媽身上。

劉媽媽就此懷了孕，後來生下了劉邦。

出生以後的劉邦更顯得不同，高高的鼻樑，鼓起的眉骨，還有他左大腿上七十二顆黑痣，見過的人都認為這劉邦天生異相，以後不同凡響。

不過等到劉邦稍微長大了一點，以前那麼想的人都覺得自己當初是隨口說的，因為他是在不務正業上不同凡響。

劉邦不拘小節，也不喜歡去工作，日子過得窮困潦倒，偷雞摸狗的事情沒少做過。

後來，不想種田的劉邦做了泗水亭長，這個職位真是小得不能再小了，都不能算是官，只是小吏而已。再加上他還有一堆狐朋狗友，身上根本存不下錢。

沒錢，又要喝酒，只好賒帳了。

那時候，中陽里有一家酒館，是由兩個女老闆──武負和王媼合夥開的。

剛開始，兩位女老闆看到劉邦喝了酒不給錢，還打算賒帳，都十分惱火。

有一次，劉邦喝醉了酒，施展「死皮賴臉」的功夫賴著不走，還在酒館中呼呼大睡。

正想用掃把趕走劉邦的王媼看到劉邦身上隱約盤著一條蛟龍，不由得大驚，以為自己眼花了，趕緊讓武負過來看。

結果，武負一看，也說劉邦身上有龍在盤桓的景象。

「龍」在古時候是權力和成就的象徵，也是帝王同義詞，早前坊間就傳聞說劉邦是龍的兒子，如今看來果然不假。武負和王媼不敢叫醒劉邦，讓他睡了個飽。更驚喜的是，劉邦離開後的第二天，酒館的生意異常好，好到讓武負和王媼都忙不過來。於是，兩位女老闆就開始對劉邦心生敬意，從此不

【秦始皇東巡雕塑】

收他的酒錢，還將以前賒的帳也一筆勾銷了。

就這樣，劉邦喝酒不要錢，守著一畝三分地過得還算愜意。小地方出身的他，還趁著服徭役去咸陽的時候，目睹過秦始皇的威儀。

當時，秦始皇出巡，允許百姓道旁觀瞻，劉邦有幸擠進觀瞻的行列當中。對於咸陽徭夫、沛縣鄉巴佬的泗水亭長劉邦來說，秦始皇宛若天上的太陽，燦爛輝煌，他不由得感歎道：「嗟乎，大丈夫當如此矣！」

但羨慕歸羨慕，流氓的生活還是要繼續。

也就在那一年，混到了不惑之年、已是中年大叔的劉邦娶到了老婆。

單父縣的呂公搬家來了沛縣，請客吃飯，蕭何收禮的時候說：「進不滿千錢，坐之堂下。」劉邦也在場，可是他沒有錢，又不願意坐堂下，於是送了一個空紅包，上面寫一萬錢。

呂公一看這麼多錢，立刻跑到門口迎接劉邦，這一見不得了，他會看相，當場就說劉邦是貴人，還要把自己的女兒呂雉嫁給劉邦。

劉邦正好是單身漢，這送上門的老婆怎麼能不要呢！

就這樣，送了個空紅包，娶了個富家千金小姐回家。

成家立業以後的劉邦酒少喝了，下班回家還得幫忙種田，可是卻絲毫沒有要成為貴人的樣子。

有一次，呂雉帶著兒子和女兒一起下田。

這時候，有一位老人家經過田間，向呂雉討口水喝。大家閨秀出身的呂雉知人情明事理，見老人年過七旬，獨自上路，便招待老人家回家吃飯。

老人家在劉邦家吃喝了一頓，摸摸鬍子，對呂雉說：「夫人的面相貴不可言，是天下貴人之相。」呂雉聽了，十分高興，趕緊讓老人家也給兒子和女兒看相。老人看著呂雉的女兒說：「此女同屬貴人相。」接著，呂雉將兒子劉盈帶過來，給老人家看相。老人家仔細端詳了劉盈片刻，高興地說：「此男乃屬天下貴相，夫人所以貴者，全在此男也！」

呂雉聽後大為高興，準備好好答謝老人家，可是呂雉一轉身，老人家便走了。

老人家前腳一走，劉邦就回來了，呂雉高興地將剛才老人家看相的事告訴劉邦。劉邦聽了，來不及高興，就趕緊出門追老人家。

老人家一看劉邦的面相，心中驚喜，久久說不上話來。

平靜下來之後，老人家才說：「夫人和你的兒子之所以能成為天下貴人，全因你啊，君相豈有不貴的道理。君之面相，乃屬天子之相啊！」

果然，劉邦接下來的命運，被這位「預言大師」全盤相中。自此，劉邦僅僅用了七年時間便成功實現從平民到開國皇帝的華麗轉變。

小知識

劉邦稱帝後，一次在未央宮前殿設宴，宴請家人群臣。酒酣耳熱之後，他醉醺醺地上前為父親劉太公祝壽，並且得意忘形地說：「當年您常常罵我無賴，罵我不能置辦產業，比不上老二。那麼現在請問：我置辦的產業和老二相比，誰的更多？」

神話還是宿命

——漢高祖斬蛇起義

　　成為泗水亭長的劉邦在這個職位上有一段時間了，當時秦始皇正在徵召民夫修建驪山陵墓，因此，天下的民夫都要前往驪山服徭役。

　　這可不比平日的徭役。當時秦國統一，修馳道，徵召了不少民夫，不過修路這種事基本上人人都願意做，因為離家不遠，還很輕鬆，完工了就能回家。可是修驪山陵墓，所需的石頭都搬運費力，而且累也就算了，一般給皇帝修陵墓的民夫，還會被活埋在裡面，為的是避免洩密讓人挖墳盜墓。

　　所以，帶領民夫去驪山服徭役，誰押送誰倒楣。畢竟民夫跑了也得找上好一陣子，而押送的人，根本就跑不掉。

　　這一天，輪到劉邦了。他作為沛縣的代表押送這些民夫去驪山修陵墓，一路上是走走停停，從沛縣到芒碭山僅三百五十里的路程，若正常行程僅需四天左右的時間，但因為雨水較多，路途泥濘遍地，很難行走，卻盤桓了十三天。按大秦律法，服勞役誤了工期要殺頭。一些民夫怕貽誤工期被殺頭，在芒碭山便悄悄地逃跑了。

　　劉邦看看身後的民夫，基本上跑得差不多了。心想，自己哪怕帶著剩下的人去驪山也是死路一條，況且這一路上不知道還要跑掉多少。到時候朝廷即便不殺自己，也會把自己貶為奴隸修一輩子的陵墓，活活累死自己，那多慘啊！

　　想到這裡，劉邦決定不能去送死，自己還有老婆孩子。於是乎，他叫人弄來好酒好菜，先吃飽喝足再說。

籌火點上，大碗大碗的酒倒滿，等三兩碗酒下肚，劉邦就說了：「去是死，不去也是死，你們甘脆都逃走，我也要跑路了！」

民夫一聽，這亭長不錯，知道他們是去送死，讓大家逃走，一個人跑可能跑不掉，不如一群人跑，多少有個照應。

於是，十幾個血氣方剛的壯士決定跟著劉邦一起逃脫。

不過這上下左右都是路，走哪邊呢？大路是不能走了，這一群人逃亡，還有些沒有跟著的，要是誰被抓了，說漏了嘴，走大路絕對是死路一條，還是走小路安全些。

劉邦乘著酒意，夜裡抄小路通過沼澤地，就派了一個人去探路。

很快，探路的人跑回來說：「前面有一條大蛇擋住去路，看來我們得繞道。」

劉邦說：「大丈夫走路，有什麼可怕的！」說著，就走到大蛇面前揮起了寶劍，只見大蛇被斬成兩截，道路打開了。

劉邦獨自一人繼續往前走了幾里，因為醉得厲害，就躺在地上。

他醉了沒事，可是後面還有一群人在等著，左等右等幾個膽子大的人決定去找劉邦，畢竟他是眾人的靠山。

在探路人的帶領下，沒走多遠就到了之前看見大蛇的地方，這個時候卻沒有見到大蛇，只見到一個老婆婆。

本來荒郊野嶺看見老婆婆就很奇怪，這老婆婆還在哭就更奇怪了。

這些人問老婆婆為什麼哭，老婆婆說：「喪子之痛，

【斬蛇起義】

焉能不哭？！」

大家頓時大吃一驚，問，「你知道殺人兇手是誰嗎？」

「我兒子本來是白帝的兒子，變成一條大蛇在這裡擋住了道路，結果被路過的赤帝之子給殺了！」老婆婆很傷心。

大家一聽，這不是胡說嗎？正準備責怪老婆婆幾句，一眨眼，老婆婆卻不見了。

「鬼啊！」愣了一下，有人反應過來，快速向前跑去，沒多久看見了劉邦，就把劉邦叫醒，告訴他剛剛發生的事情。

劉邦愣了愣，指著自己說：「我剛剛殺了那條蛇。」

大家一聽，原來劉邦就是赤帝之子，於是更加堅定了跟隨劉邦的信心，而劉邦也因此斬白蛇起義。

但是劉邦斬白蛇到底是神話，還是宿命？誰又知道呢！

小知識

秦始皇在劉邦還是當亭長的時候，就聽人說過，東南有天子雲氣。

因此，秦始皇幾次東巡，就是為了遮蔽這天子雲氣。

劉邦打聽小道消息挺厲害的，也聽說過這件事情，覺得這說的就是自己。

於是乎，秦始皇東巡一次，他就去山裡躲一次，躲得誰都找不到，只有他老婆呂雉才能找到他。

他問呂雉，你怎麼找到我的？

呂雉說，你腦袋上有雲氣，很容易就找到你了。

從暴秦苛政得到的反思

──入咸陽，約法三章

天下大亂，先有陳勝吳廣，後有故楚起義軍，還有各路諸侯，秦朝的滅亡就在旦夕之間。

在起義軍聯盟之中曾經有這樣的約定，那就是誰先到達咸陽，誰就做關中王。而在幾路起義軍之中，最有希望的便是劉邦和項羽了。

劉邦，大字不識幾個，原本只是一個流氓，後來成了一個亭長，可是現在他在咸陽城外。

原因是秦軍的主力拖住了項羽，劉邦的大軍可謂是長驅直入，再加上他的士兵從不騷擾百姓，這讓百姓很支持劉邦。

劉邦到了霸上，而項羽這個時候還在函谷關外浴血奮戰。

霸上，距離咸陽沒有多遠了，而咸陽城裡，一個素衣白馬的英俊少年在這裡等待著劉邦的到來。

這個人便是秦王子嬰，他請求投降來了。

這個時候劉邦發現自己的理想真的快要實現了，當初說要像秦始皇那樣

【清朝畫家上官周《晚笑堂畫傳》中的劉邦畫像】

【漢高祖入關圖】

做個大丈夫，現在秦始皇的繼承人就拜倒在自己的面前。

接過了皇帝的玉璽，身後的那些人都想殺掉子嬰。

劉邦搖了搖頭，說：「楚王讓我來就是看在我為人善良，子嬰都投降了，還是得饒人處且饒人吧！走、走、走，我們去咸陽城裡面看看。」說完，就讓人把秦王子嬰帶下去看管。

而劉邦的心，此時早就飛到了咸陽城裡面去了。

咸陽城裡面有什麼？有大秦恢宏氣派的宮殿群，裡面有各諸侯國的萬千佳麗和數不盡的金銀財寶。

當然，劉邦想到這一點，他手下的那些人也都想到了這一點，要知道劉邦身邊跟著的都是些什麼人：張良是落魄的貴族，陳平是遊士，蕭何是縣吏，樊噲是屠夫，灌嬰是布販，婁敬是車夫，彭越是強盜，周勃是吹鼓手，韓信是待業青年……大多數都是市井小民，看著這麼大的便宜不占，怎麼可能呢？所以先劉邦一步跑到了秦宮裡面。

將士們紛紛爭著去找皇宮的倉庫，每個人都挑值錢的金銀財寶拿，鬧得亂哄哄的。只有蕭何不貪圖這些東西，他先跑到秦朝的丞相府，把有關戶口、地圖等文書檔案都收了起來，保管好。

劉邦在將士陪同下，來到了豪華的阿房宮。他見宮殿如此富麗堂皇，宮女們一個個國色天香，簡直不想離開了。

　　部將樊噲對他說：「沛公要天下，還是要當個富翁呢？就是因為這些奢侈華麗的東西，才使得秦朝滅亡的！」

　　恰巧張良也進來了，他對劉邦說：「忠言逆耳利於行，良藥苦口利於病。樊噲的話說得有道理，希望您聽從他的勸告。」

　　劉邦一向信任張良，聽了他的話，立刻醒悟過來，吩咐將士封了倉庫，帶著將士仍舊回到霸上。

　　臨走前，劉邦召集了咸陽附近各縣的父老，對他們說：「你們被秦朝的殘酷法令害苦了。今天，我跟諸位父老約定三條法令：殺人的人，直接處死！偷東西搶劫，還有傷人的，按情節輕重處罰。除了這三條，其他秦國的法律、禁令，一律廢除！」

　　劉邦還叫各縣父老和原來秦國的官吏到咸陽附近的各縣去宣布這三條法令。

　　百姓們被秦朝的苛政壓太久了，平時做事都是戰戰兢兢，生怕違反什麼，聽劉邦這樣說，立刻歡呼起來，把自己家的好東西全拿出來犒勞軍隊。

　　當百姓們聽說，先進咸陽的諸侯可以成為關中王的消息就更開心了，恨不得現在就讓劉邦成為關中王。

小知識

　　秦朝法律的主要制定者商鞅，在秦孝公死後被通緝。他逃亡到了邊關，想留宿旅舍，旅舍主人不知他是商君，見他未帶任何憑證，便告訴他說「商君之法」（即商鞅之法）規定，留宿無憑證的客人是要「連坐」治罪的。商鞅感歎「制定的新法竟然把自己害到這種地步」，這就是成語「作法自斃」的來歷。

無敵破壞王
——西楚霸王火燒咸陽城

平常人的怒火燃燒起來不會有多大的破壞力，而楚霸王項羽的怒火卻把咸陽城都給焚毀了。

秦末陳勝吳廣起義，天下義士雲集回應，其中就包含了楚國貴族項家。當時有這樣一句話：楚雖三戶，亡秦必楚。項梁扶植楚國王室後裔熊心為起義軍首領，聯合各路諸侯起兵反秦。

一開始，楚王熊心說誰先攻破咸陽，誰就能夠成為「關中王」，並把關中地區劃為那個人的領地。春秋時候關中地區並不富有，反而算得上是苦寒之地，而在商鞅變法以後，關中地區成為戰國七雄之中最富庶的地方之一，能夠和秦國相比的也只有齊國了。

這咸陽城也是商鞅變法後的產物，商鞅提升了秦國的國力，趁著齊魏交戰收復了河西失地，決定把國都向東遷移，重建咸陽。在秦始皇統一天下之後，更是舉國之力建設咸陽，把咸陽這個國都建成了當時中國最宏偉的城市。在渭河的南邊，還興建阿

【清朝畫家上官周《晚笑堂竹莊畫傳》中的項羽畫像】

房宮，一直到秦朝滅亡，這裡還沒有完成建設。

因此，熊心說把關中地區給最先進入咸陽的人，這讓每一路諸侯都鼓足了勁，想率先占據這個最宏偉的城市。而在這麼多諸侯裡，唯獨劉邦和項羽是最快的。

劉邦帶領著十萬人，項羽帶領著四十萬人，可是項羽面對的是秦軍主力。可以說，秦軍最後的力量都派去抵擋項羽了，而劉邦一路上根本沒遇見什麼危險，直向咸陽城進軍。

等到項羽好不容易大破秦軍，從河南長驅直入，還是沒有趕上。這時，項羽被函谷關的秦軍給阻攔住了，而劉邦入咸陽的消息傳來，更是讓項羽勃然大怒，立刻派出英布帶領軍隊猛攻函谷關。

一開始，項羽還認為劉邦人少，不會和自己去搶這個「關中王」的榮耀，沒想到劉邦不僅要做關中王，還要獨占秦朝府庫裡的珍寶，這讓項羽以及手下的將領謀臣十分憤怒，決意要在鴻門設宴殺掉劉邦。

項伯是項羽的叔父，向來與張良要好，他連夜奔往劉邦的軍營，把事情告訴了張良。張良帶項伯一起去見劉邦，求項伯解除項羽的疑心。

次日，劉邦帶領一百多名騎兵到鴻門拜見項羽，解釋說：「我是封存秦朝府庫，退軍到霸上恭候大王，閉關是為了防備盜賊，不敢違背大王恩德。」

項羽殺害劉邦的主意已經打消，可是他的謀臣范增還想殺劉邦，多虧張良、樊噲才得以倖免。

在項羽的龐大勢力下，劉邦不敢放肆，讓出了咸陽城。但是這樣並不能平息項羽的怒火，他把這一切都算在秦朝降君子嬰的身上，都是他不戰而降，才讓劉邦如此輕易進入了咸陽城。而他項羽在外面出生入死，帶領四十萬將士奮勇殺敵，卻什麼都沒有得到，這讓項羽內心的憤怒更加深了一層。

最後，怒火終於引發了最強的破壞力——洗劫咸陽！

項羽帶領軍隊衝入咸陽城內，殺掉了秦朝降君子嬰，望著輝煌的咸陽宮，項羽感覺很刺眼。秦軍曾經大破楚國國都郢城，火燒了楚國宮室，還挖了楚國人的祖墳，項羽決定把這些一一還給秦國。

　　他的怒火轉化成了一把大火，將街道附近的民房和街道中央的咸陽宮燒掉，街道盡頭的城門也不能保住，一把火燒掉了。

　　僅僅是咸陽城還不夠，在咸陽城外不遠的阿房宮也難逃一劫。

【阿房宮圖】

　　就這樣，傾盡秦朝舉國之力建成的咸陽城和阿房宮，三月之間便化為了灰燼。

　　秦朝累積的財富全部落入項羽的手裡，而咸陽卻成了一片廢墟，宏偉的咸陽城，再也沒有辦法重現昔日的輝煌。

　　毀掉這一切的項羽開始思念自己的家鄉，想要帶著秦朝的財寶和美女回到東邊去。

　　這時，韓生勸項羽在咸陽建都，因為「關中地區有險可守，而且土地肥沃，在此建都，可以奠定霸業。」項羽看秦宮已燒毀，殘破不堪，同時又懷念故鄉，一心想回東方，便說：「一個人升官或發財以後，如果不回故鄉誇耀一番，就好比穿著錦繡衣服在黑夜裡行走一樣，沒有人會看見的。」

韓生搖搖頭，沒再多說，但心底卻認為項羽是個沒有出息、沒有見識的鄉巴佬。

於是，他就在背後對人說：「我以前聽說楚國人虛有其表，就像猴子穿上衣服假裝是人一樣，現在看見項羽，才知此話不假。他真是個沒有遠見的人，和劉邦爭奪天下，必敗無疑！」

世上沒有不透風的牆，不知是誰洩密，韓生的話傳到了項羽的耳朵裡。項羽立刻命令手下把韓生抓來，投入油鍋烹殺。

由於項羽的驕傲自大，再加上戰略失誤，最終走上了窮途末路。

小知識

之前諸侯們商議好先進入咸陽的人封關中王，儘管劉邦自己讓出了關中王的位置，但人們還是認為是項羽破壞了盟約。

當時的楚王熊心也指責項羽，項羽一怒之下把熊心貶謫到故楚郴縣定都，把那些跟著自己打天下的諸侯一一分封。而對於劉邦，項羽想殺了他，但是出於大義，又不能動手，就把劉邦弄到漢中去了。

絕境中的出路
——明修棧道，暗度陳倉

儘管按照約定，關中王應該是劉邦的，不過面對項羽龐大的軍隊，劉邦只能讓出關中王的位置。

項羽看劉邦如此識相，也沒有太難為他，只不過是在分封諸侯的時候把劉邦分封到了巴蜀一帶。

陡斜的山路，狹窄的棧道，行軍的時候不時有石頭掉落，更不用提棧道旁深不見底的山崖了。

劉邦看著眼前的一切，也只能歎氣連連。

此時，張良已經跟隨韓王信走了。

劉邦想起他走之前告訴自己的話：「漢王，你若想安穩於巴蜀，必須燒毀棧道，其一是為了防止其他諸侯窺伺漢中，其二是為了向項羽表示再無出漢中之意，否則危矣，危矣……」

劉邦知道張良說的是對的，

【大將軍韓信】

可是他想要復仇，倘若燒掉了棧道，那麼自己又怎麼復仇呢？

　　這個時候，在一邊的韓信卻說道：「我覺得這棧道應該燒掉。」看著劉邦一臉的不悅，韓信又接著說：「我的意思並不是燒掉以後就不出去了，我們日後可以偷偷地從陳倉出蜀，來奪取天下。」

　　聽到韓信這樣說，劉邦的臉上立刻由陰轉晴，拍手說道：「就這麼辦！」

　　其實項羽也在擔心，自從鴻門宴上放了劉邦，就覺得劉邦有點難對付，便把關中分封給雍王章邯、塞王司馬欣和翟王董翳，讓他們盯住劉邦。

　　這三個秦國舊將也提防著劉邦，他們也知道，劉邦的手下都是山東子弟，不會在川蜀定居，他們無時無刻不想回到故鄉。所以三人心知肚明，劉邦一定會回來的。不過劉邦想要來關中，就得走棧道，只要把棧道守好就行了。

　　這個時候，劉邦已經開始實施韓信的計畫，一把火燒絕棧道。可是誰都不會想到，日後劉邦會帶領主力部隊抄小道襲擊陳倉，進而攻入咸陽，占領了關中。

　　看到劉邦把棧道給燒掉了，那三個秦國舊將開心得不得了，他們最怕的就是劉邦了，兵強馬壯的劉邦，萬一衝出來就會把自己給滅了。

　　當少了劉邦這個威脅，他們就開始相互牽制、勾心鬥角起來。

　　這邊劉邦已經開始在做準備，軍隊整軍待發，就等著找個好時機出戰。首先，韓信派出幾百名官兵去修復棧道。

　　這時，守著關中西部的雍王章邯聽到了這個消息，不禁笑道：「你們自己斷絕了出路，現在又來修棧道，這麼大的工程，只派幾百個士兵，何年何月才能完成？」因此，劉邦和韓信的此一行動，根本沒有引起章邯的重視。

　　可是，過了不久，章邯便接到緊急報告：「報告大王！劉邦那奸賊打過來了！」

「怎麼打過來的？他們不是還在修燒掉的棧道嗎？」

士兵擦著頭上的汗說：「劉邦使詐，明著修棧道，暗地裡卻攻打陳倉（在今陝西寶雞市東）。如今陳倉被占，守將被殺。

章邯起初還不相信，以為是謠言，等到證實的時候，慌忙領兵抵抗，已經來不及了。

最後，章邯被逼自殺，駐守關中東部的司馬欣和北部的董翳也相繼投降。

就這樣，號稱三秦的關中地區一下子被劉邦全部占領了。

小知識

　　韓信暗度陳倉的計策，當初張良建議燒毀棧道的時候也曾向劉邦說過。

　　劉邦見他們兩人先後所定的計策竟然完全一樣，高興地說：「英雄所見，畢竟略同！」由此，後來又形成了「英雄所見略同」或「所見略同」這句成語。

差一點就贏了

故事 06

──劉邦的「樂極生悲」

自從占領關中以後，劉邦實力也日益強大，便想進而東向伐楚，奪取天下。

漢二年四月，劉邦三路大軍會合之後順利攻占楚軍都城彭城。

而此時的項羽則陷入前所未有的危機中──

一、兩線作戰，此時尚未平定齊國的叛亂，若是回師救援彭城，極有可能遭受前後夾擊，腹背受敵。

二、兵力的極大懸殊，此時劉邦會合各路諸侯，聯軍總兵力達到五十六萬人，規模空前浩大，項羽此時的總部兵力不詳，但遠遠少於五十六萬。

三、根本動搖，孤軍深入，此時項羽的根據地盡被漢軍占領，沒有根基之後，成為無根之木，只能速戰速決。

四、遠離戰場，長途奔襲，敵人則以逸待勞，利用防禦工事抵抗回師楚軍。

五、盟友背叛，政治大環境陷入

【清朝人所繪的項羽畫像】

【西楚霸王項羽的銅像】

極度孤立的狀況。

　　面對如此危急的政治、軍事局勢，這位擁有破釜沉舟豪氣的霸王制定了一個大膽的作戰計畫：諸將率領大軍繼續平定齊國，不僅穩定後方，而且可做為迷惑劉邦的手段；自己親自率領三萬精騎繞道彭城後方，以彭城為誘餌引劉邦上鉤，然後偷襲劉邦後方，殲滅劉邦軍。

　　於是，項羽率軍西出蕭縣，向東進攻彭城。

　　此時，項羽選擇的偷襲時間是清晨時分。

　　選擇早晨發動突襲，看出了項羽對時機把握的老練，早晨敵人尚在睡夢中，正處於警惕最鬆的時候，突然遭遇大規模偷襲，其慌亂可想而知。而自己可以利用早晨天亮掌握敵方情況，選擇合適有效的戰術消滅敵人。很多將領習慣將偷襲安排在夜裡，這樣做的目的是一方面有利隱藏行蹤，另一方面會給敵軍造成恐慌。但是項羽此次的戰略意圖是盡可能殲滅敵軍，取得最大戰果。

項羽在進攻戰術上選擇直接攻擊劉邦指揮中樞，使得敵人軍隊的指揮系統陷入全面癱瘓的境地，劉邦聯軍也就無法有效抵抗。接下來項羽要做的就是死死咬住劉邦的主力大肆斬殺敵軍，不給劉邦喘氣的機會。而且利用驅趕的方法把敵軍逼到河邊，使敵人因為擁擠掉進河中淹死或自相殘殺。

　　正所謂兵貴而神速，劉邦的大軍還在美夢之中，性命就被項羽的死神鐮刀給「收割」了。

　　雙方的實力對比是項羽軍三萬對上劉邦聯軍五十六萬。

　　然而，讓人沒想到的是，項羽的軍隊就如同是一群惡狼殺入了羊群之中。

　　不過，項羽也想到了自己兵力不足，就死死地咬住劉邦聯軍的指揮系統。古時候交戰雙方都各有一面大旗，主將在哪裡，大旗就在哪裡，倘若這面旗倒下，就說明主將凶多吉少了。

　　劉邦瞬間從勝利的雲端一下子落入失敗的深淵，昨天還志得意滿，自認為天下在握；今天早上美夢未醒，就兵從天降，疲於奔命。主帥疲於奔命，不明白實情的手下將士又毫無組織，軍隊就像是無頭蒼蠅四處亂撞，此時正中了項羽之計。

　　就這樣，劉邦聯軍的指揮系統癱瘓了，五十六萬人的軍隊完全混亂了起來。項羽更是抓住機會，如同驅趕羊群一樣，把漢軍趕向河邊。

　　在彭城南方的谷、泗水，項羽與劉邦聯軍又展開了一場廝殺，不過劉邦的軍隊在睡夢之中還沒有清醒過來，這個時候只想逃跑，大批士兵紛紛落水，被踩踏而死的不計其數。

　　就這樣，在谷、泗水劉邦就損失了十多萬的士兵。

　　接著，劉邦聯軍跑到了更南邊的睢水，而項羽的精兵就在後面一直砍殺。

　　劉邦聯軍中的士兵一看，後有追兵，而面前是一條大河，怎麼辦？前面的人在想著，可是後面的人卻管不了那麼多，直接就把前面的人給擠下了河。

也不知道誰先動手，為了爭奪一條生路，劉邦聯軍的士兵竟然自相殘殺起來。到最後睢水都被屍體給堵塞了，河水為之斷流。

項羽一看，自己已經贏了，當前最重要的就是捉住劉邦。

此時的劉邦正帶著剩餘的十多名手下拼命逃竄，不過他還算有點「良心」，路過沛縣想要接自己的家人，不過家人都先跑了。

劉邦繼續向前逃竄，沒跑多遠，就追上了自己的兒子劉盈、女兒魯元公主，便一起帶上車。

可是這個時候項羽又追過來了，劉邦嫌馬車跑得慢，一腳把兒子和女兒踹下去。趕車的夏侯嬰下車把劉邦的兒子女兒抱上車，又繼續逃亡。

結果沒跑多遠，項羽的軍隊又追上來了，劉邦又一腳把兒子和女兒給踹下去了。夏侯嬰再把他們給抱上來，周而復始好幾次。

眼看項羽的追兵越來越近，西北方向突然刮起大風，一時天昏地暗，劉邦與兒子劉盈、女兒魯元公主等數十騎乘機突圍出奔下邑。

小知識

　　彭城大敗之後，劉邦一路西逃，丁公作為楚將，率領部隊正好追上劉邦。部隊已經短兵相接，眼見要性命不保，這個時候劉邦開始遊說：「我們都是英雄好漢，為什麼要過不去呢？」丁公對劉邦這個黑道大哥早就仰慕已久，就命令手下讓開一條路，放過了劉邦。

楚河、漢界
──鴻溝議和

故事 07

　　劉邦被項羽追殺到拋妻棄子，自己的父親劉太公以及妻子呂雉也在亂軍之中被項羽給俘虜了。

　　不過劉邦是誰？流氓！漢王！開國皇帝！怕過誰？跑了一陣子，他心想，不能這樣，得想個辦法擺脫項羽的追逐！於是，他對跟在自己身邊的隨何說道：「我剛剛想了一個辦法，你馬上去遊說九江王英布。我早就覺得英布想要反抗項羽了，只要能夠把英布勸說到我們陣營裡，那麼他就可以拖住項羽，只要拖住幾個月，我就一定能夠奪得天下！」

　　隨何想了想，也對，之前在彭城的失敗是一時大意，只要成功，漢王就一定能夠奪得天下，到時候自己是多大的功勞啊！

　　於是，隨何就去勸說英布。

　　項羽確實是一個好將軍，但並不能算是一個好的政治家，他可以在你受傷的時候噓寒問暖，卻把手中的印璽看得太重，不願意給一起打天下的手下加官晉爵。而偏偏這一點被隨何給利用了，搖動三寸不爛之舌，最後英布決定跟隨劉邦了。

　　就這樣，劉邦又爭取到喘息的機會，調兵遣將，重整旗鼓，一路勢如破竹。

　　英布聽了隨何的話，帶著手下的士兵開始攻擊楚軍。不過項羽也不是好欺負的，立刻派項聲和龍且率領十萬大軍討伐英布。一交戰，英布發現自己錯了，根本就打不過項羽的軍隊，便節節敗退。沒辦法，英布跟著隨何抄小

道去投奔劉邦了。

劉邦這個時候正好距離英布不遠，就帶著軍隊浩浩蕩蕩前來支援。沒有項羽的楚軍，在劉邦的眼裡根本不算什麼，不需要什麼大將出馬，靠人數就能夠贏。

不過，這個時候劉邦想要再派出什麼大將也很難，因為漢軍大將軍韓信正在幫著劉邦平定其他諸侯。

項羽也知道劉邦必須要由自己來對付，就一路追到了河南。面對項羽，劉邦這下沒轍了，項羽是萬人敵，他的戰鬥力太強了。

古代的戰爭拼的是士氣，士氣上來了，可以以少勝多、以弱勝強。

看著劉邦龜縮在城池裡，項羽有些困擾，攻城會損兵折將，根本就是拿人命在填。不過項羽手裡面有人質，劉邦的父親和妻子就押在楚軍大營。

於是，項羽寫了一封信給劉邦：「劉季，你要是不投降，我就烹殺你父親！」

看到這封信，劉邦笑了笑，回信說：「項羽，你忘記了嗎，我們在懷王的見證下，曾經結拜為兄弟，我的父親等於就是你的父親，要是你非烹殺你的父親不可，到時候記得分我一碗肉湯。」

項羽看完，氣得拔劍想砍了劉邦的父親，還好項伯在旁邊把項羽給勸住了。

這時，手下報告項羽說，劉邦在陣前正在數落霸王的罪狀，說他不講信義，殺害義帝，屠殺人民等等。項羽聽得火冒三丈，立刻揚鞭躍馬來到陣前要與劉邦單打獨鬥，劉邦痞氣十足地說：「我只鬥智不鬥力。」項羽更是惱火，命令弓箭手一齊放箭。劉邦趕快回馬，沒想到胸口中了一箭，受了重傷，差點從馬背上掉下來。他忍住疼痛，撲在馬鞍上，故意用手摸摸腳，說：「賊人射中了我的腳趾頭！」左右手扶著他進了內帳，立刻叫醫官替他醫治。

楚軍眼看劉邦中了箭，就等著他一死，全力進攻。

就在這緊要關頭，漢王讓醫官用布帛紮住自己的胸脯，坐上戰車到各軍營巡查了一遍，漢軍立刻軍心穩定，鬥志昂揚。

項羽聽說劉邦沒死，還親自到各軍營去巡查，大失所望。又聽說糧道被彭越截斷，更加著急起來。

這時，張良就對劉邦說：「目前楚軍正缺乏糧食，已經有了撤兵的意思。不如抓住這個機會跟項羽講和，讓他把太公和夫人放回來，我們就撤兵回到關中。」

於是，劉邦就派人和項羽說：「反正你攻不進來，我又打不過你，要不我們就以這鴻溝為界，西邊歸我，東邊歸你，各自罷兵，如何？」

項羽想了想，覺得有道理，就讓人把劉邦的父親、妻子送了回去，決定議和。說實話，這真不是什麼好主意。不過有什麼辦法呢？項羽唯一的謀臣，被項羽尊稱為亞父的范增已經死了。之前劉邦的離間計讓項羽不再相信范增，范增一氣之下離開了楚軍，他年事已高，在路上背疽發作而死。項羽沒

【中國秦末漢初傑出的謀士張良】

有了范增，自然也想不出更好的主意。

鴻溝議和達成，項羽打算回江東，劉邦也準備回漢中。這時候張良和陳平出來說道：「漢王，我們不能走，現在天下一半都是我們的了，更何況楚軍沒有了糧食，我們要追擊！」

劉邦想了想，和約就是用來撕毀的，於是帶著軍隊追了上去！

就這樣，垓下之戰一觸即發。

小知識

象棋上的楚河、漢界就是從鴻溝議和得來的。在這場戰鬥中，項羽屢戰屢勝，可是這僅僅是局部的戰爭。相持二十八個月，為韓信贏得了時間，天下大半歸附於劉邦，從北方、東方對項羽形成了包圍。

再加上項羽剛愎自用，逼離亞父范增，更是讓項羽在之後的戰略部署上落於劉邦之後。

贏了局部，卻輸掉了全局。不得不說，從議和的時候就註定了項羽的失敗。

英雄末路
──「四面楚歌」

故事 08

鴻溝議和之後，劉邦不顧道義，撕破了和約開始追殺項羽。

項羽的確沒有糧食了，就這麼被劉邦一路追。

當然，劉邦也是有計劃的，約了韓信和彭越南下，這樣就可以包圍項羽。

誰知計畫趕不上變化，韓信和彭越沒來。

項羽緩過神來，轉過身追著劉邦到處跑，最後把劉邦圍困在陳下。

作戰雖然打不過項羽，不過劉邦勝在謀士多，於是，他就問張良：「你讓我追殺項羽，現在反而是我被他包圍了，韓信那幾個諸侯又不服從約定，這怎麼辦？」

張良眼睛一轉說道：「雖然漢王已經封韓信為齊王，英布為淮南王，可是那僅僅是個空頭銜，沒有封賞土地。彭越屢次立了大功，更是什麼好處也沒撈到。現在魏主豹已經死了，彭越也想封王。俗話說，重賞之下，必有勇夫。漢王想讓馬跑又不給馬吃草，難怪他們不肯出力。」

劉邦想想，是有道理，打仗為的是什麼？分錢分地！那就分吧！

他對張良說：「先生的話有道理，煩請先生告訴他們：等打敗了項羽，我就把臨淄一帶的郡縣全封給齊王韓信；淮南的土地給英布；大梁的土地全歸彭越。」一得到劉邦的分封，韓信和彭越就領兵過來了，再加上劉賈帶著軍隊聯合英布大軍北上，五路大軍就把項羽圍困在垓下。

項羽節節敗退，退到了垓下。要知道這個時候項羽還有十萬人馬，能夠

在連續作戰之中生存下來的士兵差不多都是精兵了。不過劉邦聯軍人馬更多，合起來有四十餘萬人。

雙方軍隊的實力對比是這樣的——

劉邦聯軍：劉邦軍四萬兵馬，韓信三十萬兵馬，彭越六萬兵馬，英布三萬兵馬，還有一些零零散散的隊伍。

項羽聯軍：龍且三萬前鋒軍，季布、召平、虞子期合計四萬右路軍，項羽親率三萬近衛軍。

劉邦人多，但是項羽武力強。

於是，韓信三十萬軍隊分成三路和項羽作戰。韓信居中，剛一交戰就開始敗退。項羽一看，對方退了，趁機掩殺。結果，韓信早就定好了計畫，左右兩路衝著項羽圍了上來，韓信也乘機回頭包圍項羽。

項羽一看中了埋伏，掉頭就回去，堅決不出門。

韓信指揮各路大軍把項羽重重包圍，楚軍屢戰不勝，可是漢軍一時間又無法攻入項羽的大營。

劉邦又開始問手下謀士：「現在項羽要輸了，可是他不出來，有什麼辦法嗎？」

張良這下又出來了，說道：「項羽的士兵大多是楚地人，讓那些加入我們軍隊的楚地人唱楚歌，項羽的士兵一聽，士氣就會瓦解。」

「好辦法！」劉邦點了點頭，於是就安排人去唱楚歌。

劉邦的四十萬軍隊裡面還是能夠找得出幾百個楚國人，於是這些人就在項羽大營四周開始唱歌。

聽著楚國的鄉音，項羽軍隊裡的楚國人也紛紛開始唱起歌來。

思鄉的情緒感染了軍隊的每一個人，士兵紛紛落淚。

「楚歌！家鄉的歌曲！」士兵紛紛驚呼。

「這裏怎麼會有家鄉的歌曲？」

「我想家了！」

「是不是家鄉已經被漢王攻下來了？」

倘若家鄉被劉備占領了，那麼在這裡苦苦抵抗又有什麼用呢？

一時間，楚軍的士氣被瓦解了。

項羽自然也聽到了這「楚歌」，頓時大驚，心想，怎麼會有這麼多的楚國鄉音，難道自己的家鄉真的被劉邦攻破了？思鄉的情

【虞姬畫像】

緒，再加上項羽想到自己的後路被劉邦給斷了，陷入了危機之中，項羽決定帶著八百騎兵突圍南逃。

小知識

　　《垓下歌》是西楚霸王項羽在進行殊死戰的前夕所作的絕命詩：力拔山兮氣蓋世。時不利兮騅不逝。騅不逝兮可奈何！虞兮虞兮奈若何！詩中的虞指的是虞姬，她是項羽的愛妾，曾在四面楚歌的困境下一直陪伴在項羽身邊，後人也因此根據項羽所作的《垓下歌》臆想她的結局是在楚營內自刎，由此流傳了一段關於「霸王別姬」的傳說。

功虧一簣還是東山再起？
——項羽不肯過江東

垓下之戰輸掉了，項羽也算機警，連夜帶著八百精騎朝著南方逃跑。

第二天劉邦剛起床，通風報信的人就來了：「報告主公！項羽帶了八百騎兵連夜跑了！」

劉邦一聽，心裡大吃一驚，項羽跑了！項羽竟然跑了！項羽跑了怎麼辦？他第一反應就是：「來人！給我去追項羽！」

左看看、右看看，沒別人，只有灌嬰在身邊，便說道：「灌嬰，你帶三千人……啊，不！你帶五千人去追項羽。」

灌嬰領命，帶著五千騎兵從漢軍大營朝著南邊追去。

而項羽已經跑出去一個晚上，領先劉邦的追兵不知道多少公里了。但是等到項羽渡過了淮水的時候才發現，自己的寶馬烏騅跑得太快，手下幾乎跟不上，從開始的八百人，到現在只剩下一百多人了。

不過項羽也知道，自己根本不能減速，要是減速領先的優勢就沒了。

他接著跑下去，過了淮水，就是陰陵了。

項羽沒有來過這個地方，當時和現在不一樣，手裡沒有全球定位系統和精確地圖，除了嚮導帶路以外，就沒有其他辦法了。

可是項羽是逃亡，怎麼可能帶著嚮導？

就算帶著嚮導，這嚮導八成也在前面跑丟了。

既然沒有嚮導，那就找人問路了。

一邊跑、一邊看，路邊還真有個種田的老人家。

項羽問道：「老人家，我不小心迷路了，怎麼才能走出去呢？」

這種田的老人家看著項羽一群人兇神惡煞的樣子，估計不是什麼好人，就順手指了一條錯誤的道路：「左邊，你們走左邊就能出去了。」

實際上，左邊是一大片沼澤地。

項羽帶著手下奔向沼澤地，一下子就陷入沼澤之中。

好不容易從沼澤地出來，還沒有等項羽責怪那個老者怎麼可以這樣欺騙自己，就感覺到了地面震動。

項羽心知劉邦的追兵來了，沒辦法，繼續跑，一邊突圍，一邊逃亡。

跑了幾個時辰，到了束城這個地方。再看看自己的手下，就只剩下二十八個人了。

項羽知道自己可能是跑不掉了，就對這些人說：「我帶你們出來征戰八年有餘，從來沒有輸過！今天我被圍困在這裡，並不是劉邦能夠擊敗我，而是上天不想讓我贏！今天我們一起斬將奪旗，最後戰死！」說完，項羽把騎兵分成四隊，殺了上去。

「看著，我為大家斬殺漢軍一個將領！」項羽握著武器，飛馳而下，當即斬殺了一名漢將。

漢軍一不小心被項羽等人衝散了，重新分作三路，去包圍項羽。

項羽繼續衝殺，又斬殺了一個漢軍校尉，接著連殺數百人。

當他把手下聚集在一起，發現只損失了兩個人。

看著混亂的漢軍，項羽帶著剩下的士兵向東邊突圍，來到了烏江邊。

烏江亭長停船靠岸對項羽說：「楚王，回江東吧！那裡有上千里的土地，還有幾十萬百姓，在那裡稱王，有朝一日還可以東山再起打回來誅殺劉邦。更何況，這裡就只有我這一艘船，漢軍來了，沒有辦法渡江的。」

　　項羽牽著烏騅交給烏江亭長，說道：「上天想要滅掉我，我就是回去又能怎麼樣？我帶著八千江東子弟起兵，最後就剩下我一個人回去，我有什麼臉去見江東父老？哪怕他們不說，我內心難道就不會慚愧嗎？這天下百姓飽受戰亂，倘若我起兵，又是一場浩劫，我不忍心百姓再因為戰亂受苦了。這馬跟隨我五年了，日行千里，現在給你。」說完，項羽手持短兵器朝著漢軍殺去，連殺數百人。

　　這時，項羽看見了漢騎司馬呂馬童，說道：「你不是我以前的熟人嗎？聽說劉邦用千金買我的腦袋，我就給你一些恩惠，你拿我的腦袋去領賞吧！」

　　說完，項羽自殺而亡。

小知識

　　項羽死後，有五個人得到了他屍體的一部分，這五個人是楊喜、呂馬童、呂勝、楊武、王翳。劉邦隨後給他們重賞：王翳，砍下了項羽的人頭，封為杜衍侯；楊武，得到了項羽的右腳，封為吳防侯；呂勝，砍下了項羽的左臂，封為涅陽侯；楊喜，得到了項羽的左腿，封為赤泉侯；呂馬童，因為手腳慢了點，最後得到了項羽的一些零碎殘骨，被封為中水侯。

天下太平，分封諸侯
──大漢功臣的「兔死狗烹」

故事 10

先是大澤鄉陳勝吳廣起義，再來是劉邦項羽爭霸，在項羽死後天下終於歸於劉邦。

而就在項羽剛剛死去不久，劉邦馬上就把韓信的兵權給奪走了。

劉邦不得不這樣做，要知道韓信手上有三十萬人馬，要是韓信謀反怎麼辦？自己根本打不過。況且僅僅是把韓信的兵權拿走也不行，還得採取一點其他的措施。

於是，劉邦派人告訴韓信說：「楚地剛剛收回，那裡的民眾需要人去安慰。聽說你以前是楚國人，正好，你回楚地去。齊王就別當了，你做楚王吧！」

楚國封地可比不上之前韓信那個齊國封地，韓信之前用不出兵威脅劉邦，讓劉邦給他封了從陳到大海的封地，這可比現在楚國淮北一帶的封地大了兩三倍。

不過即便這樣，劉邦還是不放心。

此時，他雖然名義上統一了全國，事實上還是分裂。楚漢相爭期間，劉邦就封了幾個異姓王，後來打贏了項羽，論功行賞又不得不封。當時異姓王有七個：韓王信、趙王張耳、楚王韓信、淮南王英布、梁王彭越、燕王臧荼、長沙王吳芮，當然除了他們還有一大堆列侯，不過這些列侯頂多也就是一個縣的封地，比不上這些異姓王，不僅有大片的土地，還有許多效忠於他們的家臣，更不用提他們本身就久經沙場，擅長軍事鬥爭了。

而現在劉邦也只能稍微找個理由削弱一下韓信，萬一把他們逼急了，更加麻煩。

　　有句話說的好，機會是留給有準備的人。劉邦一直在準備著，機會終於來了。

　　燕王臧荼是項羽立的異姓王，項羽一死，他就開始起兵反抗劉邦，結果兵敗被滅。

　　接著，劉邦又等到了漢六年的一個冬天，他不知道從哪裡聽說韓信要謀反的消息，立刻把幾個重要的大臣召來。這些人都說要出兵攻打，只有陳平表示反對，他想了想，說道：「我有一個計策，皇上你名義上說去遊歷雲夢澤，到達楚國時，韓信必定會來參見，到時候只需要幾個力士就能把韓信抓住！」

　　劉邦一聽，這主意不錯，不用擔心韓信得到什麼消息提前謀反，到時候抓住了韓信，就能任自己宰割了。

　　韓信聽說劉邦來到了楚地，就提著項羽舊將鐘離昧的頭顱，到陳來觀見。劉邦命令

【《漢殿論功圖》，講的是漢高祖劉邦初立，功臣在殿上爭功邀賞，以致拔劍砍殿柱。叔孫通乃說高祖召魯地諸生，規定朝儀，高祖大喜，以為如此始知皇帝之尊。】

武士把韓信捆綁起來，裝在後邊的車上，押回都城，貶他為淮陰侯。

對韓信動手，劉邦覺得不過癮，但還是給韓信留了一點情面。

過沒多久，韓王信就被劉邦安放到馬邑去了。

馬邑是哪裡？在現在的中國山西朔州，很靠近匈奴了。

果不其然，沒過多久匈奴就把馬邑給包圍，韓王信也只能投降。

這就給劉邦絕佳的動手機會了，把韓王信驅逐到了匈奴，廢了封國。

第二年，張耳死去，按理說父親死了兒子繼承王位在當時很理所當然，可是偏偏手下謀反，劉邦就用這個藉口把張耳的兒子張敖貶為侯，降了級，除去另一個異姓王。

結果才過了幾年，梁王彭越的太僕跑來劉邦這裡告狀，說彭越要造反，劉邦聽後開心極了，馬上叫人去把彭越抓回來殺了。彭越的軍隊哪裡抵抗得了劉邦的軍隊，頓時節節敗退。淮南王英布一看，異姓王基本上都是死的死貶的貶，自己橫豎都是死，造反吧！結果，秋天造反，還沒等春天過去就被劉邦的大軍給滅掉了。

這下子劉邦分封出去的異姓王死了三個，跑了一個，貶了兩個，就只剩下長沙王吳芮了。劉邦也沒有想要去對付他，因為吳芮的地盤太小了。不過哪怕是這樣，長沙王吳芮傳了三代沒有後人，因此也被廢除掉了。

接下來說一說被貶為淮陰侯的韓信。自從被劉邦奪去了王位，他就一直耿耿於懷。

恰巧陳豨被任命為代相監邊，來向他辭行，韓信就慫恿陳豨造反，自己做內應。

漢十年，陳豨果然造反，劉邦親自帶兵前去討伐，韓信裝病沒有跟隨。

正當韓信準備暴動時，消息洩露，被劉邦的妻子呂后命人殺死在長樂宮

的鐘室。

　　自此，劉邦分封的異姓王再也無法興起波瀾了。

　　劉邦曾說：「論運籌帷幄，出謀劃策，我不如張良；治理國家，安撫民生，籌儲糧餉，我不如蕭何；帶兵打仗，橫掃千軍，我不如韓信。此三人都是傑出人才，我都用了，還能不奪取天下嗎？而項羽連范增都不用反對其生疑，哪有不敗之理呢？」

　　這表明了劉邦具有出色的領導才能。

　　可是，在奪得天下之後，他卻開創了後代各朝開國君主屠殺功臣的先河。

太子之爭，貴乎人心
──劉盈險中求勝

故事 11

　　中國傳統是嫡長子繼承制，也就是說，王位和財產都必須由嫡長子繼承。劉邦平定天下以後，便依照這種宗法制度，立正妻呂雉的兒子劉盈為太子。

　　但是過沒多久，劉邦後悔了。因為他覺得自己的三兒子劉如意更適合當太子，當然這也有劉如意的母親戚夫人的因素在裡面。

　　戚夫人是劉邦後來娶的姬妾，劉邦很喜歡她，愛屋及烏覺得她生的兒子劉如意也不錯，久而久之就有了把太子劉盈廢掉，立劉如意為儲君的想法。

　　要廢太子，這是大事。所以劉邦首先召集那幾個跟隨自己多年的手下商量，他對張良、周昌、叔孫通等人說：「我覺得太子劉盈太懦弱了，一點都不像我，乾脆把他給廢掉，立我的三兒子劉如意怎麼樣？你們如果同意，那麼過幾天朝會的時候就支持我。」

　　當下這幾個人震驚極了。特別是叔孫通，他看重的是儒家治國，一旦制度破壞就會不堪設想，因為廢太子就是破壞嫡長子宗法制。他站出來說：「太子是天下的根本，怎麼能夠把天下大事當成兒戲呢？」

　　劉邦一聽，很不開心，這本來是家務事，只是問問他們意見而已。於是，劉邦又看著周昌，這周昌是自己在做泗水亭長時候的老部下了，大家一起起兵的，他一定支持我，就問：「周昌，你覺得怎麼樣？」

　　周昌也明確表示反對無故廢太子，他本來說話就有點口吃，表達意思很吃力，最後說急了，他脫下官帽道：「臣口不能言，然臣期期知其不可！陛下欲廢太子，臣期期不奉詔！」

這一結巴，反而把滿朝文武百官都逗笑了，劉邦也跟著笑了。

劉邦又看了看張良，不用說，張良也是反對的，心想，只能等日後再討論這件事情了。

當聽到自己親生兒子的皇位繼承權遭到威脅的消息後，呂后如坐針氈，日夜不安。

她深知，自己的情敵戚夫人是劉邦最寵愛的女人，擁有「小三」的標準條件：年輕美貌、嬌嗲善媚，並且多才多藝，擅長楚歌和楚舞。這個女人可不是什麼省油的燈，一心想讓她的兒子劉如意繼承皇位。而自己的兒子劉盈天性懦弱，原本就不討父親的喜歡，加上戚夫人的「枕邊風」，太子之位可是岌岌可危了。俗話說母憑子貴，倘若太子被廢，自己這個皇后也做不了多久。

當她聽說周昌仗義執言，感激的給周昌跪下了。

可是想來想去，呂雉發現劉邦做的決定很難更改，這該怎麼辦呢？

就在呂雉不知道怎麼辦的時候，來了一個人，建議她去找張良。呂雉一想，張良是大謀士，和劉邦關係親密，說不定還能勸住劉邦。於是，呂雉就讓自己的哥哥呂澤偷偷把張良給請了過來，讓張良出個主意。

張良搖了搖頭說道：「打仗的時候陛下很聽我的話沒錯，可是現在廢長立幼是家務事，不是用嘴巴說就能解決。我聽說陛下特別看重『商山四皓』，不過那四個人很不給陛下面子，怎麼都請不來。如果讓他們四個人輔佐太子，或許還有一絲希望。」

呂雉一聽，像是抓住了一根救命稻草般，用盡一切辦法把「商山四皓」請到了劉盈的身邊。

這個時候，劉邦在外平定叛亂中了一箭，感覺自己離死不遠了，內心更想要完成廢長立幼這件事情。哪怕叔孫通等一干大臣以死相諫，劉邦廢太子

【清代畫家黃慎所畫的《商山四皓》，圖中鞠躬者為張良，相對欲語者為「商山四皓」，端坐屏前回首若詢問呂后者即劉邦。人物神情生動，聚散得宜。】

的想法都沒有改變。

有一天，劉邦與太子一起宴飲，他見太子背後有四位白髮蒼蒼的老人，問後才知是「商山四皓」。

「商山四皓」分別是東園公唐秉、夏黃公崔廣、綺里季吳實、甪里先生周術。

他們上前謝罪道：「以前是因為陛下輕視士人，動輒訓斥責罵，臣等不願受辱，所以逃匿深山。如今聽聞太子仁孝，恭敬愛士，天下人莫不引頸願為太子效力，臣等才會前來。」

劉邦見「商山四皓」都成了太子的賓客，認為太子羽翼已成，無法廢掉了。

呂后總算保住了兒子的儲君之位，從此對戚夫人更為痛恨。

小知識

　　周昌有口吃的毛病，三國時魏將鄧艾也有口吃的毛病。

　　《世說新語·言語篇》中記載：鄧艾說話時總「艾……艾……艾」，有一次，他在洛陽參加司馬昭的聚會，交談時，他又開始「艾……艾……艾」。司馬昭就跟他開玩笑：「你總說艾艾，到底是幾個艾？」鄧艾也不示弱，說：「鳳兮鳳兮，難道不是一個鳳？」

　　這也是成語期期艾艾的由來。

名為皇帝實為傀儡
——身不由己的漢惠帝

劉邦病死之後，十七歲的劉盈接過了大漢帝國的權柄，成為了皇帝，史稱漢惠帝。

這個從小在田間玩耍並幫著母親下田幹活，後來又被為了逃命的父親差點丟棄不管的劉盈，在經歷了八年備受煎熬的太子生涯後，能夠成為漢王朝第二任帝王，實在是不容易。

此時此刻，坐在御座上的劉盈內心蕩漾著一種無法掩飾的喜悅，他躊躇滿志，想著大漢王朝的另一個盛世正在等待著自己開啟。

主政之後，劉盈對大臣們非常尊重，丞相曹參不理朝政，他沒有妄加責罰，而是親自到曹參府上請教，這才有了蕭規曹隨的這個典故。齊王劉肥到長安覲見，他以家人之禮相待，在一起飲酒時稱對方為兄長。而對於自己的競爭對手趙王劉如意和她的母親戚夫人，劉盈也沒有為難她們母子。

【漢惠帝畫像】

可以說，劉盈秉性善良，正直仁愛，具有「守成之主」的良好條件。但不幸的是，他的致命政敵竟是自己的親生母親呂雉。

劉邦死後，大權實際操縱在呂雉的手上。

她在老公死後做的第一件事就是命人把戚夫人抓來，剃去她烏黑的秀髮，給她穿上

赤土染成紅色的囚衣，戴上冰冷的鐵枷，關在「永春巷」的特別監獄裡舂米。

戚夫人一邊舂米，一邊唱：「子為王，母為虜，終日舂薄暮，常與死為伍！相去三千里，當誰使告汝？」

戚夫人的這一段唱詞，不僅給自己帶來了災難，也給自己的兒子帶來了不幸。

呂雉聽到後，破口大罵：「賤人，還想指望你兒子來救你，簡直是做夢，你們母子一起到陰曹地府團聚吧！」立刻遣使把趙王劉如意從邯鄲召進京內。

劉盈心慈手軟，不長於政治，更念及兄弟手足親情，處處袒護劉如意。他和弟弟形影不離，連睡覺都同席共枕，不給呂雉下手的機會。

明槍易躲，暗箭難防。

西元前一九四年十二月，劉盈外出，心疼弟弟不願早起，就把劉如意留在宮中。劉盈一走，呂雉趁此「良機」，命爪牙將其毒死。

緊接著，戚夫人也遭到了非人的折磨。她的雙手雙足被砍掉，眼睛被挖了出來，耳朵被熏聾，並且喝下啞藥，扔在廁所裡，稱為「人彘」（彘，豬）。

當劉盈得知「人彘」就是戚夫人時，驚倒在地，放聲大哭，說：「這不是人做出來的事！」

受到刺激的劉盈，從此之後整日借酒澆愁，不理朝政。

剷除了自己的仇敵，呂雉想了個主意：兒子劉盈因為出生的早，他父親劉邦在外征戰，一直沒有給他找個對象。現在劉盈十七歲，是成家的時候了。於是，她把自己女兒魯元公主和趙王張敖生下的女兒張嫣許配給了劉盈，想要用張嫣來控制住劉盈。

這樣算起來，劉盈還是張嫣的親舅舅，簡直就是有違人倫，而皇后張嫣（此名字在正史中無記載，為了行文方便，姑妄呼之）嫁給劉盈時年僅十歲。

當時，劉盈是不同意這門親事的，理由有二：一是輩分差別，二是張嫣

年紀還小。呂雉一一駁回，說：歲數小可以長大，甥舅關係也不在五倫之列。即便是這樣，對外甥女的喜歡和對妻子的喜歡還是截然不同的，劉盈和張嫣終究沒有越過雷池一步。

大婚之後，劉盈時常去呂雉居住的長樂宮朝見，把自己朝堂上大大小小的事情彙報給母后聽。不彙報不行，朝堂之上的呂氏外戚已經成為最大勢力，哪怕劉盈不說呂雉也會知道。呂雉一手把持著大權，根本不給劉盈施展自己政治抱負的空間。

當時流傳這樣一個說法：呂雉居住的長樂宮是「東朝」，劉盈必須服從「東朝」的指示，不能反抗也無法反抗。

難以施展政治報抱負的劉盈開始酗酒，只有在酒醉之中才能夠忘記這些痛苦的事情。對於自己的皇后張嫣，他從來沒有碰過，反而對自己的男寵閎孺寵愛有加。

哪怕就是這樣，呂雉也要來干擾自己兒子的生活，硬生生搶走了劉盈的男寵。

面對母后的淫威，劉盈的精神和心理徹底崩潰。在位七年後，二十四歲的劉盈，終於在抑鬱中離開了人間。

小知識

蕭何死後，曹參繼任丞相，他極力主張清靜無為不擾民，遵照蕭何制定好的法規治理國家，使西漢政治穩定、經濟發展、人民生活日漸提高。

為此，百姓們編了一首歌謠稱頌道：「蕭何定法律，明白又整齊；曹參接任後，遵守不偏離。施政貴清靜，百姓心歡喜。」史稱「蕭規曹隨」。

故事 13

呂雉死後的變故
——諸呂作亂

漢惠帝劉盈死後，他的母親呂雉扶持漢少帝劉恭登基即位，並以劉恭年幼為藉口，臨朝稱制，行使皇帝職權。

當初，漢惠帝的皇后張嫣一直沒有懷孕。呂雉就搶奪漢惠帝與宮女所生之子劉恭，謊稱是張嫣所生，然後將劉恭的生母殺死。

後來，少帝劉恭發現自己原來不是張皇后生的，生母早就被呂雉殺死了，便無時無刻不想擺脫呂雉。

發現了這一點的呂雉，絲毫沒有留情，命人殺掉了劉恭，另立劉宏為皇帝。

此後，呂雉大權獨攬，無人與之抗衡。

這個時候，呂雉便開始大肆封賞自己的親戚。而這個主意，一開始還是大臣們提出來的。當時正值漢惠帝劉盈死去，送行的時候作為母親的呂雉竟然沒有哭。留侯張良的兒子張辟疆就對丞相陳平說：「惠帝是呂太后唯一的兒子，你知道她為什麼不悲傷嗎？」

陳平搖了搖頭，說：「不知道。」

張辟疆說：「那是因為高祖沒有成年的孩子，她害怕你們謀權篡位。你現在請求拜呂產、呂台、呂祿為將軍，統率南北軍。只有呂氏家族進入朝堂，徹底掌握了實權，你們這些大臣才能夠擺脫災難。」

陳平能夠爬到丞相這個位置自然不傻，當下同意了這個決定，於是乎，

呂家的勢力大舉進入了朝堂。

但是呂雉並不滿足這一點，她開始不斷地挑戰大臣們的忍耐極限，先是給呂家的人封侯，還在朝堂上提出要給呂家的人封王。

右丞相王陵第一個站出來反對說：「這違背了高祖異姓不得稱王的遺訓！」呂雉很不開心，就問陳平、周勃，他們二人反倒是點頭同意，說：「這沒有什麼不可以的。」

王陵出去就對陳平和周勃說：「你們把高祖的話都忘記了嗎？在這裡阿諛奉承，也不覺得愧對良心！」陳平和周勃說：「在太后面前公開反對，當朝力爭，我們不如你；要說保全國家，安定劉氏後代的君王地位，你又不如我們了。」

此後，呂雉先後分封呂氏家族十幾人為王侯，一直到她病重臨終的時候都想著鞏固呂氏的天下，讓自己的侄子呂祿統領北軍，呂產統領南軍，牢牢地控制著軍權。

儘管是這樣，呂雉一死，呂氏家族還是很擔心劉氏會迫害自己，就開始商議謀反，只有成為皇帝才能夠不害怕。

結果，這邊還在開會，那邊呂祿的女婿劉章和弟弟劉興居就跑去告密了，通知他們的兄長，也就是當時的齊王劉襄。建議劉襄興兵討伐呂氏家族，自己和弟弟劉興居在京師做內應，事成之後，擁立劉襄為帝。

齊王劉襄知道自己這點人還不夠，就聯繫琅琊王劉澤來齊地臨淄商量事情，結果劉澤一到，就被軟禁了

琅琊王劉澤被齊王劉襄欺騙，無法回國，便心生一計，勸誘劉襄說：「你的父親劉肥是高皇帝劉邦的長子，推究根源而言之，大王您就是高皇帝的嫡長孫了，應當繼位。現在我看到大臣們正在猶豫還沒有確定立誰為帝，而我劉澤在劉氏家族中最年長，大臣們必然等待我去決定計策。現在大王留我在

這裡也沒有用處，不如派我進京商議大事。」劉襄認為劉澤說得對，就準備車馬送劉澤進京。

劉澤走後，齊王劉襄帶領齊國和琅琊國的軍隊向西進發，呂氏家族派遣大將灌嬰前來抵禦。

灌嬰駐軍滎陽，派人與齊王劉襄聯絡，雙方約定互不交戰，等候朝中政局的變化。

而這邊周勃和陳平早就做好了準備，他們先從掌管皇帝符節的襄平侯紀通那裡拿到了掌管兵權的虎符，並用哄騙的方法說自己得到了皇帝的命令要統率北軍。

進入軍營後，周勃說，擁護呂氏的把右邊肩膀露出來，擁戴劉氏的就露左邊肩膀，結果大家都露出左邊肩膀，周勃立刻控制了北軍。緊接著，陳平讓周勃協助劉章控制了南軍，嚴守殿門。

這時，呂產帶人準備進宮挾持少帝。可是他沒有得到呂祿丟失了北軍的消息，因此貿然進宮發動政變，卻被劉章引兵殺死。緊接著，呂祿和呂氏一族不論男女老幼全部殺盡。

小知識

劉章是漢高祖劉邦之孫，齊王劉肥的次子，被封為朱虛侯。

西元前一八二年（高後六年），劉章入宮侍奉呂后舉行酒宴，席間，他唱了一首「耕田歌」：「深耕之後，接著播種，苗要疏朗，不是同類，堅決剷除。」並且斬殺了呂氏家族中一個喝醉，逃離酒席的人。從此之後，呂氏家族的人都懼怕劉章，即使是朝中大臣也都歸附他，劉氏的勢力日益強盛。

千軍不及一占卜
——謹慎的劉恒當了皇帝

諸呂之亂平定後，群臣都不承認呂雉曾經立的小皇帝劉宏是漢惠帝劉盈的後代，因此平叛之後第一件事便是選擇一個新的皇帝來帶領大漢帝國繼續前行。

一開始，陳平、周勃、劉章等大臣們共同商議，想立齊王劉襄為天子。

這時候，曾經被劉襄欺騙過的琅琊王劉澤站出來說：「齊王的舅父駟鈞，為人兇殘暴戾，是戴著官帽的老虎。齊王什麼事情都聽他舅父的，現在讓他來當皇帝，等於又扶植一個外戚集團。代王劉恒是高帝的親生子，今又倖存，而且最為年長，不如讓他來繼承皇位。再者，他的母親薄氏家沒有什麼勢力，妻子竇氏一家更是普通百姓，根本不用擔心外戚弄權的事情。」

眾人聽後，表示同意。

就這樣，代王劉恒進入了他們的視線之中。

說句實話，在劉邦所有兒子裡面要選出一個最沒有存在感的，非劉恒莫屬。這是源自劉恒的出身，儘管有句話是母憑子貴，但是在子貴之前也要看母親地位的高低。

劉恒的母親薄姬原是魏王豹的女人，後來被劉邦納入宮中，春宵一度後生下了他。在後宮中，薄姬的姿色不如戚夫人，心機不如呂后，在兒子出生後，就遭到冷落，地位一直是「姬」，沒有升到「夫人」。

在這種環境下，使劉恒養成了做事小心謹慎的習慣，不敢輕易招惹是非。

因為他心裡很明白，自己要是犯了錯，不會有任何人來救他。大哥劉盈的母親呂雉是皇后，三哥劉如意的母親戚夫人是父皇劉邦最寵幸的妃子，而自己的母親薄姬只是一個被冷落的姬妾。

不過也正是劉恒這種謹言慎行，給大家留下良好的印象，在八歲那年，作為大漢帝國僅有的八個皇子，劉恒被三十幾個大臣推舉成為代王，離開了長安這個是非之地，正好躲掉了呂雉的迫害。

要知道，在呂雉死後，劉邦的八個兒子，就剩下劉恒、劉長兩個人。選來選去，陳平和周勃根本就沒有其他人選，（後）少帝劉宏和其他幾個王子都不是惠帝親生，也就只有選這兩個人。

比較之下，劉恒年紀比劉長大，符合宗法制裡面的立長不立幼，而且劉恒為人老實，他的母親地位低下，不會再發生呂雉這樣的事情。正所謂一朝被蛇咬，十年怕草繩，陳平和周勃就認定了劉恒。

使臣快馬加鞭通知劉恒來長安登基，可是劉恒並不開心，看見了使者，疑心重重。儘管他知道呂雉死了，呂氏家族也完蛋了，可是經歷過呂雉迫害王子這樣的事情，劉恒很懷疑自己是不是被騙去長安。

於是，劉恒把手下叫來，問：「你們覺得我是去還是不去啊？萬一把我給害死了怎麼辦？」

劉恒的手下也沒有幾個厲害的，議論紛紛，一些人說去，一些人說不去，鬧得劉恒自己都很煩，一拍桌子說道：「乾脆我們來占卜，依占卜的結果行事！」

【漢文帝畫像】

於是，大家就把占卜的工具都準備好，劉恒親自來占卜，結果弄出來的是「大橫」。占卜的人出來解釋說：「『大橫』裂開的紋路正當，意思是不久就會即位天王，將高祖的事業發揚光大。這天王就是說要做天子啊！恭賀吾皇！」

占卜的人一聲大喊，劉恒周圍的手下也紛紛拜倒。

為了以防萬一，劉恒先讓舅舅薄昭到長安去見太尉周勃。周勃向薄昭講明大臣們立劉恒為皇帝的由來，劉恒這才啟程進京。

在離長安城五十里的時候，他又派屬下宋昌先進城探路。

一切都安全了，劉恒才住進未央宮，繼承了大統，史稱漢文帝。

小知識

在西漢時期，流行的是使用火燒龜殼的占卜方式。透過觀察龜殼上的紋路變化，從而得到上天的啟示。商周時期就有對占卜方式的歸納和總結，著書有《連山易》、《歸藏易》、《周易》，這三本書流傳到現在只剩下《周易》，但是在當時龜殼占卜吉凶是很常見的方式。

故事 15

「醫療糾紛」引發的「人權」問題
──漢文帝廢肉刑

肉刑是透過對身體的摧殘，從而達到懲罰的目的，比如說割鼻子，削髕骨，宮刑等等。這是一種不可逆的刑罰，從夏商周一直沿用到漢朝，無論是哪一項都會讓受刑的人承受一輩子的痛苦。

而就在漢文帝劉恒成為大漢帝國皇帝之後，他頒布了廢除肉刑的詔書：「犯了錯，就要斷手斷腳，刻字懲罰，一輩子都沒有辦法擺脫，我看見這樣的痛苦，覺得這是違背道德的，所以決定廢掉它。」要知道肉刑作為一個國家的刑法，算是一種法治，眾所周知法律不能夠輕易更改，那麼到底是什麼原因促使劉恒做出這樣的決定呢？

這得從一個小小的醫療糾紛案說起：

當時，有個叫做淳于意的人，精於醫道，他原本是齊國太倉令，後辭職成為走街串巷的名醫。

有一天，他給一個很有錢的人治病，那個人也確實是病入膏肓了，還沒等淳于意用藥，就死了。

這下惹了禍，病人家屬認為是淳于意治死的，立刻跑去縣衙告狀。可能是當時那個官吏太昏庸，也可能是病人家屬用錢買通官吏，總之淳于意很倒楣，被判有罪，得接受肉刑懲罰。

不過，淳于意曾經是齊國太倉令，按照規定他有特殊待遇，要去首都長安城接受肉刑，小地方無權實施刑罰。

【親嘗湯藥磚雕】

　　走之前淳于意回家看了一眼，這一看不要緊，家裡五個女兒都在哭，不由悲從中來，說：「可惜我沒有兒子，五個女兒到了緊急時刻，沒有人能為我奔走！」

　　這個時候，淳于意最小的女兒緹縈站出來說道：「我雖然是女孩子，但是我也可以幫助父親！我要和父親一起去長安，為您洗刷冤屈！」淳于意雖然覺得自己的女兒很勇敢，但是也不能夠任由她胡鬧，皇帝是她想見就見的嗎？可是緹縈以死相逼，沒辦法，淳于意只好帶著自己的小女兒去長安。

　　一路上跋山涉水，好不容易來到了長安城。緹縈拿著自己寫的信，突破了層層阻礙向漢文帝陳訴自己的冤情：「我父親醫術精湛，不會誤診，況且生老病死是人之常情，怎能因此說我父親有罪呢？我父親要遭受肉刑，我不僅僅為他難過，還為其他遭受肉刑的人難過，因為他們身體被殘害就無法修復，連改過自新的機會都沒有，我寧可做官府的奴隸，也要替我父親贖罪！」

漢文帝看見了這封信，被緹縈的孝心深深感動。同時，他也認識到了，這樣的酷刑會給人的身體造成極大的傷害，不利於漢初社會的穩定，於是免除了淳于意的刑罰，並下詔書廢除黥（刺面塗墨）、劓（割鼻）、刖（砍斷腳趾）三種肉刑。

　　接著，漢文帝頒布了新的刑罰：黥刑變成了剪掉頭髮，用鐵束縛脖子四年。古時候有身體髮膚受之父母之說，認為剪掉頭髮如同是損害生命一樣，而比起刺面塗墨，新的刑罰無疑給受刑者增加了改錯的機會。劓刑，改為打三百大板；斬左趾，改為打五百大板。

　　這樣的修改，讓漢文帝時期保全了更多的勞動力，也促進社會的穩定和經濟的發展。

小知識

　　關於中國古代皇帝的廟號：奪取天下之功的稱為祖，治理天下之德的稱為宗。所以，漢文帝劉恒的廟號為太宗，謚號為孝文皇帝。他對母親十分孝順，是《二十四孝》中親嘗湯藥的主角。

造反不成悲憤而死的劉長
——漢文帝最後的弟弟

　　呂雉死去以後，漢文帝登基，劉邦的八個兒子就只剩下漢文帝劉恒和他的同父異母弟弟淮南王劉長二人了。

　　劉長是漢高祖劉邦的小兒子，他的母親過去是趙王張敖的美人。

　　高祖八年（西元前一九九年），劉邦巡行經過趙國，張敖把趙姬獻給劉邦，趙姬因此懷孕。

　　在懷孕期間，張敖因為受到趙相貫高等人謀反的牽連被殺，趙姬也被關押在官府。趙姬在囚禁中對獄吏說：「我曾受到陛下寵幸，已有身孕。」獄吏如實稟報，劉邦正因張敖的事氣惱，沒有理會趙姬申訴。並且因為呂雉的妒忌，受趙姬託付的審食其沒有向劉邦進言求情，趙姬生下劉長後，心中怨恨而自殺。

　　自幼喪母的劉長此後一直由呂雉撫養長大。

　　漢文帝即位，淮南王劉長覺得自己的哥哥成為皇帝，他也就只剩下自己這一個弟弟了，做事越來越肆無忌憚。

　　孝文帝三年（西元前一七七年），劉長自封國入朝，態度甚為傲慢。他跟隨漢文帝到御苑打獵，和漢文帝同乘一輛車，還常常稱呼漢文帝為「大哥」。

　　稱皇帝為哥哥，這是大不敬，不僅如此，他還公然命隨從魏敬殺死了辟陽侯審食其。說起來，審食其還挺冤的，當初他之所以沒有在劉邦面前為趙姬求情，還不是迫於呂雉的淫威。

對於劉長的種種惡行，漢文帝念及手足之情，不予治罪，赦免了他。

在長安這段時間，劉長簡直無法無天，不僅朝中大臣都懼怕他，薄太后和太子也對他退避三舍。

劉長返回封國後越發驕縱，不依朝廷法令行事，出入宮中皆號令警戒清道，還稱自己發布的命令為「制」，另外制定了一套文章法條，一切模仿天子的聲威，還把漢文帝劉恒派過來的官員統統趕走。

按照規定，大漢帝國的中央政府是對下面的王國有直接的管轄權，王國的丞相以及二千石的官員都是由中央政府來任命。劉長不但趕走了這些官員，還向漢文帝劉恒要自主任命宰相和二千石官員的權力。

一層一層彙報到了漢文帝劉恒那裡，劉恒想了想，畢竟是自己最後一個弟弟了，就同意了劉長的請求。

有了這些權力，劉長在淮南國裡更是為所欲為，時常殺掉自己看不順眼但是沒有罪的人，還隨意給自己寵幸的人封爵，最高封到了關內侯的爵位。

他也時常寫信給漢文帝劉恒的中央政府，裡面都是一些辱罵的語言。

漢文帝劉恒的忍耐是有限度的，他實在忍受不了劉長了，就讓薄昭寫信給淮南王劉長。

內容很委婉卻也很驚悚，裡面寫的是周朝初年管叔、蔡叔以及漢朝初年代頃王劉仲、濟北王劉興居驕橫枉法，最後被廢掉王位殺掉的故事。這明顯是告訴淮南王劉長，要是再不安分守己，做哥哥是真的忍不住要動手了。

不過，淮南王劉長接到了這封信根本就沒有放在眼裡，反而覺得很不高興，自己只不過是在封國裡行使自主權罷了。他越想越氣，索性把自己的手下七十餘人召集起來，和棘蒲侯柴武的兒子柴奇商量好，打算用四十輛車子在穀口發動叛亂。

當然，劉長腦子沒有壞掉，他清楚僅憑著這些人馬很難成功，就派人聯

繫了閩越、匈奴等少數民族一起謀反。

可是這件事不小心洩露了出去，有關部門開始追究謀反的來龍去脈。

漢文帝劉恆命人把劉長召到長安城來，當時的丞相張蒼，還有宗正廷尉等大臣說：「按照規定，謀反是要被處死的，劉長理應被殺掉！」劉恆想了想，自己就這一個弟弟了，不忍心殺掉，於是說：「免除劉長的死刑，剝奪他的封號，流放到蜀郡去，其他參與謀反的人統統殺掉。」就這樣，劉長被裝在囚車裡一路送到蜀郡去了。

袁盎作為劉恆的大臣，提醒他說道：「陛下，我覺得這樣不對，您一直寵幸淮南王，沒有為他選擇嚴厲的丞相和太傅，所以才會到今天這種地步。淮南王劉長我們都瞭解，他的性格剛烈，不可能承受這樣的打擊。這一路上餐風宿露，倘若病死了，陛下會背上殺弟弟的罪名。」

漢文帝劉恆搖了搖頭說道：「我只是想讓他吃一點苦頭，現在我就讓人追回來。」

誰知，漢文帝劉恆的使者還沒到，淮南王劉長就因為悲憤交加，絕食而死了。

聽到劉長的死訊，漢文帝哭得很傷心，對袁盎說：「我不聽你的勸告，終至淮南王身死，實在是遺憾！」

小知識

淮南王劉長死後，長安城有百姓同情他的遭遇，作歌說：「一尺麻布，尚可縫；一斗穀子，尚可舂。兄弟二人不能相容。」漢文帝聽到後，歎息說：「堯舜放逐自己的家人，周公殺死管叔蔡叔，是他們不因私情而損害王朝的利益。天下人難道認為我是貪圖淮南王的封地嗎？」於是，徙封城陽王劉喜去統領淮南王的故國，而諡封已故淮南王劉長為厲王，並按諸侯儀制為他建造了陵園。

西漢王朝的第一個盛世
──厲行儉約的「文景之治」

故事 17

西漢初年，經濟蕭條，國家貧困，百姓失去土地，吃不飽，出現了人吃人的現象，死亡人數超過一半。皇帝都找不到四匹毛色相同的馬拉車，將相有的只能乘牛車。

到了漢文帝劉恆的時候，經濟依舊處於低迷之中。

於是，漢文帝決定採用黃老之學，提倡「無為而治」：休養生息、輕徭薄賦、重視農業、提倡節儉、以德化民。

這對於當時的大漢帝國來說，是最好的選擇。

雖然此時叛亂已經平定，天下統一，可是在大漢帝國的北方還存著一個凶狠的遊牧民族──匈奴。在秦朝的時候，秦始皇為了防備匈奴修築了萬里長城，還派了四十萬軍隊駐守邊境，甚至起義軍打到函谷關下了，這四十萬秦軍也絲毫沒有南下。這是因為在當時，中原文化最大的敵人就是北方的遊牧民族。可是秦朝滅亡，這四十萬秦軍也成了無根之萍，失去了糧餉和後援，因此匈奴一次又一次南下掠奪大漢帝國子民的錢糧。

所以，漢文帝在位的時候，把匈奴視為自己最大的敵人。可是要攻打匈奴，自己國家的國力必須要強盛起來。

第一件事就是發展生產力，漢文帝並不是一出生就是皇儲的身份，所以他八歲之後就離開了長安城，去了他的封地代國。在代國，他瞭解到百姓的生活困苦，辛辛苦苦耕田，收成的大部分卻繳納稅收和田租。成為了皇帝以後，漢文帝更是瞭解到生產力不足的問題，決定減少田租和賦稅。由於田租

和賦稅的減少，人們生產的意願提高，便為國庫糧倉輸送了大量的糧食。

僅僅是減少稅收、田租讓百姓去種田還不夠，人口就那麼多。漢文帝想了想，下詔說：以後服役改成三年一次。這比起以前，真的是太輕鬆了！以前是一年一次，現在三年一次，多出來的時間做什麼？種田啊！現在田租低，賦稅少，不種田做什麼？

一時間，倉庫裡面的糧食開始增多了。

漢文帝依舊在打經濟的主意，要怎麼做才能進一步拉高經濟呢？找來找去，發現只能從國有資產上動手，於是，他很大方地把屬於國家的礦山、樹林、河流都拿出來，給私人利用。

就這樣，鹽鐵事業蓬勃發展，拉動了當時的經濟。

可是在經濟逐年增長的情況下，漢文帝依舊十分節省，他在位二十三年裡，宮室、園林、狗馬、服飾、車駕等，都沒有增加。當時的宴遊之所，地方不夠用，需要再建一個露臺，漢文帝一看預算，需要用「百金」，眉頭就皺了起來，說：「這等於十戶中等人家的財產，太奢侈，不建了。」對所寵愛的慎夫人，漢文帝也不准她穿裙擺拖地的衣服，所用的幃帳不准繡彩色花紋，以

【漢景帝畫像】

此來表示儉樸，為天下人做出榜樣。漢文帝還規定，建造他的陵墓霸陵，一律用瓦器，不准用金銀銅錫等金屬做裝飾，不修高大的墳，要節省，不要煩擾百姓。

漢文帝死後，他的兒子漢景帝劉啟繼位，依舊是沿用他父親的那一套，輕徭薄賦。而且漢景帝劉啟也注重生活上的勤儉節約，因為許多人都會學習皇室用度，當皇室節省的時候，下面的人也都會選擇生活簡樸。

漢景帝時期的叛亂比起漢文帝時更加的嚴重，儘管在周亞夫的幫助之下平定了叛亂，但是對於漢景帝來說，勤儉節約休養生息是當前最重要的施政方針。特別是從漢初開始，匈奴一直是大漢帝國的心腹大患，漢文帝、漢景帝的休養生息給後來的帝王創造了消滅匈奴的條件，一雪前恥。

小知識

　　劉邦在位的十二年間，後期因國家財政上的需要，稅率有所提高，但惠帝於漢高祖十二年即位後，馬上恢復了原來的稅率，使「十五稅一」保持下來，即使呂后當政時也未見改變。漢文帝時，進一步降低田租的稅率，按「三十稅一」征稅。這是中國封建社會田賦稅率最低的時期，而且以後始終不變。

郡國並行留禍根

——七國之亂

漢高祖劉邦建漢之初，中央機構繼承秦制，皇帝之下設三公九卿。在地方上則實行「郡國並行制」，即一方面設郡，另一方面分封同姓和異姓子弟為王，建立諸侯國。

相比於異姓王，同姓王的權力就大得多，除了太傅和丞相由中央任命外，自御史大夫以下的各級官吏，都由諸侯王自己任命。諸侯王還有一定的軍權、財權等。這也造就了一個又一個國中之國，這些國中之國將來勢必坐大，形成尾大不掉的局面。

漢景帝劉啟登基的第三年，御史大夫晁錯直言上書，希望皇帝削藩。他對景帝說：「您可以隨便編個藉口找諸王的碴，反正您是皇帝，他們不敢把您怎麼樣，然後一點一點削減他們的領地和權力，最後全國的大權就可以牢牢的掌控在您一個人的手裡了。」

漢景帝劉啟一聽，這的確是個好主意，特別是自己的叔叔吳王劉濞勢力越來越大，是該出手剷除的時候了。

劉濞並不是劉啟的親叔叔，而是劉邦哥哥劉仲的兒子。不過劉濞的封地好，吳國那個地方有銅礦，古時候的貨幣主要是銅鑄的，因此劉濞可以自己鑄造貨幣。吳國靠海，劉濞又可以販鹽，鹽是生活必需品，在當時只有海邊才有。靠著鹽、銅之利，吳國的經濟快速起飛，自然吳王劉濞的野心也日益膨脹了。

而且，吳王劉濞和漢景帝劉啟早年有仇。這還得從漢文帝時期說起，劉

啟當時還是太子，吳王的世子去長安朝見漢文帝，朝見完就和劉啟開開心心下棋。不過吳王世子棋品不好，下不過就想悔棋，當時劉啟也是年少輕狂不懂事，拿著棋盤衝著吳王世子的腦袋就砸了過去，結果把吳王世子給砸死了。殺子之仇，怎麼能夠讓吳王劉濞釋懷呢？

漢景帝採用了晁錯的意見，先是找了個藉口收回楚王劉戊的東海郡、趙王劉遂的常山郡和膠西王的六個縣，接著又降詔削奪吳王劉濞的豫章郡、會稽郡。

吳王劉濞是塊硬石頭而不是軟柿子，聽到皇帝要拿自己開刀，隨即大怒造反。

劉濞聯合楚、趙、膠西、膠東、菑川、濟南六國的諸侯王，發動了聯合叛亂。同時又派人與匈奴、東越、閩越貴族勾結，用「清君側，誅晁錯」的名義，舉兵西向。

叛軍順利打到河南東部時，漢景帝慌了，只想著怎麼在這些叔叔、哥哥們手裡活命。惶恐萬分的他聽從了袁盎的建議，誅殺晁錯以消除七國起兵的藉口，可是絲毫沒有延緩七

【袁盎卻座圖】

國叛軍進兵的速度。

晁錯已死，叛軍仍不退，還公開揚言要奪皇位。叛軍至梁國，為景帝之弟梁王劉武所阻。

此時，景帝才決心以武力進行鎮壓。幸虧景帝手下有兩個能打仗的人，一個是太尉周亞夫，一個是大將軍竇嬰，二位將軍拒敵於下邑，並且出奇兵斷了敵軍糧草，最後在太尉周亞夫的率領下，僅用十個月就大敗叛軍，總算是讓漢景帝鬆了一口氣。

吳楚七國之亂的平息解決了漢初郡國並行制度的弊端，逐漸削掉了諸王的權力，把實權收歸中央，並為日後漢武帝成就一番大業創造了基礎。

小知識

當初，還是太子的漢景帝失手打死了吳王劉濞的世子，漢文帝敕命將世子的屍體送回去埋葬。到了吳國，吳王劉濞大怒，說道：「天下都是劉家的，死在長安就埋在長安，何必送回吳國埋葬！」遂又把屍體送回長安埋葬。

故事 19　漢武帝劉徹始掌虎符
──平定爭端的考驗

王氏在懷漢武帝劉徹的時候，劉徹的父親漢景帝劉啟當時還是太子。

有一天，王氏做夢夢見了太陽進入她的懷裡，她醒來就把這個夢告訴劉啟，劉啟說：「這個徵兆說明我們的孩子身上有貴氣。」

可是劉徹出生後，卻不是太子，太子是劉啟的寵妃栗姬的兒子劉榮，劉徹不過是個小小的膠東王。

【漢武帝畫像】

誰知後來風雲突變，劉榮的太子之位被廢掉，劉徹的母親王氏成為皇后，劉徹自然成為了太子。這裡面除了漢景帝的動搖外，與姑母劉嫖也有關係，劉嫖把自己的女兒嫁給了當時還只有四歲的劉徹，再加上竇太后的支持，劉徹在太子的位置上坐得十分牢固。

西元前一四一年，漢景帝劉啟駕崩，只有十六歲的太子劉徹登基即位。因為劉徹年幼，朝政大權基本上把持在竇太后手裡。

竇太后是漢景帝的母親，劉徹的祖母。

劉徹也知道，自己能夠坐上皇位，絕大部分的功勞都來自自己的祖母，自然對祖母十分恭敬，不輕易去忤逆。

西漢初年的幾個皇帝都崇尚「黃老之術」，追求的是無為而治，但漢武帝劉徹不同，一登基就想做出一番大事，於是，他讓當時的御史大夫趙綰和郎中令王臧，請來魯者儒申公。申公是當時數一數二的大儒，來到朝廷跟劉徹說：「我有一個建議，把一切都恢復古時候的制度，設置明堂辟雍，改變曆法，更換服裝，行巡狩封禪等禮儀。我還聽說皇上您總是有事沒事就去請示太皇太后，這沒必要，以後不要什麼事情都跟太皇太后說。」

本來竇太后就對劉徹喜歡儒家感到不悅，聽到儒生來蠱惑自己的乖孫兒，讓劉徹不聽自己的話，這等於觸犯到竇太后的逆鱗。她馬上讓劉徹革去御史大夫趙綰和郎中令王臧的官職，把那個魯國大儒申公送回。

祖母下命令，劉徹立刻照做。劉徹的內心之中不僅僅是敬重自己的祖母，同時還帶著畏懼的心理。

漢武帝劉徹登基的時候很年輕，也知道自己的父親、祖父都想平定匈奴，看著國庫日益豐盛，便時常想打到匈奴的地盤去。竇太后覺得劉徹還年少輕狂，就特地把他叫過來，告訴他現在要是開戰，如果不能取得勝利就會把劉徹父親、祖父累積下來的成果毀於一旦，更何況現在還不瞭解匈奴，打不過匈奴的騎兵等等。漢武帝劉徹一聽，的確有理，便把進軍匈奴的事情擱置在一旁了。

而恰好在這個時候，閩越派出大軍攻擊東甌，東甌打不過閩越，只好跑來向漢武帝劉徹求援。這個時候劉徹還不滿二十歲，心裡也知道要是閩越吞併了東甌，勢力就會越來越大，於是把這件事情放在朝堂上來討論。

太尉田蚡說：「從秦朝的時候越人就不和中原來往了，時常打來打去，這是常事，沒必要派兵相助。」

中大夫嚴助站出來說：「我們有能力，為什麼不去救援呢？現在小國來向我們求助，皇上不幫他們，他們又能去哪裡求助？如果置身事外，皇上又

怎麼讓四方的蠻夷臣服呢？」

這一番話說到了漢武帝的心坎裡，他決定幫助東甌，向這些蠻夷展示一下大漢帝國的力量。但是竇太后提出一個要求，幫助小國可以，但是不能夠動用軍隊來平定這場爭端。

漢武帝劉徹想了想，這是自己表現的機會，就讓中大夫嚴助徵調了會稽郡的水師過去，找機會幫助東甌，同時表達大漢帝國對邊境的關心。

果不其然，閩越害怕大漢帝國真的進攻自己，還沒等到水師過來就自動撤兵走了。東甌覺得要是漢軍走了，閩越說不定還會來，於是，就跟著漢朝的軍隊一起遷移到廬江，歸屬漢朝的統治。

透過平定這次爭端，竇太后覺得自己的孫兒真的成長了，就把虎符歸還給劉徹，讓他獨自執掌大權。

竇太后去世後，劉徹開始著手以軍事手段代替帶有屈辱性質的和親政策來徹底解決北方匈奴的威脅。他派名將衛青、霍去病三次大規模出擊匈奴，收河套地區，奪取河西走廊，征服西域，封狼居胥，將當時漢朝的北部疆域從長城沿線推至漠北。

至此，漢朝的國力達到了鼎盛。

小知識

竇太后信奉黃老之學，有一次，她把博士轅固叫過來，問他《老子》是一本什麼樣的書？轅固很不識時務地說：「就是一本很普通的書。」

竇太后大怒，讓轅固去和野豬搏鬥。

漢景帝知道太后發怒了而轅固直言並無罪過，就給轅固鋒利的兵器。轅固到獸圈內刺殺野豬，正中其心。竇太后無語，沒理由再治他的罪，只得作罷。

削弱諸侯王的好辦法
—— 唯才是舉、推恩令

竇太后死去以後，漢武帝劉徹正式掌控了大漢帝國。

劉徹想要實現長輩的願望，征討北方的匈奴，首先要解決的就是國內諸侯國勢力過大的問題。在經歷漢文帝平定淮南王、濟北王叛亂，以及漢景帝平定七國之亂後，這個問題依舊沒有得到妥善解決。

而且劉徹發現父親沒給自己留下能用的大臣，漢景帝的時候還有漢文帝留下來的周亞夫等能臣，可是到了漢武帝劉徹的時候就沒有能用的人了。這個時候，劉徹想到了一個好辦法，就是學自己的祖先劉邦廣攬人才，唯才是舉。

在劉徹看來，只要有學問、有本事的人就可以入朝為官，不計較他們的出身。很快的，劉徹身邊就聚集了一大批能臣，比如說衛青、霍去病兩個為大漢帝國東征西討的名將就是從奴僕裡面選出來的，再比如嚴助、張湯等人都是貧民出身，就連金日磾這樣的匈奴俘虜也能成為劉徹的托孤大臣。

劉徹還規定，兩千石以上官員，只要任滿三年，即可任「同產若子」一人為郎官。因此，朝堂之中許多大臣都忠誠於他。同時，劉徹還允許有錢人用錢買官，這樣就把大漢帝國的有錢人也團結在自己的身邊了。

一時間，大漢帝國中央政權的力量逐漸凝聚了起來。

劉徹很小的時候就見識到了朝堂的險惡，也清楚各地的諸侯王還在對皇帝寶座虎視眈眈。

要知道當時最大的諸侯王有連續十座城，地盤超過千里，兵力雄厚，不願意聽從中央政府的指揮，劉徹也拿這一切沒有辦法。

　　而就在這個時候，擅長縱橫之術的主父偃被齊國的儒生排擠，來到了長安城。他透過衛青，給劉徹提了個建議：「皇上，我有個辦法，既可以讓諸侯王接受，又可以削弱諸侯王勢力。」

　　劉徹一聽，總算有一個人能拿出主意來了。雖然劉徹也聽過不少建議，自己也想了不少主意，可是總不敢輕易實施，害怕重蹈自己父親漢景帝的覆轍。於是，他就問主父偃：「到底是什麼辦法？倘若和晁錯的主意沒有兩樣，你就等死吧！」

　　主父偃是有備而來的，怎麼會被劉徹給嚇唬住呢？他鎮定地說道：「我這個計策就是推私恩給諸侯王的庶出子弟。把較大的一塊留給嫡長子，維護宗法制，而另外一部分就給諸侯王其他的兒子來分，封他們為列侯，這樣他們就會感謝皇上您了。一代傳一代，過不了多久諸侯王就會從一國之地變成一郡之地，慢慢地連一郡都不剩，那個時候中央政府就能把這些土地給收回來了。」

　　劉徹一聽，大腿一拍說道：「好主意！」

　　他馬上把這個命令推行下去，叫做「推恩令」，將以前只能由諸侯王把封地和爵位傳給嫡長子，變成允許諸侯王把封地分為幾部分傳給幾個兒子，形成直屬於中央政權的侯國。結果，一代一代分封下去，諸侯王的封國越來越小，從王國變成了侯國，從侯國變成一郡之地，慢慢地每個封國面積都化整為零，再也沒有辦法和中央抗衡了。

　　劉徹也因此安定了大漢帝國的內部，開始向北方匈奴伸出了自己的爪牙。

　　主父偃，漢武帝時大臣。臨淄（今山東臨淄）人。出身貧寒，早年學長短縱橫之術，後學《易》、《春秋》和百家之言。在齊受到儒生的排擠，於是北遊燕、趙、中山等諸侯王國，但都未受到禮遇。元光元年（西元前一三四年），主父偃抵長安。後直接上書漢武帝劉徹，當天就被召見，與徐樂、嚴安同時拜為郎中。不久又遷為謁者、中郎、中大夫，一年中升遷四次，得到武帝的破格任用。

求仙和巫蠱之禍
——漢武帝的荒唐事

故事 21

　　漢武帝劉徹即位之初，就下詔在全國尋訪有道的異人，希望能夠尋找到長生不老的秘方。

　　上行下效，既然皇帝喜歡求仙，臣民們自然要投其所好。

　　這一天，從齊地來了一個神仙般的人物，名字叫李少君，自稱已經活了上百歲，可是看起來還是個中年人的模樣。

　　他對劉徹說：「臣下有一個妙方，名『祠灶穀道卻老方』。用祠灶煉製的丹砂，可以化成黃金丹藥。吃了這種黃金丹藥，可以長壽，只要長壽，就有機會到蓬萊山中面見仙人，求取長生不老的方法。臣下曾經在海上遊玩，見到了異人安期生，他經常吃一種大如瓜果的巨棗。安期生和蓬萊山上的仙人們關係很好，經常往來，如果陛下虔誠，我可以引薦你和安期生見面。不過

【煉丹圖】

077

這個人行蹤不定，找他有點困難。」

劉徹十分信任李少君，給了他很多封賞，敕令他建造丹爐，煉製黃金丹藥，並派遣很多方士，駕船去尋找安期生。

結果，丹藥沒有煉成，安期生也沒有找到，自稱不死神仙的李少君竟然一命嗚呼了。

劉徹卻認為李少君沒有死，只是羽化成仙，他追求成仙的願望反而更強烈了。

還好，李少君後繼有人。

這個人名叫少翁，也是齊國人，比起李少君更能故弄玄虛，自稱有一種「鬼神方」，能在夜裡將灶君和王夫人（漢武帝已故愛妃，一說是李夫人）的鬼魂召來和漢武帝見面。也不知道他用了什麼方法，總之是讓劉徹透過帷帳，隱約見到了與王夫人容貌相同的鬼魂。劉徹對少翁佩服得五體投地，拜他為文成將軍，賞賜的金銀珠寶不計其數。

少翁很快名利雙收，但是他的下場要比李少君悲慘得多。

一年多的時間過去了，他的「鬼神方」不見一點效果，長生不老藥也沒有絲毫蹤跡。在劉徹催逼下，少翁就想出了一個辦法，將一塊寫著字的布帛讓牛吞下，然後裝模作樣地說：「這隻牛的肚子裡有奇怪的東西。」劉徹命人牽來牛，殺了一看，肚子裡面果然有布帛，上面寫著非常古怪的文字。認出這是少翁的筆跡，就逼問少翁，果然是偽造的，便一怒之下砍了他的腦袋。

李少君「羽化」了，少翁被殺死了，又有一個名叫欒大的人毛遂自薦。後來，欒大的騙術被揭穿，劉徹命人將他腰斬了。

既然劉徹相信鬼神，自然對巫蠱也是恐懼萬分。

巫蠱是一種巫術，相傳有人讓巫師祭祀之後把木偶人埋在地裡，詛咒誰，誰就會發生災難。

　　劉徹晚年時，有一天在建章宮休息，偶然瞥見一名陌生男子手持武器進入中龍華門。劉徹一想，這皇宮是自己家，怎麼還有人帶著武器混進來呢？他馬上命令侍衛抓這個人，侍衛一來，這個人嚇得丟掉武器就跑。一大群侍衛竟然沒有抓住這一個人。劉徹非常惱火，殺掉了掌管宮門的門候，下令全城搜查。

　　而這個時候，漢武帝也在通緝陽陵大俠客朱安世。漢朝的大俠客不比武俠小說裡面的俠客，用現在的話來說，在當時這些大俠客都是恐怖分子。丞相公孫賀請命親自捉拿朱安世，用這份功勞去彌補自己兒子公孫敬聲挪用軍費的過錯。

　　結果，公孫賀一出手就把朱安世給抓了，朱安世陰笑著對公孫賀說：「你抓我，我要你全家都倒楣！」

　　剛進監獄，朱安世就給劉徹寫信告狀，說：「公孫敬聲和陽石公主偷偷在一起，他們聽說皇上要去甘泉宮，就在路上埋了木偶人要害你！」

　　劉徹本來就被那個陌生人嚇得有些敏感，接到這個舉報，立刻讓人去查是否屬實。結果，彙報上來的人說，真有這麼回事。劉徹一聽，這還得了，把公孫敬聲一家全部給殺了。

　　這只是一切災難的開始。

　　有一天，劉徹睡覺時夢見有好幾千個木偶人在打自己，他猛地醒了過來。從這以後，劉徹就感覺自己的身體一天不如一天了，他覺得一定是有人給自己下了巫蠱之術。

　　一個字：查！

劉徹就讓自己的手下江充去調查這件事情。

江充是趙國邯鄲人，屬於「布衣之人，閭閻之隸」，也就是當時的小商人階層。由於姻親關係，他得以步入宮廷，成為趙王宮的上賓。為報復私怨，他誣告趙太子穢亂後宮，導致趙太子險些被漢武帝判了死刑。

他和當時的太子劉據關係不太好。太子為人寬厚，和劉徹的行事風格不一樣，因此，執法的大臣都和太子或多或少有些不愉快。特別是在太子劉據的母家靠山——衛青死了以後，日益有人看太子不順眼。

於是，江充說：「皇上您住在皇宮裡，結果夢見了這些木偶人，說明這詛咒一定是從這皇宮裡面來的，我們找個巫師過來看看。」

劉徹自然是聽江充的，就讓巫師過來看看是不是自己的皇宮出現了問題。

巫師早就是江充安排好的，他過來一看，大驚失色地說道：「皇宮裡面都是巫蠱的氣息！要是不驅除這些氣息，皇上您是怎樣都不會好的！」

聽到這裡，劉徹怕了，馬上讓江充帶人去皇宮裡面查。江充找了個機會把準備好的木偶人放在太子住的地方，接著派人彙報給漢武帝說，在太子宮裡找到了很多木偶人，還有詛咒的話語。

這個時候，劉徹在甘泉宮養病，並不在皇宮裡，這個消息先被太子劉據得到了。由於前面有公孫一家的先例，他很擔心自己會被自己的父親殺掉。太子的老師石德這個時候說：「先下手為強，否則根本就解釋不清楚。」

於是，劉據就派人去捉拿江充，把江充給殺掉。但江充的助手蘇文跑了，跑到劉徹面前告狀。

劉徹一開始還不相信，讓人把太子劉據帶過來，但是劉據這個時候哪裡敢來。劉徹勃然大怒，讓人帶兵去征討劉據，最後劉據在重重圍困之下上吊

而死。

　　過了很久，事情的原委才查清楚，太子是被江充誣陷的，但為時已晚。劉徹後悔莫及，建思子宮來思念被自己誤殺的兒子。

小知識

　　江充和太子劉據的仇隙源自於一件小事：當時，劉據讓自己的使者去甘泉宮問候漢武帝，使者騎著馬走在皇帝御用的馳道上，結果被江充看見，就把劉據的使者給扣押了。

　　劉據得到這個消息以後就派人跟江充解釋，希望江充這次放過自己。可是江充不聽，依舊把這件事情告訴了漢武帝，從此以後兩個人之間有了仇隙。

活在權臣的陰影下
——漢昭帝「壯大多知」的背後

漢武帝劉徹創下了盛世，可是依舊逃不過生老病死。在巫蠱之亂四年後，劉徹一直都沒有立下太子，最後在彌留之際立自己最小的兒子劉弗陵為太子，托孤給霍光等大臣便駕崩了。

霍光是漢武帝時期名將霍去病同父異母的弟弟，平日很得劉徹的信任。

【漢昭帝畫像】

作為輔政大臣，霍光執掌漢王朝最高權力近二十年，「帝年八歲，政事一決於光」。

儘管劉弗陵登基，成為大漢帝國的領導人，但是這並不代表皇位的爭奪就到此結束。因為劉弗陵太年輕了，八歲登基，讓人很想把他趕下臺。

特別是劉弗陵的哥哥燕王劉旦，他太想當皇帝了。當年巫蠱之禍太子劉據死了以後，他就寫信給自己的父親漢武帝說：「好久沒有回過長安了，有點想念長安。而且太子的位置一直空著，

這樣不好，不如讓我來做太子吧！」燕王劉旦很心急，但是劉徹厭惡這樣的人，回了一封信大罵劉旦，還把他的封地給削掉了三個縣。儘管被罵，劉旦對皇位還是念念不忘，看著自己幼小的弟弟當上了皇帝，不由得羨慕又嫉妒，總想著取而代之。

於是，劉旦就開始謀劃，有前面淮南王、濟北王叛亂，以及七國之亂的例子，劉旦覺得僅僅靠軍隊起兵反抗是不行的，必須要從朝廷內部瓦解漢昭帝劉弗陵的統治。

左將軍上官桀進入到劉旦的視野裡，上官桀也是漢武帝的托孤大臣，可是他和另外一個輔政大臣霍光的關係不太好。先前，他勾結漢昭帝姐姐鄂邑長公主想要把自己的孫女送到漢昭帝的身邊，霍光沒同意，結果兩個人結下了仇。

劉旦的準備是足夠的，還打聽到御史大夫桑弘羊因為和霍光政見不合，也想把霍光除掉。

幾個人雖然最終想要得到的東西不一樣，但是第一步都是要除掉霍光，於是他們就有了共同的目標。

始元六年（西元前八十年），鄂邑長公主、上官桀、桑弘羊等人，襲用「清君側」的故伎，指使人以燕王劉旦的名義上書昭帝，捏造說，霍光正在檢閱京都兵備，還將被匈奴扣留十九年的蘇武召還京都，任為典屬國，企圖內外勾結興兵造反，自立為帝。並聲稱燕王劉旦為了防止奸臣叛亂，要進入宮廷來護衛。

書信送達後，漢昭帝不予理睬。

次日早朝，霍光沒來，上官桀對漢昭帝說：「霍光是因為燕王告發了他的罪狀，所以不敢來上朝了。」漢昭帝聽後十分平靜，隨即召霍光入朝，當

【上海城隍廟供奉的漢博陸侯霍光大將軍之位】

面說：「那封信是在造謠誹謗，你是沒有罪的。如果你真的想取而代之，根本無須如此大動干戈。」上官桀等人的陰謀被漢昭帝一語揭穿。

上官桀等人依舊不甘心，準備發動武裝政變。他們計畫由長公主設宴請霍光，在飲酒時將其殺死，然後廢除漢昭帝。

在危急關頭，長公主門下一個管理稻田租稅的官員將上官桀等人的陰謀告發。

漢昭帝、霍光先發制人，將上官桀、桑弘羊等主謀政變的大臣統統逮捕，誅滅了他們的家族。長公主和燕王劉旦自知不得赦免，先後自殺身亡。

除掉了政治對手，霍光的輔政地位得到了穩固，但漢昭帝從此卻活在權臣的陰影下。

當初，漢武帝看到幼子劉弗陵「壯大多知」，就把帝位傳給了他，為了

防止外戚專權，還殺死漢昭帝的生母鉤弋夫人。「壯大多知」當然是好事，但是個性張揚、心機外顯就成了致命缺點。這一弱點，被霍光和他的妻子霍顯牢牢抓住。

　　漢昭帝的上官皇后是霍光的外甥女，在上官家族被滅族之後，她被霍氏家族控制。為了早生貴子，霍顯只允許漢昭帝和上官皇后住在一起，斷絕了和宮中其他女子的聯繫。這樣，漢昭帝白天被霍光控制，夜裡被霍顯掌握，年僅二十一歲就病死了。

小知識

　　御史大夫桑弘羊和霍光政見不合，是因為鹽鐵問題導致的爭議。桑弘羊實行鹽鐵官營等經濟政策，儘管增加了政府收入，但是卻導致了民怨四起。因此過了三年，霍光以漢昭帝的名義，取消鹽類專賣和部分地區的鐵器專賣。

從廢帝劉賀到漢宣帝劉詢
——被霍光操縱的大漢帝國

　　作為輔政大臣的霍光，從漢昭帝劉弗陵開始就掌握著大漢帝國的實權。起初還有同為輔政大臣上官桀、桑弘羊在政治上牽制，可是隨著上官桀和桑弘羊的失勢，霍光已經是一人之下萬人之上了。

　　而八歲為帝的漢昭帝劉弗陵也在不斷成長，十四歲就有識人之明的劉弗陵或許在成年之後會有一番大作為，可是偏偏在二十一歲就駕崩了。

　　漢昭帝沒有兒子，到底選誰做皇帝，又成為了一個難題。

　　當然，劉氏依舊是大漢帝國的掌權人，只不過這個掌權人只能由霍光選出來。

　　權力會改變一個人，因此霍光在漢昭帝時期就已經享受到了這樣的權力。當時大臣們就想到了讓漢武帝最後一個兒子廣陵王劉胥繼位，但是劉胥年齡很大，不好控制。於是，霍光就讓幾個親近自己的大臣說廣陵王劉胥的種種不是，比如劉胥喜歡玩、不做正事之類的理由。其實在漢朝多次諸侯王叛亂以後，作為當時為數不多的諸侯劉胥根本不敢做正事，他要是整頓諸侯國吏治、訓練軍隊，這無異於是告訴別人他要謀反。不過，最後他還是做了謀反的事情。

　　那找誰？昌邑王劉賀，他是漢武帝的孫子，漢昭帝的侄子，最重要的是他才剛剛十來歲，方便霍光控制。

　　於是，霍光就讓劉賀認漢昭帝劉弗陵做父，接過漢昭帝的皇位。

而劉賀少年意氣，成為皇帝之後對霍光專政很不滿，一看朝堂之上都是霍光的嫡系，軍隊也都是霍氏家族在把持，畢竟劉賀也是昌邑王，是有封國的，就把自己封國的人給提拔上來。這下子霍光坐不住了，羅列出一千一百二十七條荒唐事，甚至連皇帝劉賀沒按時睡覺也算一條，說這些都是劉賀在位二十七天內犯下的。

　　隨後，霍光讓自己的外孫女年僅十五歲的皇太后下詔罷免了劉賀。

　　罷免了皇帝，但是國不可一日無君，霍光還要再找一個。這個時候又有一個年齡合適，尚未成年的人選出現了：漢武帝的曾孫劉詢，他的祖父是因為巫蠱之禍被廢掉的太子劉據。

　　霍光也沒有太多選擇，就順水推舟立了劉詢為皇帝，也就是今後的漢宣帝。劉詢原本叫劉病已，當了皇帝覺得避諱字太多，效仿漢昭帝改了名字。

【漢宣帝畫像】

　　劉詢和劉賀不一樣，他被巫蠱之禍連累流落民間，見識過民間疾苦，又因為他的祖父是太子劉據，所以在朝堂上或多或少還有些人脈。

　　一開始登基的時候，霍光說要把權力歸還給劉詢，劉詢知道霍光是試探自己，就謙讓不接受，讓霍光繼續把持朝政。而在謁見「高廟」時，霍光陪同劉詢乘車前往，劉詢覺得渾身上下都不自在，如「芒刺在背」。

　　有劉賀的例子在前面，

劉詢同意朝廷上的事務都由霍光來決定。

大臣們有事先請示霍光，然後再去請示漢宣帝劉詢。

有著豐富生活閱歷的劉詢心裡明白，自己初即位，力單勢薄，僅憑著一個皇帝的稱號是不能和羽翼豐滿的霍光相抗衡的，只有保持最大的克制，逐漸發展自己的勢力，尋求有利時機，才能奪回屬於自己的最高統治權。

利慾薰心之下，霍光覺得還不夠，想要進一步控制劉詢，要把自己的小女兒立為皇后。可是劉詢堅決不同意，霍光的妻子霍顯就趁皇后許平君臨產，害死了她。然後向漢宣帝劉詢施加壓力，立自己女兒為后。漢宣帝劉詢這個時候也沒辦法了，要是不立，還不知道霍光會做出什麼樣的事情。

可是過沒多久，劉詢就把許皇后的兒子劉奭立為太子，霍顯又指使自己的女兒霍皇后給劉奭下毒。結果沒成功，劉詢知道也不能追究。

一直到霍光病逝之後，劉詢才正式親政。

在親政的第一時間，劉詢就將霍家誅滅殆盡。

小知識

　　霍光，字子孟，出生於漢武帝年間，山西人。他是漢武帝重要的謀臣和將軍，跟隨漢武帝南征北戰長達三十年之久。漢武帝臨死之前任命他為輔政大臣，把漢朝託付給他。從此，他把持了漢朝二十多年的大權，但也為漢室中興做了巨大的貢獻。

故事 24　和親留遺憾
——漢元帝懊悔錯過美人王昭君

漢元帝劉奭是漢宣帝劉詢的長子，母親是恭哀皇后許平君。他在八歲的時候被立為太子，但因為他曾經向漢宣帝進言「持刑太深，宜用儒生」，而不被父皇所喜愛。漢宣帝甚至預言「亂我家者，必太子也」，但顧念他是髮妻許平君的兒子而沒有褫奪他的太子之位。

黃龍元年（西元前四十九年）十二月，漢宣帝駕崩，太子劉奭繼位，是為漢元帝。

漢元帝在位十六年，「崇尚儒術」，多次出兵擊潰匈奴。而他最為人所知的故事是，原本可以成為他妃子的王昭君卻陰錯陽差地嫁給了匈奴的呼韓邪單于。

王昭君，名嬙，字昭君，晉朝時為避司馬昭諱，改稱「明妃」。

在漢元帝時，她以「良家子」的身份入選掖庭。

掖庭是漢朝皇室專門安置「嬪妃候選人」的處所，原本是一座監獄，經

【漢建昭中，漢元帝率左右隨從，於後宮觀鬥獸。突然有熊逸出圈，攀欄欲上殿，馮婕好衝上前擋熊而立，保護漢元帝免遭傷害。】

過改造成了供入選的秀女們居住的地方。那些正當妙齡的少女們，大多數都要將青春葬送在這裡。

王昭君不幸成了這些「囚徒」中的一員，等待她的將是永遠看不到光明的未來。

漢元帝在選妃嬪的時候，由於人數眾多，就先讓畫師毛延壽把這些女子的相貌畫下來，然後按照畫上的美醜來確定是否召來寵幸。宮女們都爭先恐後地賄賂毛延壽，多的給十萬錢，少的也不下五萬錢，都希望把自己畫漂亮些。性格矜持高傲的王昭君，不甘心去巴結毛延壽。

毛延壽惱羞成怒，就在王昭君的臉上點了一點。

漢元帝看到王昭君畫像上的喪夫落淚痣時，認為她是個不吉的女人，便將畫像扔在一邊。

西元前三十三年，匈奴的呼韓邪單于來到長安，請求和親。以往漢朝和匈奴和親，都要挑一個公主或者宗室的女兒。這次，漢元帝決定挑一個宮女，就傳出命令說：「宮女中有願意到匈奴去的，可以享受公主的待遇。」後宮的宮女都是從民間選來的，她們一到了這裡，就像鳥兒被關進籠裡一樣，都巴望有一天能把她們放出宮。但是聽說要離開本國遠嫁到匈奴，都打了退堂鼓。王昭君聽說此事後，覺得與其在這座高牆之內耗盡自己的青春，倒不如利用這個機會賭一把，起碼能擁有追求自己幸福的機會，便自願到匈奴去和親。

當王昭君前來面聖的時候，漢元帝才發現她的美麗容貌壓倒後宮，一舉一動、一顰一笑都嫵媚得讓人銷魂，臉上根本沒有什麼黑痣，不由得深感惋惜和後悔。但是事情已成定局，堂堂大漢的天子得講信譽，不能再更換人選。於是，漢元帝擇日讓呼韓邪單于和王昭君在長安成親。

【昭君出塞圖】

隨後，王昭君在漢朝和匈奴官員的護送下，離開了長安，前往匈奴。

王昭君走了以後，漢元帝一氣之下，命人將毛延壽推出去斬首了。

小知識

　　相傳，在一個秋高氣爽的日子裡，王昭君告別了故土，啟程北去。一路上，馬嘶雁鳴，撕裂她的心肝；悲切之感，使她心緒難平。她在坐騎之上，撥動琴弦，奏起悲壯的離別之曲。大雁聽了，深受感動，忍不住張開翅膀飛了起來。表面上是落，其實是指飛起來的意思。從此，王昭君就得到「落雁」的代稱。

做鬼也風流
——死在女人身上的漢成帝

故事 25

　　除去開國皇帝與亡國之君，守成之君少有流傳千古的故事。開國皇帝是因為連連征戰，亡國之君是因為被別人連連征戰，正史上的守成之君漢成帝劉驁哪怕是死都平淡無奇。但是從記載上看，他卻是第一個死於春藥的帝王，他的一生都在漂亮女人的身上度過。

　　漢成帝劉驁有過許多女人，但是一生摯愛的或許只有趙飛燕、趙合德兩人。

　　趙飛燕原本是陽阿公主家的舞女，容貌極美，身體輕盈，歌聲清脆，特別是她那婀娜多姿的舞蹈讓劉驁對此十分迷戀。

【在趙飛燕入宮前，漢成帝對班婕妤最為寵幸。為了能夠與班婕妤形影不離，漢成帝特別命人製作了一輛較大的輦車，以便同車出遊，卻遭到班婕妤的拒絕。班婕妤認為，只有昏庸的帝王才有寵幸的妃子在坐，最後卻落到國亡毀身的境地。】

【趙飛燕畫像】

哪怕這個舞女是陽阿公主家的，漢成帝求也要把趙飛燕給求過來。

由於劉驁對趙飛燕的寵幸，趙氏一門被封侯，不過比起許氏、王氏等外戚來說，趙氏還是人太少不成氣候，因此沒有人太過於關注趙飛燕，不然在各方勾心鬥角之下趙飛燕能否一直受寵也很難說。

但是，劉驁自然在宮中不缺少女人，許皇后對此不滿了。原本宮中有個王美人，許皇后就很頭疼了，現在又來一個趙飛燕，於是許皇后開始設法去打壓趙飛燕。

趙飛燕不甘示弱，找上了自己的妹妹趙合德。趙合德的身材容貌更是讓人無法挑剔，漢成帝一看就喜歡上了。

劉驁越喜歡趙飛燕、趙合德，許皇后就越看這兩個人不順眼。可是看著劉驁終日留宿在趙氏姐妹那裡，許皇后就打算用漢朝最流行的方法——詛咒術——把老公奪回來。

可是消息不夠嚴密，洩露了，隨即許皇后被廢，參與詛咒的人全都被殺掉。

許皇后被廢以後，皇后位置一直沒人，趙飛燕很想做皇后。可是皇太后不同意，覺得趙飛燕的出身太低。

而劉驁很愛趙飛燕，凡是趙飛燕想要的東西都要給趙飛燕，於是讓皇太后姐姐的兒子淳于長擔任侍中，幫著自己和皇太后溝通，說服皇太后。很快的，皇太后就被淳于長說動了，同意立趙飛燕為皇后。

與此同時，劉驁又將趙飛燕的父親封為城陽侯。

這時，諫大夫劉輔看不下去，馬上跳出來說：「皇上這樣是不對的，不能因為一個女子胡亂封侯！這會禍亂朝政，導致外戚專權！」

劉驁心想，自己給心愛的皇后做點事情都不行，這天下到底是自己的，還是大臣的？他十分憤怒，讓人把劉輔給秘密關押了起來。幸好左將軍辛慶忌、右將軍廉褒等人發現事情不對，跑到劉驁面前勸諫，才免掉了劉輔的死刑，罰他坐牢期間在宗廟砍柴。

趙飛燕成為了皇后，她和趙合德一直都沒有懷孕。然而這個時候後入宮的許美人生下了一個男孩，趙合德就對劉驁說：「你這個負心人，你每次都騙我說只在我和姐姐那裡住，既然是這樣，許美人的兒子從哪裡來的？」說完，又哭又鬧，捶打著自己的胸口，用頭撞著門柱。

結果，劉驁就下令讓太監把許美人的兒子帶過來，然後關上了門窗，不久出來交給太監一張紙條：裡面有男嬰屍體，埋在隱蔽的地方。

雖然趙飛燕、趙合德姐妹美豔無雙，可是劉驁的身體吃不消。因此，他時常把煉丹師煉出來的「壯陽藥」一顆顆吃下去。從吃一顆，到一次吃十顆。結果脫陽而死，死在了趙合德的身上。

小知識

趙氏姐妹在位九年，，皇宮裡沒有存活的皇子。當時有譏諷趙飛燕和趙合德童謠道：「燕燕，尾涎涎，張公子，時相見。木門倉琅根，燕飛來，啄皇孫。皇孫死，燕啄矢。」

短暫的改朝換代
──王莽藉「天命」建大新

漢成帝生前沒有兒子，死後由他的侄子劉欣即位，是為漢哀帝。

一朝天子一朝臣。

漢哀帝上臺後，一邊將太皇太后王政君的娘家人一個個趕下臺，一邊把自己祖母家傅氏、母家丁氏的人紛紛封侯。

作為王氏外戚的代表人物王莽只得卸職隱居新都，安分謹慎，閉門不出，嚴格管束自己的子弟。

在此期間，他的二兒子王獲殺死家奴，王莽嚴厲地責罰他，並逼他自殺。這件事傳揚開來，人們稱讚王莽大義滅親，克己守法。

王莽在新都閒居三年，有百餘名官員上書，要求他復出。

元壽元年（西元前二年），漢哀帝將王莽召回長安。

不久，二十六歲的漢哀帝忽然死去。太皇太后王政君再次主政，任命王莽為大司馬，統領禁軍。

【王莽畫像】

漢哀帝之後是漢平帝。

此時的王政君年過七十，朝政大權實際上歸王莽掌握。

為了進一步把持朝政，王莽命人買通外夷人，讓他們冒充越裳氏（南越人，一個少數民族小國），向朝廷貢獻白雉（一種野雞）。

相傳，周公輔佐周成王的時候，越裳氏也曾向朝廷貢獻過一隻白雉。這次越裳氏又送來白雉，暗示王莽就是漢朝的周公。於是，群臣紛紛稱頌王莽，說其功德可比周公，應賜號為「安漢公」。

元始四年（西元四年）夏，王莽的叔伯兄弟王舜帶領官民八千人上書，說安漢公謙恭下士，輔佐幼帝，其功德只有古代的伊尹和周公才可相比，應兼采伊尹、周公稱號，加封安漢公為「宰衡」（伊尹官阿衡，周公官塚宰）。王莽上書請辭，百官一再堅持，他不得已，接受了封號，但堅持不接受新增加的封地。

見王莽拒不接受封賞的土地，官民紛紛上書，上書的人竟達四十八萬七千五百七十二人。

元始五年（西元五年）秋，王莽派出的八名觀覽風俗的使者陸續還京。他們偽造了郡國歌謠三萬餘首，歌頌王莽功德。

隨著地位和榮譽不斷提高，王莽並不滿足已經實際控制的國家權力以及宰衡的稱號，他決心要作皇帝。

有一次，君臣在宮中宴飲。

王莽向漢平帝獻上一杯椒酒，漢平帝不知酒中有毒，接過便飲，數日後死於未央宮。

漢平帝無子，王莽從漢宣帝玄孫中選了只有兩歲的劉嬰作為漢平帝的後嗣，歷史上稱為孺子嬰。

皇位繼承人剛一確定，就出現了請求王莽當皇帝的輿論。

當時，凡識字的人都曾上書，力請王莽當皇帝，就連文壇領袖楊雄也說出了「配五帝、冠三王」的話。

始初元年（西元八年）春，王莽終於撕下了偽裝，改穿上天子的冠服，來到未央宮前殿，神聖莊嚴地登上了皇帝的寶座。

當了皇帝，還有一樣東西要得到，那就是傳國玉璽。

傳國玉璽收在太皇太后王政君的手裡，王莽就讓安陽侯王舜去要，王政君大罵王莽欺負孤兒寡母、忘恩負義，可是面對著手握兵器的士兵，王政君無奈地把漢朝的傳國玉璽扔到了地上，罵道：「等我死了，你們都要滅族！」

傳國玉璽也因此斷了一個角。

後來，王莽在上面鑲上了金子補上缺口，大新政權正式建立。

小知識

　　傳國玉璽的材料取自和氏璧，是奉秦始皇的命令刻的，上面是李斯書寫的八個字：「受命於天，既壽永昌」。

　　從此，傳國玉璽成為國家政權的標誌，象徵著王朝正統。

第二篇
國之棟樑、君之肱股
——少了他們，漢室何去何從

劉邦沛縣起兵的幕後推手
——大漢第一相蕭何

　　說起大漢帝國，首先想起的是開國皇帝劉邦，然後便是蕭何。泗水亭長劉邦，屠夫樊噲，書吏曹參，車夫夏侯嬰，還有吹鼓手周勃都是蕭何的朋友，蕭何當時是獄吏。這些人志趣相投，時常在一起喝酒。

　　蕭何對劉邦，感情更不是一般。雖然劉邦身上時常帶著一些流氓氣，但是蕭何覺得劉邦的談吐和對普通人不一樣，因此，他時常幫助劉邦。

　　有一次劉邦奉命押送壯丁去驪山服徭役，結果半路跑了很多人，劉邦覺得自己去也是死，不去也是死，索性就把大家放了，自己躲到芒碭山裡。但是秦國法律苛刻，劉邦這樣私放徭役是大罪，因此派了很多人捉拿劉邦。

　　這個時候，蕭何已經是沛縣功曹了，多少能夠知道官府的一些動向，他時常給劉邦通風報信，讓劉邦逃命。也就靠著蕭何這點消息，劉邦算是在大山裡面熬過了最危險的時期。

　　很快的，大澤鄉的陳勝吳廣

【蕭何畫像】

也因為徭役問題起義了，人們都覺得秦國暴政不能長久，紛紛反叛，自己成立起義軍隊，或者加入別的起義軍。蕭何經常跑到芒碭山和劉邦聊天，想要找個機會把劉邦從深山裡拯救出來。

此時，蕭何任職的沛縣縣令正好遇到了一個難題，他覺得自己要是投靠起義軍，萬一秦國平亂成功怎麼辦？倘若不加入起義軍，這裡被占領了也會被殺。於是，他就叫來蕭何和曹參，問到底該怎麼辦。蕭何說：「我覺得現在起義軍已經很多了，秦國快要完蛋了。你是秦國的官吏，百姓可能不聽你的話，想要成就大事，我建議你把逃亡的豪傑請回來。」

縣令聽了，覺得很有道理，就問蕭何找誰。前面的話就是蕭何為劉邦說的，緊接著他就向縣令舉薦劉邦。縣令一開始覺得很為難，但是又想雖然劉邦有罪，畢竟以前也是自己的部下，就讓人把劉邦找回來。

劉邦聽說要起義了，立刻帶著跟隨自己的「驪山逃役」趕了回來。

【劉邦畫像】

誰知，縣令一看劉邦帶了這麼多人回來，反悔了，認為自己操控不了這支隊伍，馬上命令：「關閉城門，逮捕蕭何、曹參。」

劉邦看見城門緊閉，知道不妙，正在這個時候蕭何和曹參跑了出來。

蕭何給劉邦出了一個主意，寫一封告父老書：「天下都飽受秦朝的暴政，因此起義軍越來越多，很快就要打過來了。大家還幫著縣令守城，到

時候城破了大家都得死。不如現在先下手為強，把縣令給殺了！」信射到城裡，沛縣百姓看了以後就把縣令給殺了。

縣令死了，總要選一個領頭的。蕭何、曹參此時也有自己的打算，擔心一旦大事不成，落個誅滅九族的下場，所以他倆都不敢做縣令，一再盡力推讓劉邦。百姓們也說：「劉邦生來不凡，並且還占卜過，應該富貴。」

但是劉邦堅決不做沛縣縣令，眾人也不好再勉強，只得讓他做沛公。

就這樣，劉邦在蕭何等人的支持下，終於邁開了革命的第一步。

此後，蕭何更是跟隨在劉邦身邊，為劉邦調配糧草出謀獻策，成為了漢朝初年的第一位丞相。

小知識

蕭何：（西元前二五七年──西元前一九三年），秦朝沛郡豐邑人，漢朝初年丞相、著名政治家，死後諡號為文終侯，和張良、韓信並列為「漢初三傑」。楚漢戰爭時，他留守關中，使關中成為漢軍的鞏固後方。漢朝建立後，蕭何采摭秦六法，重新制定律令制度，又協助劉邦消滅韓信、英布等異姓諸侯王。劉邦死後，他輔佐漢惠帝，死後諡號「文終侯」。

故事 28　仗義多是屠狗輩
——對劉邦至死不離的樊噲

論到對武將的信任，在劉邦的心中只有一個人是他最為信任的。常言道，仗義多是屠狗輩，屠狗的樊噲從起兵開始就跟隨著劉邦。

劉邦身上有著一種尋常人沒有的人格魅力，因此很多人願意和他交朋友。早年屠狗，後來又成為捕役的樊噲也不例外，他和劉邦的關係特別好，好到什麼程度呢？用一個碗喝酒吃飯，甚至劉邦逃到了芒碭山裡，樊噲也要跟著劉邦。

【樊噲畫像】

劉邦起兵時，最初跟著劉邦的人，沒有幾個能打仗，力氣最大的就數樊噲了。因此，樊噲就是劉邦手中的大將，同時還是劉邦的護衛，不知道為劉邦擋過多少刀子。

劉邦進入關中，引起了項羽不滿，於是，劉邦就帶了張良和一百多名隨從去給項羽賠罪，樊噲擔心劉邦的安全硬

要跟隨。鴻門宴的時候，樊噲作為劉邦的保鏢，沒有得到項羽的邀請不能進去。

可是，宴會才剛剛開始，張良就急急忙忙跑出來說：「大事不好了！項莊拔劍起舞想刺殺沛公！」

聽到這個消息，樊噲心急如焚，馬上拿起武器衝了進去。

大營門口站著項羽的侍衛，看到樊噲一手持劍一手握盾衝過來，就將手中的長戟朝樊噲刺去。

樊噲絲毫沒有在意，拿著盾牌擋住了長戟，用力一撞，就把侍衛們給推開，衝進了大營裡面。

進了大營裡面，樊噲也不說話，就這樣看著項羽。項羽握著手中的長劍，也有些被樊噲嚇住了，問：「這個人是誰！膽敢傷人！」張良站出來說：「這是沛公的手下樊噲。」項羽一聽原來是劉邦的人，忌憚變成了欣賞，賞賜給樊噲一杯酒和一條豬腿，樊噲也不客氣，全都喝光吃光了。

後來，劉邦成功從鴻門宴上逃離，垓下之戰戰勝項羽，稱帝建漢。可是大漢帝國剛剛建立，分封的諸侯王就不斷地叛亂。劉邦不相信別人，只相信一直跟隨著自己的樊噲。南征北戰，樊噲一個人就斬首了一百七十六個首級，攻下了五個城池，平定了六個郡，成為大漢帝國從創立到穩定的重要將領。

到了英布造反的時候，劉邦已經病重了，不想見任何人。過了十多天，樊噲忍不住了，自己和大哥劉邦最好，為什麼現在都不見自己了？他帶著一幫大臣直接衝到了劉邦的房間，一腳把門踹開，發現劉邦正枕著一個宦官睡覺。

看見劉邦沒有什麼大事，樊噲反而哭了起來，痛哭流涕說道：「皇上生病了，大臣們都很擔心，可是您什麼事情都不跟我們說，只和宦官在一起，難道忘記了秦朝的趙高是如何禍亂朝政的嗎？」劉邦聽後，笑了笑說：「看來關心朕的只有樊噲你啊！」

其實樊噲不僅僅是劉邦的粉絲，他和劉邦還有一層關係，劉邦妻子呂雉的妹妹呂須正是樊噲的妻子，也就是說樊噲還叫劉邦姐夫。不過也正是這層關係，差點讓忠心的樊噲喪了命。

　　當時，樊噲在外平叛，有人跟病重的劉邦說：「皇上您現在身體不好，要是不幸死去，樊噲會不會和呂后一起干預朝政呢？」劉邦為了自己的江山社稷，就派陳平過去斬了樊噲。

　　陳平覺得劉邦可能說的是氣話，就把樊噲帶回了京城。

　　幸好在路上的時候劉邦已經病死了，呂雉馬上放了自己的妹夫樊噲。

　　被釋放的樊噲聽說劉邦死去，嚎哭不已。

小知識

　　樊噲：（西元前二四二——西元前一八九年），沛縣人，西漢開國元勳、大將軍、左丞相，著名軍事統帥。為呂后妹夫，深得漢高祖劉邦和呂后信任，生前封舞陽侯，死後諡武侯。

雄兵百萬抵不上一個好軍師
——張良投漢

想到謀臣，尋常人都會認為是手無縛雞之力的文人。張良不同，他出生於韓國的貴族世家，祖父和父親任韓國宰相一共五朝，而到了張良這一代，韓國滅亡了。

張良對此表示十分的憤怒，發誓此仇不報，誓不為人。

有一次，秦始皇東巡，張良就買通了一個大力士，為他打造了一個六十公斤大鐵錘，埋伏在秦始皇東巡的道路上。可是秦始皇的車隊過來的時候，張良傻眼了，車子太多，真真假假分不清楚。張良知道不能猶豫，就選擇了一輛最豪華的車子，讓大力士把大鐵錘擲過去打死了裡面的人。很可惜，秦始皇多疑，害怕被別人刺殺，在另外一輛車子上。

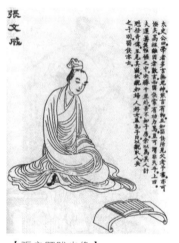

【張良題跋坐像】

一擊不中的張良逃跑了，在一個小鎮上偶遇黃石公，幾經波折，黃石公決定授予張良《太公兵法》。

相傳，《太公兵法》是商周時期姜子牙寫的，裡面有各種計謀策略。黃石公說：「讀完這本書，你就可以做皇帝的老師，輔佐皇帝。十年以後天下大亂，你可以用這本書興邦立國。十三年以後，你再來見我。」

得到這本書之後，張良努力研讀，學到了其中的精髓。

【張良給黃石公拾履，得到了兵法。】

　　過了一陣子，陳勝吳廣在大澤鄉揭竿起義，天下反秦者紛紛響應。張良也在當地成立了一百多個人的隊伍反秦，但人數太少，根本沒有什麼作為，他就決定找個人去投靠。恰好這個時候遇見了劉邦，張良給劉邦出了不少主意，劉邦都欣然接受，於是張良認為劉邦是明主，決定追隨。

　　天下反秦勢力越來越強大，項羽擁立的楚懷王熊心把大家都叫過來商量事情。張良也跟著劉邦去了，這個時候他沒有忘記光復韓國，就提議道：「現在既然立了楚國國君，那麼韓國公子成不錯，可以立為韓王。」張良和項羽之前關係也不錯，聽到張良有這個要求，便同意立公子成為韓王，讓張良做了韓國的司徒，也就是宰相的位置，張良復國的願望實現了。

　　由於還要共同討伐秦國，張良跟隨著韓王，和劉邦兵合一處打算從武關進入關中。韓王留守韓國故都陽翟，劉邦讓張良跟著自己。在到宛城的時候，劉邦怎麼打都沒有打下來，就想繞路。張良覺得這樣不行，要是繞過去，宛城的秦軍抄自己後路怎麼辦？於是，他給劉邦出了一個計策，離開以後抄小路回來，勸降宛城的地方官，兵不血刃拿下了宛城。

　　後來，劉邦攻下咸陽，被項羽嫉妒，設下鴻門宴要害劉邦。張良從項羽叔父項伯那裡得到消息，又把劉邦從危機之中救了出來。

　　等到劉邦被分封到了漢中，見到天下此時也安定了下來，張良決定回到

韓國輔佐韓王成。

在離開的時候，張良對劉邦說：「燒毀棧道，減少項羽的疑心，給自己贏得喘息的時間。」也正是依靠這個建議，讓劉邦出了漢中，攻下了關中地區。就在項羽想要發兵討伐劉邦的時候，張良又勸說項羽，讓項羽把注意力放在東邊平定叛亂上。

但是張良萬萬沒有想到的是，項羽竟然藉口韓王成叛亂，在彭城把韓王成給殺了。這讓張良輔佐韓王成的心願破碎，項羽成為了張良不共戴天的宿敵。

這個時候，張良想到了劉邦，就在亂軍之中逃離了彭城，來到了劉邦的身邊。

此後，他給劉邦訂下不少計謀，比如在滎陽之圍的時候，韓信、彭越遲遲不發兵，劉邦大為惱怒，大罵出口。張良知道這個時候韓信的重要性，踩了劉邦一腳，劉邦反應過來說道：「男子漢大丈夫，要做就做真齊王，何必做代理齊王！」於是靠著韓信的援兵，楚漢戰爭發生了逆轉，最後奠定了大漢帝國的基業。

劉邦登基以後，張良深知「鳥盡弓藏，兔死狗烹」的教訓，慢慢淡出了朝政開始隱居。

小知識

張良：（西元前二五〇年——西元前一八六年），字子房，後來被封為留侯，諡號文成，潁川城父人。他是漢高祖劉邦的謀臣，漢朝的開國元勳之一，和蕭何、韓信同為「漢初三傑」。漢初，高祖劉邦在洛陽南宮評價他說：「夫運籌策帷帳之中，決勝於千里之外，吾不如子房。」後世敬其謀略出眾，稱其為「謀聖」。

故事 30

天下最好的車夫
──捨身救惠帝的夏侯嬰

　　劉邦的朋友很多，沛縣劊子手夏侯嬰也是一個，那時候夏侯嬰僅僅只是沛縣馬房的車夫，每次架著馬車完成任務以後，常會經過泗水亭。劉邦就在泗水亭做亭長，時常會拉著夏侯嬰聊天，而且一聊就是大半天。

　　很快的，夏侯嬰也當上了小吏，和劉邦成為同一個階層的人，關係日益密切起來，沒事就在一起聊天打鬧開玩笑。俗話說「頑皮頑皮玩掉皮」，一個不小心，劉邦開玩笑把夏侯嬰給弄傷了，結果有小人把這件事情悄悄報告給上面。

　　劉邦的泗水亭長，按照秦國的規定，官吏傷人要從嚴處罰。這個處罰很嚴重，一不小心處死也不是沒有這個可能。劉邦害怕，狡辯說自己沒有傷害夏侯嬰。本來就是開玩笑，夏侯嬰和劉邦的關係也很好，於是就向官府證明自己沒有被劉邦傷害。可是誰都沒有想到，小人搞鬼，硬要夏侯嬰承認自己被劉邦給傷害了。

　　劉邦是夏侯嬰的好朋友，夏侯嬰怎麼樣都不開口，結果被關押了一年多，斷斷續續挨了幾百大板，被打得血肉模糊，差點死去。最後打死不招，官府也沒有辦法，把夏侯嬰放了出來。

　　後來，劉邦造反，夏侯嬰絲毫沒有猶豫，開始追隨劉邦。

　　在戰場上，夏侯嬰屢建奇功，一路打到胡陵。蕭何和夏侯嬰跑去招降泗水郡郡監，在動之以情曉之以理後，竟然讓泗水郡郡監把胡陵給交出來了。不過，論到夏侯嬰最勇猛的時候，是他追隨劉邦一路抗秦，在雍丘手刃李斯的兒子李由。

夏侯嬰為了劉邦的天下，也算是死心塌地了。韓信投靠劉邦以後，不小心觸犯了連坐法，同犯十三人都被殺。儘管這個時候夏侯嬰已經是將軍了，偶爾還是會客串一下劊子手的角色。韓信一看，竟然是將軍夏侯嬰親自動手，連忙說：「別殺我，別殺我，我可是人才啊！沛公不是要天下嗎？怎麼能把我這樣的人給殺了呢？」夏侯嬰一聽，愣住了，再看韓信長得也不錯，就和他聊了一下，覺得這是個人才，就把韓信推薦給劉邦。結果劉邦不用，最後還是蕭何把韓信追回來的。

　　後來，戰場形勢轉變，楚漢大戰開始。原本一開始形勢大好，結果在彭城太過於放鬆，被項羽一場偷襲打得數十萬軍隊紛紛逃亡。劉邦也在逃跑，夏侯嬰負責趕馬車，他靠著嫻熟的趕車技術讓劉邦在亂軍之中毫髮無傷。在路上，夏侯嬰還遇見了劉邦的兒子劉盈和女兒魯元公主，連忙把這兩人抱上車。但是這個時候人困馬乏，馬跑的速度越來越慢，劉邦好幾次把兒子女兒踹下馬車，想扔掉了事，每次都是夏侯嬰把他們抱上車來。劉邦對此十分憤怒，好幾次都想殺了夏侯嬰，但是夏侯嬰堅決要帶劉邦的孩子，最後還是平安脫險。

　　就因為救了呂雉的一兒一女，為此，漢惠帝劉盈登基以後，特地把靠近皇宮的宅邸賜給夏侯嬰，取名叫做「近我」，意思是讓夏侯嬰離他們更近一點，用這個名字來表示對夏侯嬰捨命救自己的恩情。

小知識

　　夏侯嬰：（？——西元前一七二年），沛縣人，西漢王朝的開國功臣之一，長期擔任太僕，封為汝陰侯。三國時期著名人物夏侯惇、夏侯淵、夏侯霸、夏侯玄、夏侯獻、夏侯和以及寫《魏書》的夏侯湛，都是夏侯嬰的後裔。

從胯下爬起來的王侯
——大將軍韓信

常說大漢帝國是由三個人輔佐劉邦建成的，糧草有蕭何，謀劃有張良，帶兵有韓信。在沒有成為將軍的時候，韓信還是一個平常百姓。

那時候的他居住在故鄉淮陰，因為貧窮，韓信迫於生計時常偷東西，被人認為他的品德不好。在當時的秦朝想要做官，還得看平時的品德，首先韓信這一關就過不去，不能被推舉成官員；那麼想要經商，韓信又沒有本錢；想要去種田，韓信是淮陰城裡面的人，沒有田給他種。那用什麼維持生活呢？看誰家煮飯了，韓信就去討一點來吃，所以誰見到韓信都不喜歡他。

後來餓得實在沒辦法了，韓信就跑到河邊抓魚吃。恰好河邊有個洗衣服的老婆婆，看見韓信這麼可憐，就天天給韓信送點飯吃，一連送了好幾十天，直到這個老婆婆不洗衣服了。韓信很感動，拍著胸脯說：「等我以後建功立業，一定要好好報答您！」

老太太卻很生氣，把洗衣服的盆子往地上一摔說道：「作為一個男人，你連養活自己的能力都沒有，我是可憐你，才給你一碗飯吃，難道我指望你報答？就你現在這個樣子，你有什麼能力報答我？」

韓信覺得羞愧極了。

有一天，韓信在淮陰城散步，結果跳出一群無賴來找麻煩。這些人以前和韓信有過節，現在趁著人多特地來羞辱韓信。領頭的那個對韓信說道：「你雖然腰佩長劍，但我猜你是個膽小鬼。有膽量你就刺我一劍，沒膽量你就從我胯下鑽過去。」

【胯下之辱，歌川國芳繪】

韓信一看他們人多，哪怕自己捅死一個人，也要一命抵一命，男子漢大丈夫，以後還要建功立業，不能就這樣白白葬送了自己的性命。一番思考後，韓信毅然決然地從無賴頭目的胯下鑽過。

很快的，農民起義風起雲湧，韓信覺得自己的機會來了。沒有辦法做官，也沒有辦法經商，但是自己可以去當兵。只要能夠立功，封王都不成問題。於是，韓信就投靠了距離自己最近的起義軍——項羽的部隊。

可是，在西楚霸王項羽的眼裡，韓信不過是一個窮困潦倒的人，不僅如此，還是一個膽小懦弱的人，因為他鑽了別人的褲襠。

這種小角色，自然難入英雄的法眼。

韓信在項羽的手下當了一個小小的郎中，多次進言獻計都得不到採納，便逃離了楚軍，歸附了劉邦。

韓信滿心歡喜去投靠劉邦，卻只做了一個接待賓客的連敖。時運不但沒有轉好還越變越壞，因軍中的犯法事件受牽連差點被砍了腦袋，多虧夏侯嬰相救才保全了性命。夏侯嬰見韓信氣宇非凡，就向劉邦推薦他，提升為治粟

【描繪蕭何月下追韓信的瓷瓶】

部尉。

　　韓信在任職期間認識了一位對他一生榮辱有莫大關係的人物──蕭何。經過多次往來，蕭何發現韓信很了不起，竟然懂得軍事，一談軍事，更是不得了。最後蕭何認定，韓信的能力被嚴重低估，被安錯了位置。

　　蕭何向劉邦多次舉薦韓信，可惜，劉邦沒怎麼重視這件事。

　　這下，懷才不遇的韓信又選擇離開。

　　還好，蕭何在後面緊追不捨，把韓信給追回來了。

　　韓信看蕭何這麼誠心誠意，就提了一個「小小」的要求，要劉邦登臺拜自己為大將軍。結果蕭何還真的同意了，過沒多久劉邦封了韓信為大將軍。

　　當下韓信就給劉邦出了一個「明修棧道暗渡陳倉」的主意，正好和張良的建議不謀而合。於是，劉邦就讓韓信負責指揮這支大軍，燒了棧道，從陳倉偷渡，一舉攻下關中地區。

　　楚漢爭霸時，韓信帶著人馬去收復齊國。在這期間，劉邦被項羽給包圍

【韓信畫像】

了，急需韓信的救助。但是韓信卻見死不救，野心膨脹，給劉邦寫了一封信：「老大，現在齊國不穩定，應該讓我當代理齊王，這樣我才能維護好秩序，然後來救你。」

劉邦看了信大怒，後來在張良的提醒下，說：「男子漢大丈夫，做代理的齊王有什麼意思？乾脆你就做個真齊王吧！」收到劉邦的信，韓信立刻帶兵救援劉邦，設下十面埋伏，在垓下一舉擊敗了項羽。

可是後來，劉邦對韓信不救自己的事情耿耿於懷，剝奪了他的王位，貶為淮陰侯，最後呂雉處死了韓信。

小知識

　　韓信：（約西元前二三一年——西元前一九六年），西漢開國功臣，傑出的軍事家，中國軍事思想「謀戰」派代表人物。蕭何稱他是「國士無雙」，劉邦評價說：「戰必勝，攻必取，吾不如韓信。」作為統帥，韓信率軍出陳倉、定三秦、擒魏、破代、滅趙、降燕、伐齊，直至垓下全殲楚軍，無一敗績，天下莫敢與之相爭；作為軍事理論家，他與張良整理兵書，並著有兵法三篇。

盼到了封王，也盼到了死亡

——功成身死的彭越

在大家都起兵反秦的時候，彭越沒有出手；等到劉邦滅楚的時候，他毅然決然選擇了劉邦。

彭越一開始只是漁民，當然僅依靠捕魚是無法養活自己的。所以，彭越還有一個兼職，偶爾客串一次強盜。

沒辦法，秦朝苛政厲害，各種稅收加在一起，根本生活不下去。

結果，魚沒有捕多少，反而強盜這份兼職做得不錯，收入挺高的。就在這個時候，陳勝吳廣起義了，大家有樣學樣，跟著起義。彭越的手下覺得，自己也可以起義，幾百個兄弟，好歹也能攻打一個縣城，到時候裡面的金銀美女都是弟兄們的。於是，就跑去和彭越提意見說：「老大！我們別做強盜了，名聲多不好，你看看隔壁那張二麻子幾百個人起義，現在都做上縣令了！」彭越說：「不急、不急，現在是陳勝、項梁這兩條龍相鬥，我們再等一等。」

彭越的小弟想了想，的確是這麼回事，要是起義失敗了，那就是叛賊！雖然強盜的下場也好不到哪裡去，但大體而言還是做叛賊的風險大！

時間過了一年多，野湖澤周圍的年輕人聚集了一百多人找到了彭越，對他說：「我們想跟著你，但是你要帶領我們起義。」彭越想都沒想就拒絕了，說道：「起義風險太大了，失敗怎麼辦？」可是耐不住這些人的再三要求，彭越說：「好！那明天早上太陽升起的時候你們過來，遲到的就軍法處置，直接殺掉！」

等到第二天，太陽出來了，但是陸陸續續還是有十幾個人遲到，最後一

個人到了中午的時候才過來。

彭越搖了搖頭說道：「我年紀大了，你們卻一定要我做老大。現在，遲到的人太多了，我不忍心殺，就殺最後一個人吧！」

大家還以為彭越是開玩笑的，笑著說：「好啦！老大就饒了這一次，以後我們再也不犯了。」可是彭越就像沒聽見一樣，走過去一刀就把最後來的那個人殺掉了。

大家都十分震驚。

彭越命人設置土壇，誓師起義。

他一邊奪取土地，一邊收攏從各路諸侯那裡逃出來的士兵，一時間集結了一千多名士兵。

這還不夠，彭越憑藉著他的勇武，一邊進攻，一邊壯大自己的實力。

很快的，咸陽被劉邦攻下，項羽在關中分封了諸侯王以後就回到了楚國。

這個時候，彭越帶領的一萬人失去了歸屬，不知道跟誰好了。

恰好，齊王田榮背叛了項羽，把彭越拉攏過來，讓他幫著進攻項羽。項羽沒有把彭越放在眼裡，派蕭公角去攻擊彭越，結果根本不是彭越的對手。過了一段時間，劉邦出了漢中，開始和項羽爭霸天下。彭越覺得劉邦是一個可以依靠的主公，就帶著自己的三萬人馬投靠了劉邦。

劉邦見到彭越既能打仗，又有這麼多人馬，便說：「彭將軍收復魏地十幾座城池，急於擁立魏王的後代。如今，魏王豹是魏王咎的堂弟，你可以做他的相國。」於是，彭越就從一個兼職土匪老大，成為了魏國的相國。

好日子沒過多久，項羽又打回來了。

劉邦節節敗退，彭越也抵擋不住，丟掉了收復的城池。

然而，項羽來得快，去得也快，見到項羽退兵，彭越趁機又攻下了二十

多個城池，把繳獲的糧食都給了劉邦做軍糧。

可是劉邦不爭氣，再次進攻項羽，結果被項羽圍困在滎陽。

劉邦向彭越求救，但此時彭越的野心已經膨脹起來，他不甘心做一個相國，他想要做諸侯王。於是，他和韓信不約而同地用了同一個說法：「魏國才剛剛平定下來，還不能走。」

劉邦害怕了，彭越不來幫自己怎麼辦？還是張良看出了彭越的想法，說道：「魏國的魏王豹已經死了，彭越一直想成為諸侯王，不如就把睢陽以北到各城的土地都封給他。」劉邦想了想，以後再找彭越算帳，就同意了張良的意見，把彭越封為梁王。一封王，彭越果然就出兵了，最後劉邦聯軍擊敗了項羽，建立起大漢帝國。

可是好景不長，劉邦最終還是嚥不下那口被彭越逼迫的氣，用叛亂的藉口，發兵梁國，滅掉了彭越的家族。

正是：盼到封王，也盼到了死亡。

小知識

彭越：（？──西元前一九六年），西漢開國功臣、著名將領，與韓信、英布並稱「漢初三大名將」。楚漢戰爭正是在劉邦的正面防禦，韓信的千里包抄，和彭越後方游擊戰的基礎上，才最終取得勝利。

西漢建立後，彭越被封為梁王。不久，劉邦以「反形已具」的罪名處死了他。彭越死後剁成了肉醬，劉邦將其分發給群臣，進行警示。

說客的人生
——「高陽酒徒」酈食其

劉邦從沛縣起義，一路帶兵作戰，來到了高陽縣稍作休整。

某一天，劉邦正在洗腳，聽說外面有一個儒生想要來拜見自己。他平時就輕視儒生，還時常拿儒生的帽子當尿壺，現在聽到儒生來拜見自己，更是氣得渾身直哆嗦，說道：「我現在以天下大事為重，哪有時間去見迂腐文人？」說話聲音挺大的，被門外的儒生聽見了。

這個儒生可不是一般的讀書人，他是高陽當地人，叫做酈食其。從小家裡就窮，沒有錢，但又喜歡讀書，做看門小吏來謀生。他喜歡喝酒，性格狂放，沒有人能夠差遣他，就連當地官員都不敢徵用他服徭役。來見劉邦的時候，酈食其已經有六十來歲了，聽到劉邦那句話，他氣得瞪大著眼睛握著利劍踹開大門就進去了。

結果，他看見劉邦正在兩個女子的服侍下洗腳，見到自己就當作沒看見一樣。酈食其也沒有好臉色給劉邦，從陳勝、項梁起義開始，無數英雄豪傑路過，酈食其都沒有把他們放在眼裡，只不過聽說劉邦在這裡招賢納士，感覺劉邦還不錯，特地來見一見而已。

看見劉邦這麼無禮，酈食其衝著劉邦拱了拱手，也不拜禮，直接問道：「你是想要幫助秦國平定叛亂，還是想要幫助諸侯滅亡秦國？」劉邦聽到眼前這個儒生這樣說，生氣地罵道：「就知道你們這些儒生沒有用！天下百姓遭受了秦國這麼久的苦難，所以才有這麼多諸侯想要滅亡秦國！你竟然還想幫助秦國！」

酈食其白了劉邦一眼說道：「既然如此，那麼你要去召集民眾，集合起義軍隊，然後一起推翻秦朝的殘暴統治，而不是在床邊洗腳對一個老人談話！」

　　聽到酈食其這麼說，劉邦立刻起身，連腳都沒有擦，就把酈食其給扶到了上座，然後給酈食其賠禮。

　　酈食其對劉邦說了合縱連橫的故事，劉邦聽得很高興，就問：「那麼接下來您有什麼計畫嗎？」

　　酈食其站起身來，指著門外，說道：「這是烏合之眾，而秦國的實力那麼強大，你這是火中取栗，向老虎口中伸手啊！現在附近的陳留縣正好是我們的機會，它是天下的交通要道，拿下它，則東南西北都能夠去。況且兵馬未動糧草先行，陳留縣裡面囤積了大量糧草，正好用作軍糧。我和縣令關係還可以，現在派我做使者去勸降他。如果勸降不成功，就派兵攻打，我在城裡給你做內應！」

　　聽到酈食其這樣說，劉邦大腿一拍說道：「好主意！先生你快點去，我帶兵在後面，以防不測。」

　　於是，酈食其就進了陳留縣，找到了縣令，向他陳述了利害關係，勸他投降劉邦。可是秦朝的法律太嚴苛了，抵抗劉邦有可能不會死，但是投降劉邦被官府抓到一定會被處死的。想了想，縣令還是覺得不划算，拒絕了酈食其。

　　縣令萬萬沒想到酈食其和劉邦早就商量好了，當天晚上，酈食其偷偷潛入縣令的臥室，把縣令的頭顱割了下來，丟到陳留縣外。劉邦一見到人頭，就知道要採用第二方案，攻打陳留了。兵貴神速，他馬上帶著一萬士兵去攻打陳留，並舉著縣令的頭顱朝城牆上喊道：「上面的勇士們，你們還是投降吧！暴秦無道，你們的縣令已經死了，不要再抵抗了！」

　　城牆上面的士兵一看縣令死了，也沒有防守的心思，紛紛放下武器，打

開了城門。

就這樣，劉邦又得到了陳留縣的一萬士兵，以及大量的糧草。

楚漢戰爭期間，酈食其跟劉邦說，自己願意去勸說兵多將廣、割據一方的齊王田廣。

得到同意後，酈食其來到齊國向齊王陳述利害關係，齊王田廣覺得酈食其說的有道理，就撤走了曆下地區的士兵。

這個時候，韓信聽說酈食其僅是動動嘴巴，就得到了七十多座城池，於是帶兵悄悄地襲擊齊國。

只是可憐了酈食其，因為韓信的士兵攻打齊國，齊王田廣覺得酈食其是在欺騙自己，便對酈食其說：「如果你能阻止漢軍進攻的話，我讓你活著，否則我就烹殺了你！」

酈食其說：「做大事業的人不拘小節，有大德的人也不怕別人責備。老子不會替你再去遊說韓信！」

齊王田廣大怒，命人用大鍋活生生把酈食其給煮死了。

小知識

酈食其：（？——西元前二〇三年），他雖然穩健不如蕭何，戰略眼光不如張良，機智不如陳平，但縱酒使氣，疏闊狂放，很對劉邦的脾氣，很可能是劉邦最喜歡的一個謀士。酈食其為漢朝立下了汗馬功勞。因此到了劉邦封賞的時候，也沒有忘記酈食其的功勞，給他的兒子封侯。

對劉邦最忠誠的人
——口吃的周昌

　　劉邦的那些部下，論跟隨劉邦時間的早晚，周昌和他堂兄周苛兩人應該是資歷最老的。

　　當初，劉邦為泗水亭長時，他的手下正是周昌和周苛兩個泗水卒史。後來，劉邦起義，他的朋友們都成為將軍、大夫，周昌僅僅只是一個扛軍旗的小卒，周苛也只是一個賓客。不過，他們二人從始至終都追隨著劉邦。好不容易挨到劉邦被封漢王，周苛成為御史大夫，周昌成為中尉，但是一場楚漢戰爭，卻讓這兩兄弟陰陽兩隔。

　　當時正值滎陽之戰，項羽的楚軍把劉邦給團團圍住，劉邦悄悄突圍，周昌的堂兄周苛決定為劉邦斷後，結果一戰下來，周苛被項羽俘虜活活煮死了，留下周昌一人護衛劉邦。

　　因此，在大漢帝國建立的時候，周昌被劉邦封為汾陰侯。

　　因為周昌跟隨劉邦最久，資歷最老，所以他向來對劉邦直言不諱，就連蕭何、曹參都對周昌十分敬畏。

　　有一次，周昌有事找劉邦，結果一進去就發現劉邦和他的小老婆戚姬在打情罵俏，周昌看不下去，放下奏摺轉頭就走。動作挺大的，剛跑出去，劉邦就追了上來，騎在周昌的脖子上問：「快告訴我你跑什麼？你覺得我是什麼樣的皇帝？」

　　周昌挺直脖子，昂起頭看都不看劉邦，說道：「我是看不下去了才跑的，

你在我眼裡就是和夏桀、商紂一樣的皇帝！」劉邦聽到周昌這樣的評價，頓時哈哈大笑起來，但從此以後收斂許多。

劉邦特別喜歡戚姬生的兒子劉如意，於是看太子劉盈越來越不順眼，就想換一個太子。本來劉邦只是形式上問問大臣們的意見，結果周昌又跑出來和劉邦爭辯，原本周昌就有點口吃，這下因為憤怒口吃就更厲害了，說道：「我雖然不會說話，但是我覺得這……這件事情絕對……絕對不能做！哪怕你把太子給廢了，我……我也不……不接受詔書！」劉邦也感覺很無奈，周昌這個人太不懂變通了，不過他忠誠於自己，因此做出的決定都是為自己好。

立太子不成，劉邦有些悶悶不樂，就把劉如意立為趙王。儘管這樣，劉邦還是擔心自己死了以後，趙王劉如意會被人殺掉，憂愁終日寫在臉上。掌管符璽的御史趙堯上前問道：「皇上，您如此悶悶不樂，是在擔心趙王年輕而且戚夫人和呂皇后關係不好，趙王以後不能保護自己嗎？」

劉邦聽到趙堯的話，感覺自己還是有知己的，點了點頭說道：「你有什麼好主意嗎？」

趙堯說：「您可以派一個地位高又有主見的相國給趙王，而且他還要能夠讓呂皇后、太子以及滿朝的大臣都感到敬畏的人。」

聽到趙堯有主意，劉邦還挺開心的，但是聽完趙堯的話，劉邦又不開心了，說道：「我也知道要找一個這樣的人，但是到哪裡去找呢？」

「我有人選，御史大夫周昌！他為人耿直，呂后、太子以及滿朝文武都對他很尊敬，特別是他對皇上您是最忠誠的！」

聽完，劉邦就把周昌叫過來，鄭重地看著他說道：「你從泗水亭就跟著我了，一路上那麼多苦難都是一起過來的，現在我託付你一件事，無論如何你都要幫我輔助趙王，去擔任他的相國。」

儘管對劉邦忠誠無比，周昌還是不想離開劉邦身邊，他哭著說：「皇上，為何要半途把我拋棄給諸侯王？」

　　劉邦為周昌擦掉眼淚，說：「我知道這對你很不公平，但是我私下很擔心趙王的安危，這個時候除了你就沒有人能幫我了。」於是，周昌成為趙國的相國。

　　果不其然，劉邦生病去世以後，皇后呂雉就一直計畫除掉趙王。她派出使者召趙王來長安，都被周昌拒絕了。於是，呂雉就把周昌先召回長安，然後再把趙王給叫來，逼著趙王喝下毒藥死了。

　　保護趙王劉如意是劉邦的命令，結果周昌沒有完成，便再也沒有上朝，他說自己有病辭去官職，最後鬱鬱而終。

小知識

　　周昌：（？──西元前一九二年），沛郡人，西漢初期大臣。秦時為泗水卒史。秦末農民戰爭中，隨劉邦入關破秦，任御史大夫，封汾陰侯。劉邦欲廢太子，他直言諫止。後為趙王劉如意相，劉如意為呂后所殺，周昌自覺辜負劉邦，鬱悶不樂，三年後去世，諡號悼。

鬼點子最多的陰謀家
——「六出奇計」的陳平

故事 35

陳平的家裡貧窮，但他自幼就喜歡讀書，特別熱衷於黃老之學。好在陳平有個愛他的哥哥，見到陳平這麼喜歡讀書，就承擔了家裡所有的工作，讓陳平專心在外讀書遊學。

恰好有一年陳平回家，村子裡正在聚會，覺得陳平是讀過書的人，就讓陳平做了這次聚會的社宰，主持祭祀，然後讓陳平給大家分肉。其實這是一個麻煩事，多分一點少分一點對別人都不公平，然而陳平卻把肉一塊塊分得均勻。村子裡的人見到陳平如此厲害，就說道：「陳平這小子分肉，分得太好了，太稱職了！」陳平聽了並不自滿，歎了一口氣說道：「假如有一天我有機會治理天下，也能夠像分肉一樣公平、稱職。」

很快，陳平的機會來了。

得到陳勝吳廣起義的消息後，陳平告別了自己的哥哥與家鄉父老，踏上了建功立業之路。

首先他來到魏王那裡，結果發現魏王並不是明君，於是改投靠項羽。奈何項羽只認亞父范增這一個謀臣，根本就不重視陳平，讓陳平

【陳平畫像】

十分鬱悶。

鴻門宴上，陳平見到了劉邦。第一眼，陳平就覺得劉邦以後必成大器。可惜，陳平在項羽陣營之中，和劉邦陣營處於敵對狀態。就在這個時候，被困在咸陽的劉邦找張良想辦法，讓張良把自己救出去。這時，張良想到了陳平，決定去找陳平試一試，正好契合了陳平的心願。

陳平，認為想要把劉邦救出來，一定要讓項羽的謀臣范增離開一陣子，否則任何計謀都會被范增看穿。

於是，陳平找了項羽，說道：「大王，現在天下安定下來了，你給楚王上個尊號，讓他去郴州養老，不然你和他到底聽誰的啊？」

儘管項羽不喜歡陳平，可是這一番話的確說到項羽的心坎裡了。項羽找到范增，把話用自己的意思表達了出來，范增聽了皺了皺眉頭說道：「這件事得趕快辦，而且還一定要我去。但是你答應我不能讓劉邦回到漢中，否則我們就危險了。」

結果，范增前腳剛走，陳平後腳就跑來告訴項羽說：「大王，現在關中諸侯太多了，每人都帶了四五萬人馬，糧食不夠了，還是讓他們回去吧！」

項羽一聽陳平的話，大吃一驚，沒糧食吃還得了，就下令讓各路諸侯回家，但是劉邦要留下來陪著自己。

扣住劉邦，自然也在陳平的意料之中。

早有安排的陳平此時讓張良採用聲東擊西的策略，告訴項羽說劉邦想請個假回老家沛縣休息幾天。

項羽很猶豫，范增說不能讓劉邦去漢中，沒說不讓劉邦回沛縣，但是項羽又怕劉邦回沛縣，萬一在沛縣稱王怎麼辦？

陳平說：「大王，你已經告訴全天下的人劉邦分封漢中了，現在不讓他上任，大家會認為你的威信不夠。不如把劉邦的家屬抓過來，然後把他那些

殘兵敗將趕到漢中去，這樣保全了信用，又能控制劉邦，兩全其美！」

項羽被陳平這麼一說，早就把范增的話拋在腦後，迷迷糊糊就同意把劉邦放回漢中。

放虎歸山，必留後患。

後來，陳平乾脆跑到劉邦的隊伍裡，在滎陽之戰的時候，劉邦被重重圍困，這個時候又是陳平想了鬼點子，挑撥范增和項羽的關係，讓項羽把范增給趕回老家，結果范增就氣死在路上了。

陳平為劉邦出謀劃策，歷史典籍中給他總結的六種計策是：

第一：離間項羽、范增，楚勢由此頹衰。

第二：喬裝誘敵，使劉邦從滎陽安全撤退。

第三：封韓信，使韓信忠心效命劉邦。

第四：聯齊滅楚，劉邦戰勝項羽。

第五：計擒韓信，使劉邦翦除異姓王而鞏固其劉家天下。

第六：解白登之圍，使劉邦脫離匈奴險境。

小知識

陳平：（？——西元前一七八年），西漢王朝的開國功臣之一，死後諡獻侯。他的一生充滿傳奇色彩，在秦朝末年，英才輩出，有資格被司馬遷列入「世家」的，只有陳勝、蕭何、曹參、張良、陳平、周勃六人。陳平能列其中，可見其功勞是很大的。

騎馬殺將，能斬項羽
——販繒的灌嬰

在劉邦起義的時候，灌嬰還只是一個賣絲織品的商人，不過很快的，灌嬰的生意就做不下去了。天下大亂，老百姓種田的生存空間都沒有了，哪裡還有灌嬰這種商人的生存空間啊？於是，灌嬰憑藉著自己強壯的身體，還有他會騎馬的技術，投靠起義的諸侯，倒也在亂世之中混得有模有樣。

正好這個時候項梁的起義軍被秦國猛將章邯擊破，劉邦帶著敗軍遇見了灌嬰。灌嬰覺得劉邦人馬挺多的，像是一個做大事的人，就決定跟隨劉邦。

劉邦這個時候正好需要人手，無論是哪裡來的英雄好漢都歡迎。於是，就接納了灌嬰，讓灌嬰做自己的貼身護衛。

一路進攻，劉邦發現這灌嬰不得了，可以說是一個猛將，上了戰場就不要命，每次作戰結束灌嬰都能得到嘉獎。等到滅亡了秦朝之後，劉邦和項羽開始因為爭奪天下而發生楚漢戰爭。

然而，困擾劉邦的事情來了，項羽的軍隊大部分是騎兵，劉邦的漢軍大多是步兵，打起來根本不是對手。騎兵的威力在古代是不容置疑的，一個衝鋒掩殺，往往死的都是步兵。想要對付騎兵就只有一個辦法，那就是用騎兵克制騎兵。認識到了這一點，劉邦就想在自己部隊裡面挑選一支騎兵出來。

細細挑選一下，還真有這麼幾個人。因為秦國實力強大，當時作為第一個統一中國的王朝，深厚的底子是不容置疑的，爛船還是有幾斤釘子。在長期反秦作戰中，劉邦吸收了大量秦朝舊將，其中就有校尉李必、駱甲。這兩

【灌嬰雕像】

個是秦朝的騎士，善於統領騎兵。

劉邦就把這兩個人叫了過來，說道：「我要組一支騎兵去對抗項羽的騎兵，你們願意做我的騎兵統領嗎？」

聽到劉邦這樣說，李必、駱甲兩個人搖了搖頭，說道：「儘管我們也想做這個統領，可是我們以前跟著秦國部隊作戰，大多數人都不會服從我們的。倘若真要我們統領騎兵，我們也只能做副統領，大王要選一個心腹來做統領。」

劉邦想了想，也有道理，自己把所有的馬匹給了他們，要是他們反叛怎麼辦？想來想去，覺得灌嬰不錯，能打仗會騎馬，還有帶兵的經驗，於是把灌嬰叫了過來，任命他為統領。

灌嬰做了騎兵統領，可以說是如魚得水，第一戰就在滎陽城外大破楚軍。儘管騎兵是組建了，奈何敵人太過強大。灌嬰臨危受命，護送著劉邦安全渡過了黃河，向北整頓軍隊。

這個時候的灌嬰已經升官了，成了御史大夫，這可是別人努力很久都無

法得到的官職。不過漢軍的騎兵還是掌握在灌嬰的手裡，齊國發生叛亂，灌嬰就帶著自己的軍隊長驅直入齊國。從曆下地區一直進攻，打到了臨淄，俘虜了齊國的相國田光。這還不滿足，繼續追擊，結果迎面而來一支騎兵隊伍，灌嬰靠著自己的勇武斬殺一名騎兵將領，活捉了四名騎兵將領，會合韓信平定了齊國。

埃下之戰，灌嬰帶領漢軍為數不多的騎兵一路追擊項羽。作為劉邦的老對手項羽，誰都知道他的勇武，可是灌嬰並不害怕，敢於一路追擊。追追停停，慢慢地把項羽八百騎兵消滅到二三十名。最後，項羽在灌嬰面前喪失了鬥志，自殺於灌嬰的軍前。

後來，灌嬰追隨劉邦東征西討，平定各個諸侯王的叛亂，終其一生對劉邦忠心不二。甚至在劉邦死去以後，呂氏外戚命令灌嬰帶兵對抗齊王劉襄，灌嬰抗命不從，保護了劉氏政權。

小知識

　　灌嬰：（？——西元前一七六年），西漢開國功臣，大將，以力戰驍勇著稱。歷任漢車騎將軍、御史大夫、太尉、丞相，封潁陰侯，死後被追諡為「懿侯」。他被看成是南昌城的創築者，故俗稱南昌城為「灌嬰城」和「灌城」。

總是炒老闆的魷魚
——「跳槽王」英布

英布從小就有人說他以後會成為諸侯王，但是要付出一定的代價，那就是受到刑罰的處罰以後才可以成為諸侯王。當時沒有人相信，只當作是算命的老頭胡說八道。

時間過得很快，到了壯年的時候，還真邪門，英布犯法了。這下後果很嚴重，秦朝法律苛刻，隨便犯點小錯就會處罰得很重。而英布觸犯的這條法令要受到黥刑的處罰，這種處罰是要在臉上刻字，別人一看就知道這個人犯過法。

這是一種很嚴酷的刑罰，因為面部神經很多，刺字很疼，有些人就是活生生痛死的，還有些人是在刺字的時候被感染而亡，哪怕是撐過去了，以後也要面對別人的指指點點。好在英布身體強健，心理健康，被刻字後還挺樂觀的。

受刑出來，他衝著別人笑了笑，道：「以前就有人給我看過相，說我受過刑罰以後才能夠做諸侯王，一定就是說我現在這個樣子了。」結果，那些人聽到英布這樣說，都譏笑他，說他是癩蛤蟆想吃天鵝肉，於是就給英布取了個外號叫「黥布」。

過沒多久，英布就被抓去驪山給秦始皇修陵寢。因為英布臉上刺過字，所以和那些罪犯、黑社會交往愉快，沒多久找了個機會，英布就「跳槽」了，從驪山搬磚民工，成為了江湖大盜。

強盜的日子沒有過很久，陳勝吳廣起義了，番縣縣令吳芮覺得這是一個好機會，也跟著造反。吳芮一開始手上沒有多少兵力，他就把那些在臉上刺過字的人組織起來讓他們成為自己的士兵。這也是有原因的，因為臉上刺過字的人一般都犯過法，是不怕死的亡命之徒，而且黥刑不會傷害到四肢。

英布就藉著這個機會被吳芮收編了，從江湖大盜升級成為敢死隊隊員，跟著吳芮出生入死對抗秦國。英布慢慢從小兵成為了將軍，自己帶領了一支部隊。但是反秦諸侯數不勝數，秦國勢力還很強大，英布就想找一個依靠，他聽說楚國舊將項梁的部隊不錯，還把江東的會稽給打下來了，就跑去投靠項梁。

項梁戰敗死去後，英布就跟著項羽征戰。項羽在渡過黃河的時候讓英布打頭陣，擊敗了秦軍，促使章邯投降。趁著夜色，項羽又讓英布等人帶兵把章邯部下二十多萬人給活埋了。一路就打到了函谷關下，最後還是靠著英布抄小道偷襲，項羽才能夠輕鬆進入咸陽。

結果，這個時候英布遇見了劉邦，習慣跳槽的他又蠢蠢欲動了。

天下安定，英布被項羽封為九江王。同時英布還有一個任務，就是幫助項羽殺了楚懷王熊心。英布是一路狂追，追到郴縣才把熊心給殺死。不過項羽這個人就是有點壞毛病，常常因為小事情責怪手下的人。楚漢戰爭開始了，有幾次項羽讓英布來支援自己，可是英布害怕劉邦的軍隊卻沒來，一連好幾次，項羽不滿了，開始怨恨英布。

英布也知道項羽怨恨自己，有什麼辦法呢？正在這個時候，劉邦的使者隨何過來了，一番勸說後，英布決定跳槽跟隨劉邦。到了劉邦那裡，英布被封為淮南王，加入了劉邦聯軍，垓下一戰滅亡了項羽。

天下既然安定了，英布身體裡蠢蠢欲動的「跳槽因子」也平息了下來。可是偏偏這個時候「造反因子」又冒了出來。原本英布也沒有想過造反，可

是看著淮陰侯韓信被呂雉殺了，梁王彭越被劉邦給殺了，殺了也就算了，彭越還被劉邦剁成肉醬分給各個諸侯品嘗。見到如此情景，英布開始準備造反。

他對自己的手下說：「劉邦現在老了，一定不會親自來。他手下沒幾個會帶兵打仗的人，根本不用害怕！」果然如此，起兵之後根本沒有人能夠抵擋英布的軍隊，結果向西挺進的時候遇見了劉邦。

劉邦看著英布的列陣和項羽一樣，很是厭惡，問道：「你為什麼要造反？」

英布理直氣壯地說道：「我就是要造反，想當皇帝！」劉邦大怒，派出軍隊進攻，結果英布打不贏劉邦，就逃到老朋友吳芮的孫子長沙王吳回那裡。

沒想到被吳回騙到了番陽殺掉了，一去無回。

小知識

英布：（？──西元前一九六年），秦末漢初名將，因受秦律被黥，又稱黥布。初屬項梁，後為項羽帳下五大將之一（其餘四將為龍且、季布、鐘離昧、虞子期），封九江王，後叛楚歸漢，漢朝建立後封淮南王，與韓信、彭越並稱漢初三大名將，西元前一九六年起兵反漢，因謀反罪被殺。

黃老之學的擁護者
──蕭何最佳搭檔曹參

　　跟隨劉邦起義的幾個人，在建國以後都一一封了官，地痞樊噲成為大將軍，主簿蕭何成為相國，書吏曹參成為齊國的相國輔佐齊王劉肥。

　　在隨劉邦征戰中，曹參身被七十創，先後攻取兩個諸侯國，一百二十餘縣；俘獲諸侯王二人，相國三人，將軍六人，郡守、司馬等多人，功列第一位。

【曹參畫像】

　　在齊國的時候，曹參見天下剛剛平定，齊國一切都百廢俱興，就把老年人和讀書人找來，問他們要怎麼安撫齊國的百姓，怎麼去治理齊國。齊國讀書人挺多，大家都有各自的說法，可是曹參也沒有聽出什麼來。

　　有個人跟曹參說在膠西有位蓋公很有學問，不如去問問他。

　　曹參聽後，就跑去找蓋公。蓋公精研黃老之學多年，見到曹參後就提意見說：「我覺得治理國家最好的辦法就

是清靜無為，靠百姓自己恢復民生使國家安定下來。」曹參又聽了蓋公說其他方面的道理，覺得挺不錯的，就把蓋公請回了自己辦公的地方。

在齊國的九年，曹參無為而治，讓齊國安定了下來。就在這個時候，曹參聽說蕭何死了，就開始收拾行李，對周圍的人說：「蕭何死了，我也要離開齊國了。」

曹參和蕭何以前在同一個地方工作，蕭何做沛縣的主簿，是書吏曹參的上司，兩個人關係還挺不錯的。等以後各自做了將軍、相國之後，便產生隔閡，關係逐漸疏遠。

在蕭何病重的時候，漢惠帝劉盈問蕭何：「丞相您死後誰能接替您？」

蕭何說：「我的心思，皇上您是最瞭解的。」

漢惠帝問：「你覺得曹參怎麼樣？」

蕭何說：「我死而無憾，您已經找到了最合適的人了。」

就這樣，蕭何死了以後，曹參成為了相國。

曹參任職以後，對於蕭何制定的條令不做任何更改，還用自己在齊國學的那一套，委任各個封國的老人家作為丞相的屬官，然後把那些文章寫得苛刻、又追求名聲的官員都辭退了。

做完這些，曹參就躲在家裡，天天喝酒。曹參的手下看不下去了，來勸曹參，反被曹參勸說去喝酒。結果根本沒人能夠勸曹參，一去曹參那裡就喝醉回家了，完全沒有機會開口。

發展到後來，人們發現曹參不僅僅是喝酒，還包庇別人犯下的小錯誤，不過沒有發生大事，也就沒有太過於在意。

有一次，漢惠帝就跟曹參的兒子曹窋抱怨說曹參不管事。曹窋回去以後，就問自己父親為什麼，結果曹參很生氣，把兒子打了一頓。

第二天，漢惠帝跟曹參說：「昨天是我讓你兒子勸你的，你打他做什麼啊？」

曹參向漢惠帝謝罪說道：「陛下和高祖劉邦比如何？」

漢惠帝說：「我怎麼能夠與先帝相比？」

曹參接著說道：「那您覺得我和蕭何到底誰強？」

漢惠帝說：「你好像比蕭何差一點。」

「陛下說得對極了，高祖和蕭何平定天下制定了這些條令，我們認真遵守不就可以了嗎？」曹參激動地和漢惠帝說道。

漢惠帝想了想，說道：「你說得很對。」

於是，再也沒有人在這件事情上為難曹參，曹參做了三年的相國，把國家治理得井井有條，百姓紛紛稱讚：「蕭何建立了法令，規章整齊劃一，曹參成為相國，守法不失誤。」一時間「蕭規曹隨」成為了美談。

小知識

　　曹參：（？——西元前一九○年），字敬伯，西漢開國功臣、名將，是繼蕭何後的漢代第二位相國。劉邦稱帝後，對有功之臣論功行賞，曹參功居第二，賜爵平陽侯。漢惠帝時官至丞相，一遵蕭何約束，有「蕭規曹隨」之稱。

居功自傲下的汗流浹背
——兩度拜相的周勃

　　早年周勃主要依靠養蠶維生，後來常去有喪事的人家做吹鼓手。劉邦喜歡和各式各樣的人交朋友，因此當劉邦起義的時候，周勃就加入了劉邦的團隊。當然周勃也不是混日子的，他力氣大，能夠拉開強弓，做了一個弓箭手。

　　周勃跟隨劉邦一路南征北戰，滅掉了秦國，打敗了項羽，建立起大漢帝國，立下了赫赫戰功。不過周勃這個人比較質樸剛強，特別不喜歡文學，每次見到儒生和說客，他表現得比劉邦還不耐煩，看都不看這些人，經常用責備的語氣說：「趕快說，說完快滾蛋！」

　　劉邦死了以後，呂氏外戚想要把持朝政。當時的周勃已經做官做到了太尉，劉邦死之前曾經說過：「能夠維護劉氏統治的人一定是周勃。」果然，周勃和陳平合作誅滅了呂氏外戚，從代國把代王劉恒接回來登基，劉恒也就是後來的

【周勃畫像】

漢文帝。

　　漢文帝登基了一段時間，丞相陳平以生病為藉口跟劉恒說不想做丞相了。

　　漢文帝很好奇，問道：「我看你身體很好，怎麼不想做丞相了？」

　　陳平告訴漢文帝說：「從高祖建國的時候，周勃就跟著高祖，我是後來加入的，功勞反而比周勃大。後來諸呂之亂，我的功勞不如周勃。所以，我想把丞相位置讓給周勃。」

　　聽完陳平的解釋，漢文帝想了想說道：「乾脆這樣吧，你做左丞相，周勃做右丞相。」

　　聽說自己功勞最大，還成為了右丞相，周勃開始沾沾自喜，每次都等著漢文帝目送他離開。見到周勃這麼得意，漢文帝的手下郎中袁盎就很不滿，去漢文帝那裡告狀說：「呂氏叛亂是大臣們一起平定下來的，只不過當時周勃是太尉有兵權而已。現在他成了丞相，對皇上一點都不恭敬，這不符合君臣禮儀啊！」聽袁盎這樣說，漢文帝在上朝的時候越來越莊重嚴肅，丞相周勃的壓力也越來越大。

　　又過了一段時間，漢文帝在朝會的時候突然問右丞相周勃，說：「全國一年有多少案子要審判？」周勃愣住了，平時都在得意洋洋，哪裡會在乎這種事情，只能說不知道。

　　漢文帝又換了一個問題問道：「那全國一年的錢糧收入是多少？」這個問題周勃同樣不知道，汗流浹背，感覺到惶恐不安。

　　見到周勃什麼都不知道，漢文帝又問陳平：「左丞相，這些你知道嗎？」

　　陳平站出來說：「皇上，您要問專門管這些事情的官員，廷尉主管全國審判的事情，治粟內史主管錢糧的收入。」

漢文帝問：「那你負責什麼？」

陳平拱拱手說道：「丞相主要負責輔佐天子，調理朝堂各種事務，對外還要鎮壓蠻夷和諸侯。」

聽完陳平一番說法，眾臣都認為他講得好。

出了宮門，周勃就開始埋怨陳平說道：「你以前怎麼不告訴我要這樣回答呢？」

陳平拍了拍周勃的肩膀說道：「你現在已經是丞相了，難道你不知道丞相的職責是什麼嗎？假如皇上又問長安城有多少不法分子，你怎麼回答？」

這個時候周勃知道自己不如陳平，回去以後，有人勸周勃說：「現在你已經誅滅了諸呂，還輔佐代王登基，名震天下，勢必功高震主，時間一久會大禍臨頭啊！」此刻周勃才明白，自己並不適合做丞相，於是就用生病作為藉口，把丞相位置讓給了陳平。

過了一年多，陳平去世了，漢文帝又把周勃任命為丞相。可是周勃做的不怎麼樣，漢文帝很失望，說道：「前幾天我讓列侯們回到封國，有些人已經去了，有些人還沒有去。丞相你是我最器重的人，那麼你就帶頭，回到你的封國去吧！」

周勃知道自己沒有這個本事，就辭去了丞相職務，回到了自己的封地絳縣。

回到封地一年多，每當河東郡守、郡尉巡行各縣到達絳縣，周勃都畏懼自己被誅，經常身披鎧甲，命令家人手持兵器來見郡守、郡尉。

後來，有人上書告發周勃想謀反，漢文帝就把這件事交給廷尉。廷尉又把此事交給長安處理，於是捕捉周勃治罪。周勃恐懼，不知如何答辯，獄吏便經常欺凌侮辱他。

事情查明後，周勃無罪釋放，他出獄後說：「我曾經率領百萬大軍，然而怎麼知道獄吏的尊貴呀！」

小知識

　　周勃：（？——西元前一六九年），西漢開國將領、宰相。他以前是辦喪事的吹鼓手，在西元前二〇九年隨劉邦起兵反秦，以軍功拜為將軍。又隨劉邦正面迎戰項羽，受封絳侯。憑藉著鎮壓韓信的功勞，升到了太尉。後來諸呂之亂，周勃與陳平一起平叛，成為了丞相。兩次罷相以後回到絳縣，死後諡號為武侯。

天子都不能進的細柳營

故事 40

—— 治軍嚴謹的周亞夫

　　漢文帝劉恒時期，大漢帝國和匈奴部落雖然維持著基本的和平，但是匈奴人時常出爾反爾進攻劫掠大漢帝國，因此漢文帝時期邊境局勢常常就變得緊張。

　　為了護衛長安的安全，漢文帝劉恒就派了三位將軍帶領三路人馬在長安城周邊防守，其中就有周亞夫。

【名將周亞夫】

　　周亞夫是西漢開國元勳絳侯周勃的次子。

　　當時有個叫許負的女人，以善於看相而聞名。她對周亞夫說：「將軍三年後會被封侯，再過八年，就可以做丞相，持國柄，貴重一時。不幸的是，九年之後，您會因饑餓而死。」

　　周亞夫一聽，大笑道：「我是不可能被封侯的，父親的侯爵由哥哥來繼承，輪不到我。既然你說我位極人臣，又怎麼會餓死呢？」

許負指著周亞夫的嘴角說：「這裏有一條豎直的紋，是餓死的面相，如果不信，且拭目以待。」周亞夫聽了，驚訝不已。

　　也許冥冥中自有天意，三年之後，周勃的長子周勝之因殺人罪被剝奪了爵位，作為次子的周亞夫繼承了父親的爵位。

　　某一天，為了鼓舞士氣，漢文帝帶著自己的手下，拿一些慰問品去慰問拱衛京師的三支軍隊。

　　首先，他來到宗正劉禮屯軍的霸上軍營，守衛兵營的人一見到是皇上的車馬，馬上通知將軍，把門打開奏樂列隊歡迎漢文帝。漢文帝坐在車上在軍營裡面四處巡視，就和進入沒有人的地方一樣。

　　漢文帝覺得很開心，接著又去祝茲侯徐厲屯軍的棘門軍營巡視。棘門軍營一見到皇上的車馬，也是營門大開，不過歡迎得更加熱烈，漢文帝更加欣喜，心中覺得兩支軍隊忠於自己。

　　巡視完了兩個軍營，就剩下周亞夫的細柳營了，漢文帝開開心心坐在馬車上等著周亞夫迎接。結果一個急煞車，把漢文帝嚇了一跳，出來一看，細柳營的守衛弓箭已經準備就緒，刀子也握在手裡，一副要殺了自己的模樣。再一看大門是關著的，絲毫沒有歡迎自己來的意思。

　　漢文帝也不知道是不是謀反，派了個人去叫門。

　　隨軍的羽林軍上去喊話，結果剛剛走了幾步路，營門口的士兵就問：「你是什麼人！」

　　羽林軍說：「告訴周亞夫，天子到了，開門迎接！」

　　結果，營門口的士兵面不改色地說道：「士兵只聽將軍的命令，你們先出示兵符，否則不准進去！」

兩個人還在爭吵，漢文帝已經等不及了，就過來看，結果也被門口的士兵攔了下來。漢文帝沒有辦法，只好讓自己的手下把皇帝的兵符拿出來，送給守門的士兵，讓他去告訴周亞夫，皇帝來探望軍隊了。

　　過了一會兒，周亞夫讓人打開了大門。皇帝和羽林軍的車馬一進大門就開始狂奔，守門的士兵立刻阻攔說：「按照軍隊規定，大營裡面車馬不能奔跑。」

　　漢文帝之前已經領教過周亞夫的軍規了，於是就讓人緩緩前行。到了周亞夫的軍帳門口，只見周亞夫全身穿著盔甲，對漢文帝行了一個軍禮，說道：「我身上穿著盔甲，不能夠下拜，就用軍禮朝見皇上！」

　　看著周亞夫如此嚴謹，漢文帝感到非常震撼，也回了周亞夫一個軍禮。之後開始檢閱軍隊，看著軍隊佇列整齊、軍紀嚴整，漢文帝感慨說道：「這周亞夫才是真正的將軍啊！看看之前那兩個人，宗正劉禮、祝茲侯徐厲，帶的兵根本就是儀仗隊，和小孩子玩耍一樣。要是匈奴人打過來，他們一定都被俘虜，只有周亞夫這樣的軍隊才堅不可摧！」

　　過了一個月，漢文帝想了想，覺得那兩支軍隊有沒有實在沒什麼區別，索性把這三支軍隊合併了，任命周亞夫做中尉，負責整個長安城的治安。

　　由於沒有大的戰爭，漢文帝最終也沒有用上周亞夫，可是那一次的閱兵讓漢文帝深深記住了周亞夫這個人。他也知道，諸侯王就是一個定時炸彈，不知道什麼時候就會爆炸，於是在臨終前，特地把自己的兒子劉啟叫過來，仔細叮囑說：「倘若以後發生動亂，你就用周亞夫，他能夠幫助你平定天下。」

　　漢景帝時期發生了「七國之亂」，周亞夫利用三個月的時間，就平定了這場叛亂，而後因為戰功卓著被任命為丞相。

　　由於周亞夫功高震主，性格耿直，不會談政治策略，逐漸激起了漢景帝的不滿。

【西漢兵馬俑】

　　有一次，周亞夫的兒子偷偷向「工官尚方」買了五百套鎧甲盾牌，準備日後父親死後用來陪葬。由於少給了工錢，被以謀反罪告發，周亞夫就以這個罪名入獄。武將陪葬一些兵器，本來是無可厚非。豈料此時漢景帝已經打算把周亞夫置於死地了。

　　當初，因太子劉榮廢立和皇后兄長王信封侯問題，周勃與漢景帝意見不一致，加上梁王在竇太后面前不斷攻擊，使周勃逐漸失寵，被免相。

　　不久，漢景帝召周亞夫入宮賜宴。席上放了一大塊肉，沒有放餐具。

　　周亞夫不以為然，就叫人去取餐具。

　　漢景帝說：「你還不滿足嗎？」

　　周亞夫急向景帝謝罪。

漢景帝說：「起來吧！」

周亞夫快步出宮，不告而別。

漢景帝說：「這種人怎麼能輔佐少主呢？」

從此之後，就想除掉周亞夫。

在皇帝的暗示下，廷尉就開始逼死周亞夫。

在審問時，廷尉問：「君侯為什麼要謀反啊？」

周亞夫答道：「兒子買的都是喪葬品，怎麼說是謀反呢？」

廷尉諷刺道：「你就是不在地上謀反，恐怕也要到地下謀反吧！」

周亞夫受此屈辱，無法忍受，便絕食抗議，五天後，吐血身亡。

得罪權貴鬱鬱而終
——才華橫溢的賈誼

故事 41

漢文帝劉恒繼位以後，提拔了河南郡守吳公，讓他來中央當廷尉，告訴他說自己需要人才。

這個時候，吳公想起了自己門下的天才兒童賈誼，馬上把賈誼推薦給漢文帝。

【賈誼畫像】

賈誼從小就喜歡讀書，先秦諸子百家他都有涉獵，年少的時候還跟著荀況的弟子張蒼學過《左傳》，十八歲時就已經在河南郡出名了。因此,吳公覺得賈誼是可造之才，把他收做了弟子。正好漢文帝想要人才，吳公想都沒想就把賈誼推薦給漢文帝。

漢文帝想了想，吳公推薦的人應該不會是庸才，但又因為賈誼太年輕，給了他一個博士的官職。這是一個專門負責解答皇帝問題的職務，每次漢文帝有什麼問題都會讓博士們過來討論。那些年紀大的人反而說不出什麼來，可是賈誼卻說的頭頭是道。賈誼有豐富的知識，又敢於說話，因此不到一年漢文帝就給賈誼升官了，成為比博士更高級的議論官員太中大夫。

既然做了提意見的官員，那麼賈誼就得給漢文帝提點有創造性的意見。他覺得現在大漢帝國的制度都是沿用秦國的，這樣不好，得移風易俗。原本秦國以「水」為尊，曆法是把十月當成一年的開始，賈誼進行了修改。漢文帝覺得很不錯，改掉以後很有新意，但又考慮到自己才剛登基，還不到時機。

　　賈誼看到這些意見漢文帝沒有接受，便又給漢文帝提了一個政策，概括來說就是四個字「重農抑商」。賈誼覺得現在社會奢侈之風盛行，很多人都跑去經商不種田了。漢文帝也覺得這樣下去不行，特別是匈奴覬覦中原王朝之心不死，隨時都有爆發戰爭的危險，糧食得多準備一點，於是就採納了這個建議。

　　一時間，這個政策對社會的經濟、民生發揮顯著的效果。

　　賈誼年輕，富有鬥志，幫著漢文帝修訂了很多政策和法令，更是對漢初列侯的問題有了深入的思考。可是偏偏就是這個問題，讓賈誼紛紛被權貴詆毀。一開始，賈誼覺得列侯們不回封地這樣的行為很不好，就建議漢文帝讓大家回去。可是有些人走了，有些人還死皮賴臉地想要留在長安城內。

　　於是，賈誼又給漢文帝出了個主意：丞相周勃權力最大，又有威望，那就先拿周勃開刀，讓他先回去。

　　因此，漢文帝就讓周勃辭去丞相職務，回到封地養老。

　　見到漢文帝玩真的了，列侯們紛紛啟程離開長安回到封地。但是他們都知道這個主意是賈誼出的，漢文帝對付不了，還不能對付你賈誼嗎？

　　於是，就在漢文帝開開心心想要給賈誼升官的時候，權貴們開始抵制，說道：「這個洛陽人，年紀不大，內心想的都是一些歪點子，一心想要獲得權力，這樣下去會把國家搞亂！」反對的人是周勃、灌嬰這些先皇舊臣，這些人擁立了漢文帝，因此漢文帝也不好說什麼，只能作罷。

　　可是賈誼卻因此在朝中沒有了立足之地，自己的抱負根本無法實現。內

心欣賞賈誼的漢文帝對此也毫無辦法，只能暫時讓賈誼去做長沙王的太傅。

可是賈誼不知道漢文帝的心意，內心悲憤交加，路過湘江的時候還寫下《弔屈原賦》來表示自己憤懣的情感。

過沒幾年，漢文帝想念賈誼，又把賈誼叫了回來。雖然這個時候朝堂之中已經沒有了周勃、灌嬰的壓制，但是因為賈誼以前得罪過漢文帝最寵幸的大臣鄧通，所以鄧通在漢文帝面前沒少說過賈誼的壞話。

回到中央的賈誼依舊沒有得到漢文帝的重用，反而漢文帝時常詢問賈誼一些神鬼的事情。這讓賈誼感覺到無奈，特別是在漢文帝把賈誼委派到梁懷王劉揖那裡做太傅以後，賈誼更加難受。

但是賈誼依舊忠於漢文帝，想要為漢文帝分憂。他覺得諸侯王以後會成為一個大問題，特地寫了《陳政事疏》給漢文帝，想要引起漢文帝的關注。

好景不長，過沒多久梁懷王劉揖去長安見漢文帝，一不小心騎馬摔死了。

賈誼認為這是自己這個做太傅的過錯，沒有盡到教導梁懷王劉揖的責任。自責再加上賈誼滿身抱負無法實現，最後在梁懷王死去的第二年，鬱鬱而終。

小知識

賈誼：（西元前二〇〇年──西元前一六八年），西漢初年著名政論家、文學家，世稱賈生。司馬遷對屈原、賈誼都寄予同情，為二人寫了一篇合傳，後世因而往往把賈誼與屈原並稱為「屈賈」。賈誼著作主要有散文和辭賦兩類，散文代表作有《過秦論》、《論積貯疏》、《陳政事疏》等，其辭賦皆為騷體，形式趨於散體化，是漢賦發展的先聲，以《弔屈原賦》、《鵬鳥賦》最為著名。

我勸諫，你接受
——直言勸諫的袁盎

　　周勃與陳平等人平定了諸呂之亂，從代國迎接代王劉恒登基。劉恒正是後來的漢文帝，他登基以後開始選拔人才，朝中的大臣袁噲便推薦了他的弟弟袁盎。

　　袁盎這個人以前是呂雉的侄子呂祿的家臣，倘若諸呂之亂沒有被平定下來，此時呂祿應該會做到大將軍的位置。因此，漢文帝也瞭解了一下袁盎，覺得他既然能夠做呂祿的家臣，應該是有些能力的，於是就任命袁盎做了中郎。中郎這個官職看起來並沒有多高，可是中郎主要擔任皇帝的侍衛和侍從，和皇帝的關係算是很親近的。

　　久而久之，袁盎也經常給漢文帝提一些有價值的建議。

　　諸呂之亂平定後，論功行賞周勃的功勞是最大的。因此，周勃被漢文帝封為丞相，每天上朝都是一副得意洋洋的樣子，完全沒有把別人放在眼裡，甚至在漢文帝面前也失去了原有的恭敬。

　　漢文帝是周勃擁立的，所以他對周勃也不好說什麼嚴厲的話，經常在朝會之後送周勃離開。

　　袁盎看不過去，趁著一天人少的時候，對漢文帝說：「皇上，我斗膽問您一句，您是怎麼看待周勃的？」

　　漢文帝說：「周勃是匡扶社稷的忠臣啊！」

　　「但是，皇上您想過周勃之前就是太尉，他掌握著軍權，卻任憑呂氏家

族胡作非為，等到呂雉死後群臣紛紛討伐，周勃這才順勢而為，這只能算是功臣，談何忠臣？況且現在周勃終日揚揚得意，陛下您謙虛讓步，君臣之禮何在？皇上您不該如此啊！」袁盎鄭重地對漢文帝說道。

這番話說到了漢文帝的心裡，他對待周勃越發威嚴，周勃也越來越感覺到敬畏。

因為此事，周勃怨恨袁盎，見到袁盎說：「我和你的哥哥袁噲關係也不算差，你為什麼在皇上面前誹謗我？」袁盎聽周勃這樣說，絲毫不退讓，據理力爭。

不過，袁盎這個人對事不對人，周勃後來因為被人誣告謀反被關入獄，當時沒有一個人為周勃說話，只有袁盎據理力爭，陳訴周勃無罪。

過了幾年，淮南王劉長跑到長安找漢文帝玩，突然見到了仇人辟陽侯審食其，怒火從心起，一錘就把審食其給砸死了。審食其這個人是劉邦的老部下，在漢高祖八年的時候，劉長的母親因為趙王張敖被牽連，連坐入獄，向審食其求情，可是審食其害怕呂雉沒有同意，結果劉長的母親生下劉長以後就死了，因此劉長一直恨審食其見死不救。

這件事情被袁盎知道了，他就和漢文帝說：「諸侯王太過於驕橫了，以後一定會出現問題的！現在可以適度把他們的封地削去一點，削弱他們的力量。」可是漢文帝並沒有太過在意。

結果過了三年，淮南王劉長起兵造反，沒有成功被漢文帝給抓了，關在車子裡送去蜀國。劉長不堪這樣的侮辱，絕食而死。漢文帝本來只想稍微懲戒一下劉長，沒有想到把劉長給害死了，感到十分難過，認為是自己害死了弟弟。

袁盎說：「皇上您做代王的時候，太后生病了，您盡心盡力服侍三年，這是至孝；後來諸呂之亂平定，您從代國來到了凶險難料的長安，這是至勇；群臣推薦您做皇上，您推辭了五次，這是至仁；這三件事情高於一切，絲毫

不怕別人詆毀您。況且您也只是想給淮南王一點懲罰，是護送官員不對，才導致了這一切的發生。」

聽袁盎這麼一說，漢文帝稍稍釋懷，就聽從袁盎的建議，把淮南王劉長的封地分封給了他三個兒子。

過了一段時間，宦官趙談看袁盎不順眼，仗著漢文帝的寵幸，經常詆毀袁盎。

袁盎的侄兒聽說了這件事，就讓袁盎在朝堂上羞辱趙談，讓他知錯。

有一天，漢文帝坐車出去遊玩，趙談就在車上跟著伺候。

袁盎過來跪下說：「皇上，我聽說能夠和您坐在馬車上的人都是英雄豪傑，可是現在您怎麼能夠和一個太監坐在一起呢？」

漢文帝聽到袁盎這麼說，就讓趙談下車，趙談哭著離開了車子。

後來，因為袁盎多次直言勸諫，漢文帝也越來越不喜歡袁盎，便調他做了隴西都尉。

漢景帝即位，吳楚七國叛亂，袁盎建議皇上殺晁錯平息憤怒。

叛亂平定，袁盎成為了楚相。因為反對立梁王劉武為儲君，遭到梁王忌恨，西元前一五〇年被刺客所殺。

小知識

袁盎：（約西元前二〇〇年——西元前一五〇年），字絲，漢初楚國人，西漢大臣，個性剛直，有才幹，以膽識與見解為漢文帝所賞識。他以直言勸諫的形式，和陸賈、賈誼等人一起奠定了漢初的儒家治國理念。

用法律來治理國家
——剛正不阿的張釋之

張釋之原本和哥哥張仲生活在一起，後來覺得家裡錢太多了，決定買一個騎郎的職位。原本以為能夠光宗耀祖，可是跟隨漢文帝十年，都沒有升過官。張釋之感到很灰心，覺得自己做騎郎沒有給家裡做貢獻，反而一直花哥哥的錢，於心不安，就決定辭職回家。

辭職信被中郎將袁盎看見了，袁盎知道他是一個有才能的人，就申請讓張釋之升官，把張釋之留下來。

履行升官儀式的時候要見漢文帝，漢文帝讓張釋之發表對國家有利的建議，結果張釋之說得頭頭是道。

漢文帝很賞識張釋之，就任命他做謁者僕射。

後來，由於張釋之見識過人，漢文帝很欣賞，又任命他做了公車令。

結果做了公車令沒多久，太子劉啟和梁王劉揖坐一輛車進宮，路過司馬門的時候他們沒有下車。

按照規定，在司馬門就要下車的，於是張釋之就追了上去，攔住了馬車。

太子和梁王見到自己的車子被攔下來，不但不認錯，反而痛罵張釋之多管閒事。

張釋之絲毫不畏懼，義正辭嚴地說道：「這是國家的法令，你們為什麼要違背法令？難道法令對你們容情嗎？」太子和梁王說不出話來，沮喪地下車走了。

可是張釋之並不甘休，還特地寫報告給漢文帝彈劾太子和梁王。

薄太后聽說了這件事，把漢文帝叫過去痛罵一頓。

漢文帝脫下帽子給薄太后賠罪說：「這都是我教子無方。」薄太后這才下令赦免了太子和梁王。從這件事情之後，漢文帝覺得張釋之執法嚴明，任命他做了中大夫，隨後又升他為中郎將。

在修建皇陵的時候，漢文帝很擔心他的陵墓被盜，張釋之出了個主意，用薄葬來保護陵墓，沒有珍寶就沒有人來盜墓了。漢文帝想想也有理，回宮以後就把張釋之升到了全國最高司法官的職位——廷尉。

有一次，漢文帝坐著車子出去遊玩，經過中渭橋的時候，突然從路邊竄出一個人。

馬受驚了，拉著車子狂奔起來，嚇得漢文帝一身冷汗。

事後，漢文帝馬上命人把肇事者給抓起來，送到了廷尉張釋之那裡，判處死刑。

結果張釋之彙報上來的結果是：「這個人在皇帝出行的時候違背了清道戒嚴令，按照法律要罰他錢。」

漢文帝很生氣，盯著張釋之生氣地說道：「這個人嚇到了我的馬，多虧馭手駕車技術高超，不然我早就出意外了。」

張釋之很平靜地說：「法律就是這樣規定的，如果不按照法律來，老百姓就不會相信法律。當時皇上您把他殺了也就算了，可是您把他送到我這裡來，就一定要按照法律來執行。」

聽完張釋之的話，漢文帝沉思了一會兒說道：「你說得對。」

這件事情過沒多久，又抓到一個偷竊漢高祖劉邦廟裡玉環的盜賊。漢文帝很生氣，把他交給了張釋之。

結果張釋之說道：「依照大漢的法律，這個人要判死刑！」

　　漢文帝不滿地說道：「這個人無法無天！竟然偷竊先帝的東西，我找你判刑，是想要你滅掉他的家族，誅九族！可是你只判他死刑！這樣怎麼行呢？」

　　張釋之翻了翻竹簡說道：「按照規定，他觸犯的是『盜宗廟服禦物』，頂多判個死刑。而且按照相等罪行，也是要考慮情節輕重來判刑。現在偷個玉環就要滅族，那麼以後有人偷挖長陵高祖陵寢的墳土，到時候皇上又要怎麼加重他的刑罰呢？」

　　漢文帝聽後，讓張釋之離開，他和薄太后商量了很久，才同意張釋之的判決。

> **小知識**
>
> 　　張釋之：（生卒年月不詳），西漢法學家，官至廷尉，因執法公正不阿聞名，時人稱讚「張釋之為廷尉，天下無冤民」。漢景帝即位後，因張釋之曾彈劾時為太子的景帝「過司馬門不下車」，將他貶謫為淮南國的相國。

文人裡的軍事家、經濟家

——輔助文帝的功臣晁錯

故事 44

晁錯年輕的時候就跟隨他的老師張恢學習先秦法家申不害和商鞅的學說，因此他的行事風格頗具法家風範。學完了法家思想以後，晁錯憑藉著他對文獻典籍的理解成為了太常掌故，也就是管祭祀的太常的屬官。

【伏生授經圖】

做官還沒有幾年，漢文帝想找人研究《尚書》，可是朝廷裡面沒有一個人懂。恰好此時，漢文帝聽說齊國的伏生是秦朝的博士，對於《尚書》有深刻的研究，就想把伏生請來，但伏生已經九十多歲了，根本沒有辦法來。

於是，漢文帝就讓掌管祭祀的太常派人去伏生那裡學習。

晁錯作為太常掌故，並且做事十分嚴謹，就被派到齊國跟隨伏生學習《尚書》。

學完回來，漢文帝考了晁錯幾個問題，覺得不錯，就把他提拔為太子舍人、門大夫，後來升為博士。

升官以後的晁錯幹勁十足，作為太子的屬官，又是議論朝政的博士，晁錯針對太子的問題寫下了《言太子宜知術數疏》交給皇上。裡面的內容是說，作為君王要學習帝王之術，懂得聽取他人的意見，懂得怎麼去治理天下。然後話題一轉，就到了太子身上。因為在晁錯的眼裡太子什麼都會，唯獨帝王之術漢文帝沒有教給太子。

漢文帝看完晁錯寫的這篇文章，覺得晁錯不僅僅對問題分析深刻、透徹，還具有臣子的忠誠，懂得為太子分憂，就把晁錯提拔為太子家令。這個官職相當於是太子家的總管，太子家大大小小的事務都交給晁錯負責。太子也經常讓晁錯幫他策劃一些事情，因此，晁錯又有了一個稱號叫做「智囊」。

晁錯雖然為太子辦事，但他還時常為國家大事做出自己的貢獻，不時給漢文帝提出自己的建議。

當時北方的匈奴經常騷擾大漢帝國的邊境，漢文帝多次發兵抵抗。但是漢朝當時處於休養生息的狀態，沒有強大的力量打一次大規模的戰役，甚至漢文帝一度都做好了在長安城下作戰的準備。要知道長安城是漢朝的國都，凡打到國都，基本上就離亡國不遠了。

晁錯針對當前的現狀，結合以前對抗匈奴的辦法，給漢文帝上了《言兵事疏》，從士兵士氣到山川地形，指出在合適的地方運用合適的兵種，比如在平原就要使用戰車、騎兵，在山地等溝壑地區就要使用步兵。而且還要選拔精銳士兵交給會領兵的將領，不能盲目選擇。接著，晁錯分析了匈奴的長處和短處，認為真要和匈奴交戰，那麼就使用人海戰術，把匈奴淹沒在漢軍的人海裡。

看著晁錯的上書，漢文帝覺得提議很好，更值得一提的是，晁錯的文筆極佳，比起一般的武將要好很多。可以這樣說，在文壇中晁錯是用兵最厲害的，在將領圈中晁錯又是寫文章最厲害的。

晁錯還覺得這樣不夠震撼，又給漢文帝寫了《守邊勸農疏》和《募民實

塞疏》，提出用移民到邊境生活的辦法替代輪番駐守邊境。晁錯認為邊境太遠，條件太艱苦，輪換駐守邊境很多人不願意去，但是長期生活在邊境就能夠發揮充實邊境的作用。

同時，晁錯還在《論貴粟疏》裡寫到，讓百姓把糧食送到邊境換取爵位或者贖罪，這樣可以充實國家糧倉，為作戰準備。

對於晁錯提出的這幾個建議，漢文帝都覺得很不錯，立刻讓人實施。

結果，成效顯著，不僅在當時發揮了防禦匈奴的作用，還對後來有著深遠的影響，如漢武帝時期的屯軍政策。

小知識

晁錯：（西元前二○○年──西元前一五四年），西漢政治家、文學家。漢文帝時，任太常掌故，後歷任太子舍人、博士、太子家令；景帝即位後，任為內史，後遷至御史大夫。漢景帝時，他進言削藩，剝奪諸侯王的政治特權以鞏固中央集權，損害了諸侯利益，以吳王劉濞為首的七國諸侯以「請誅晁錯，以清君側」為名，舉兵反叛。漢景帝聽從袁盎之計，腰斬晁錯於東市。

故事 45

戰克之將，國之爪牙
——酷吏郅都

漢初因為天下剛剛穩定，漢朝政府採取「無為而治」，也就是順應自然法則，國家引導百姓自己適應生活，安定下來。但是這樣做雖然讓社會得到了安定，卻也滋生大量的地主豪強，這些人的勢力在政府的縱容下迅速膨脹，有的甚至對政府都不太在意，藐視國法。

這下漢景帝坐不住了，地方豪強都能挑戰國家權威了，那還要國家有什麼用！於是，他派出了公正廉潔又勇武的郅都。

郅都從漢文帝時期就入朝為官，那時候只是一個郎將。但是他的名氣許多人都知道，勇敢公正，從不接受別人的禮物，更不受私人委託，常常掛在口中的話就是：「我已經離開了父母，來到這裡做官，那麼我到死都要保證我的清廉，終究是顧不了自己的妻子兒女了！」

等到漢景帝登基，郅都升到了中郎將的職位。

有一次，他和漢景帝去上林苑，一頭野豬鑽進了廁所，而廁所裡面是漢景帝的小老婆賈姬。

漢景帝就用眼色示意郅都去營救賈姬，可是郅都裝作沒看見。

漢景帝怒了：「你不去，朕去！」說完，拿著武器想要自己去救賈姬。

這時，郅都跪在漢景帝面前，鄭重地說道：「失去一個賈姬，還會有另外一個賈姬進宮，天底下會缺少賈姬這樣的人嗎？皇上您這樣看輕自己，祖宗社稷和太后怎麼辦？」

聽完郅都這番話，漢景帝轉身走開，沒再理會野豬。

竇太后聽說了這件事，賞賜郅都一百斤黃金。

從此，漢景帝開始對郅都重視起來，並且在關鍵時刻，啟用了郅都。

豪強地主勢力最強的地方就是濟南郡，那裡的大姓宗族有三百多家，這些家族經常仗著自己人多勢眾，稱霸一方，地方官員根本治不住他們。

因此，郅都就被漢景帝任命為濟南郡太守。

郅都來到濟南郡以後發現這裡的形勢果然嚴峻，這些大姓宗族動不動就當街活生生把人打死，影響極其惡劣。於是，郅都就開始命人捉拿這些犯法的人，可是這些大姓宗族根本不在乎，認為郅都和以前那些地方官一樣，畏懼自己的勢力，最終大事化小小事化無。

但是他們萬萬沒有想到，郅都為人勇猛威武，向來不徇私枉法，嚴格依照法律規定辦事。並且採取以暴制暴的方法，調動自己能夠用的全部力量，首先把首惡瞷氏給誅殺了。一時間風聲鶴唳，一些人還不太相信郅都會把他們都給殺光，還在老虎頭上搔癢，郅都又接連殺了好幾個大姓家族。其他的大姓家族見到郅都如此兇殘，嚇得雙腿發抖，不敢再和官府對抗，周圍郡縣的郡守、縣令也都害怕郅都。郅都到任一年多，濟南郡治安一片良好。

後來，郅都調回長安，升到中尉，負責長安城內的治安。

郅都執法剛正不阿，不趨炎附勢，不看權臣的臉色，只要犯法，一律依法懲之，就連列侯和皇族的人見到他，都側目而視，稱呼他為「蒼鷹」。

丞相周亞夫對待官職低的人十分傲慢，郅都對他卻沒有絲毫畏懼，只對周亞夫作揖，從來沒有下拜過。

因為依法辦事，郅都捉拿了侵佔宗廟地修建宮室的臨江王劉榮。郅都對

劉榮從嚴審問，導致劉榮在寫信給漢景帝謝罪以後在中尉府自殺。

竇太后得知自己的長孫死訊後大怒，深恨郅都執法嚴苛不肯寬容，準備用嚴厲的刑法處置郅都。

迫於竇太后的壓力，漢景帝將郅都罷官，但是又不想讓他回鄉無所事事，又讓人半路攔下郅都，告訴郅都去雁門關做太守，不用來長安述職。

匈奴時常侵犯雁門關，可是聽說郅都來雁門關做太守，都十分害怕。

郅都剛剛抵達雁門關，關外的匈奴騎兵便跑出不知道多少公里。

一直到郅都死去，匈奴人都不敢靠近雁門關。

小知識

　　郅都，出生於河東郡楊縣。漢文帝時期入朝為官，在漢景帝時期大展身手。因為他的手段殘酷，又被人稱作「酷吏」。最後，竇太后以漢朝法律把郅都處死。

　　後人把他與戰國時期趙國的廉頗、趙奢等名將並列，被譽為「戰克之將，國之爪牙」。

守著「金山」被餓死

——漢文帝的寵臣鄧通

鄧通的父親鄧賢是在漢朝建國以後出生的，沒有碰上秦末年間的戰亂，所以家裡還算富足。

有錢之後，鄧賢娶了妻子，可是生了三個女兒才有了鄧通一個兒子，因此鄧賢對自己的兒子鄧通特別寵愛。

幼年的鄧通在父親的寵愛下不愁吃穿，因此養成了不喜歡念書的毛病，讀書的時候經常翹課去河邊玩耍。結果長大以後知識沒有學到多少，反而練就了一身撐船的本領。

鄧賢覺得做商人地位始終不高，就想送鄧通去做官。

漢朝做官有三條路：

第一條是最容易的，家裡要有錢。漢朝規定家裡有財產十萬錢以上，自己準備去長安的錢，準備好衣服還有在長安的生活費，這樣就可以去長安做一個郎官，等著朝廷任用。

第二條也不算難，選擇在自己郡縣裡做個小官吏，等著每年的考核，一步一步往上爬，但是晉升的空間不大。

第三條難度最高，要求具備一定的名氣，政府會主動來找你，給你官做。

至於郡縣推選孝廉、秀才是等到漢武帝時期才有的人才選拔方式，而鄧通自然是沒有很大的名氣，也不會選擇沒有多大晉升空間的小官吏，所以第

一條路是鄧通的不二選擇。

他揮淚離開了生養的父母，離開了自己成長的家鄉，來到了長安城。

這個時候，鄧通早年玩耍學到的本事派上了用場，憑藉著他撐船的專業技術，被徵召到了皇宮裡做了黃頭郎，專門管划船。

有一天，漢文帝做了一個夢，夢見自己想要上天，可是怎麼也登不上去，這時來了一個黃頭郎把他推了上去。

漢文帝回頭看見黃頭郎穿著一件橫腰的單短衫，背後結著衣帶。

從夢中醒來，漢文帝久久不能忘懷。迷信鬼神、幻想長生，這是大多數人都有的想法，漢文帝自然也是如此。於是，漢文帝決定到未央宮外尋找自己在夢中見到的黃頭郎。恰好這時，他看見了鄧通穿著橫腰的單短衫，衣帶結在身後。

於是，漢文帝就把鄧通叫了過來，問鄧通的名字，一聽和「登通」諧音，漢文帝更加確認這個人就是幫助自己上天的人。

因此，漢文帝把鄧通當作了自己的寵臣，動不動就賞賜鄧通，累計起來的錢財多達億萬銅錢。

有一個看相的人給鄧通看面相，說：「你會因為沒錢餓死。」

漢文帝聽後很不屑，說道：「鄧通有沒有錢取決於我，我說他有錢就有錢。」於是，漢文帝就把鄧通家鄉附近大大小小的銅山都賞賜給鄧通，讓鄧通自己在家造錢。

有一次，漢文帝身上長了一個膿瘡，痛得快要昏過去了。

鄧通在漢文帝身邊，俯下身子為漢文帝把膿給吸出來。

漢文帝問鄧通：「你說，這天下誰最關心我？」

鄧通說：「應該沒有比太子更關心您的人了。」

聽了鄧通的話，漢文帝若有所思。

等到太子劉啟進宮探望漢文帝的時候，漢文帝要太子像鄧通一樣給自己吸出膿液。太子照做了，但是內心感覺很不舒服，因此記恨鄧通。

幾年以後，漢文帝去世，太子劉啟登基，立刻就把鄧通給免職了。

鄧通沒有辦法，只能乖乖回家。

然而就是這樣，劉啟也沒有放過鄧通。有人告發鄧通不僅在自己家造錢，也在其他地方造錢。按照規定，這是不允許的。劉啟馬上讓人去查是否有這件事，並很快就找到了證據。

於是，鄧通的錢財都被沒收，連長公主劉嫖賜給鄧通的東西也被收回了。

正應驗了面相師的那句話，最後鄧通寄居在別人家活生生餓死了。

小知識

被漢文帝賞賜銅山後，鄧通的父親鄧賢親自帶領幾個女兒和女婿雇工匠在銅山一帶採銅、燒炭、鑄錢，對每一枚錢都精心鑄造，所以造出來的錢分量十足，色彩光澤比其他錢好得多。因此，鄧通錢深受人們喜愛。這一時期，全國主要流通吳國錢和鄧通錢，吳國錢發行多，鄧通錢品質好。

文才橫溢表忠心
——鄒陽好一句「白頭如新」

故事 47

論史上才華洋溢的書生，可謂數不勝數，但若獨出心裁地表達忠心，非鄒陽莫屬。

鄒陽，西漢齊人，齊國自春秋戰國時期盛產讀書人，這鄒陽更是讀書人中少有的忠臣。

學有所成的鄒陽最初跟隨吳王劉濞，沒有二心。但是吳王劉濞有一點不好，就是野心太大，時常想取代漢景帝劉啟。因此，他廣納賢才，想要把天下的能人都收入自己門下，將來好謀奪漢景帝的皇位。

鄒陽很忠心，也很有謀略，但是造反的事情他不做，這是基本原則。

剛開始，鄒陽沒有發現吳王劉濞的野心，老老實實和枚乘等人在吳王手下做事。

因為他們文采好，口才更是出色，所以很受吳王的器重。

後來，吳王劉濞的野心越來越膨脹，鄒陽作為吳王的門客，只能隱晦曲折地加以勸說，藉此改變吳王的決定。

可是吳王擺明不願意聽，就是要準備造反，而且在鄒陽上書勸阻之後，還對鄒陽越發冷漠。

恰好這時，梁孝王劉武也在招募人才，鄒陽的幾個好友紛紛勸鄒陽跳槽。看看前面的大好前程，再看看不聽勸的吳王劉濞，無奈之下，鄒陽投奔了梁孝王。

來到梁孝王劉武這裡，劉武對鄒陽很重視。

梁孝王的心腹公孫詭等人見梁孝王對鄒陽這麼好，心懷怨恨和忌妒，在梁孝王面前一邊美言自己，一邊誣陷鄒陽。梁孝王耳根子軟，而且對自己心腹的話太過於相信，就對鄒陽日漸冷漠，最後聽信讒言一怒之下將鄒陽關進牢獄，準備把他處死。

鄒陽蒙冤坐牢，抱著「身正不怕影子斜」的想法，沒有過多辯解，認為有朝一日梁孝王會把自己放出來。當他聽說梁孝王要處死自己，就決定上書梁孝王，為自己澄清，於是，就寫了一份《獄中上梁王書》交給梁孝王。

鄒陽深知梁孝王看過太多求饒的場面，用普通的言語來為自己澄清是說服不了梁孝王的。

於是，他在信中列舉了歷史上一些聽信小人之言的國君逼迫忠貞之士蒙冤死去的案例，旁敲側擊地提醒梁孝王要明察，不要讓金子埋沒，不要只聽信小人讒言而失去一個好人才。他還拿荊軻、樊於期、蘇秦等人來做比喻，並說出「有白頭如新，傾蓋如故」的話，把自己的誠心擺出來給梁孝王看。

看完這封信，梁孝王被鄒陽深深地打動了，認為他是被冤枉的，決定讓人細查這件事情。

終於，這件事真相大白，鄒陽無罪釋放，公孫詭等奸詐小人被狠狠處罰。

梁孝王經過這件事之後，開始重用鄒陽，也對鄒陽更加厚愛。

起初，公孫詭等人是想讓梁孝王成為漢景帝的繼承人，梁孝王也很想，但是袁盎從中作梗，沒有成功。

於是，梁孝王就讓人刺殺了袁盎，漢景帝很生氣就派人去責問梁孝王。

這件事情一開始鄒陽就不贊同，也勸了梁孝王，可是根本沒用。

後來，這件事完全敗露出來，公孫詭被處死，梁孝王才知道害怕，想起

了鄒陽的諫言，向他道歉。

小知識

　　梁孝王在歷史上最有名的就是建了一座很大的梁園，即「睢園」。 天下的文人雅士如枚乘、嚴忌、司馬相如等雲集梁園，成了梁孝王的座上賓。

識時務者為俊傑
——能屈能伸的叔孫通

故事 48

漢朝初年，因為政府的基本國策是黃老之學的無為而治，意思是用順應自然法則，國家引導百姓自己適應生活，安定下來。漢文帝劉恒又比較喜歡任用法家出身的官吏來治理國家，因此，朝廷之中儒家出身的官員比較少，而且一般都沒有實權，大多都是做博士，負責研究經學或者給皇帝提出意見。

叔孫通算是一個另類，他是一個儒生，秦朝的時候就憑藉自己廣博的學問被徵召為官。

結果，做官沒幾年，陳勝就起義了。

秦二世向朝中專門負責回答皇帝問題的博士以及儒生提問說：「現在楚地服徭役的人在路上攻占了城池，你們是怎麼看待這件事情的？」

博士和儒生們紛紛說道：「作為臣民，不能夠作亂，倘若作亂，就是謀反！陛下，快點發兵啊！」聽到這些人如此說，秦二世十分憤怒，臉色都變了。

這時，叔孫通站出來說道：「現在天下安定，我們的君主賢明，官員盡職盡責，怎麼會有造反的人？」

聽完叔孫通的話，秦二世十分高興，就命人把說謀反的人全都給抓起來，以混淆視聽治罪。

散朝之後，很多人都埋怨叔孫通。

叔孫通說：「你們怎麼會明白我的苦心呢？我要不這樣說，我自己都得

死。」出了皇宮以後，叔孫通就逃跑了。

先是跑到了楚王那裡，後來劉邦攻打彭城的時候，叔孫通順勢跟隨了劉邦。

但是劉邦並不喜歡儒生，以前還經常拿儒生的帽子當尿壺用，因此見到叔孫通那身儒生衣服，覺得很厭惡。

叔孫通發現漢王劉邦不喜歡自己的衣服，立刻換掉穿短衣，這是楚國流行的穿著，劉邦見到後很高興，礙眼的衣服總算不見了。

叔孫通對於形勢的判斷總是很正確，歸降劉邦的時候，還有一百多個儒生跟著他。但是叔孫通沒有將這些儒生推薦給劉邦，反而推薦了一些大字不識一個，空有一身武力的人。

叔孫通的弟子們想不透，問道：「我跟你這麼多年，好不容易找了個長久的依靠，現在你不舉薦我們，跑去舉薦那些莽夫，這到底是為什麼？」

叔孫通見到手下的人不滿，就解釋說：「現在漢王劉邦在和楚王項羽交戰，需要的是能打仗的人，你們能上戰場？不能吧！所以你們好好等著，有機會我會把你們推薦給漢王的。」

劉邦一開始也怕叔孫通推薦儒生，那是自己最不喜歡的，結果見到叔孫通推薦了這麼多能夠幫忙打天下的人，很是開心。

後來，漢王朝建立，天下迎來了和平。可是劉邦卻沒有感受到做皇帝的樂趣，原因是他的手下大多是草莽出身，喝多了酒根本不管你是誰，拔劍一頓亂砍，誰見了別人拆自己的房子都不會開心的，劉邦自然也不例外。

叔孫通見狀，就對劉邦說：「儒生們雖然不能幫陛下攻城掠地，但他們卻可以幫著陛下來守天下。請您讓我去找一些魯地的儒生，讓他們來和我的弟子們一起給您制定一套朝廷上使用的禮儀。」

劉邦說：「你可以試著辦，但別搞得太複雜。」

於是，叔孫通就跑到魯國找幫手，但是有兩個魯國人不想跟他混，說道：「你靠著拍馬屁博得主子的寵愛，現在天下才剛剛安寧，又來鬧著制訂什麼禮樂。難道你不知道禮樂的興起需要一百年的積累嗎？你還是走吧，不要在這裏玷污我們！」

叔孫通很不以為然，倘若真要一百年才能興起，那這一百年怎麼辦？於是說道：「真是腐儒，不瞭解時勢的變化。」

叔孫通後來努力把禮儀制度完成，並且在一次朝會演練，從始至終，沒有一個大臣敢喧嘩失禮。

劉邦見狀，心滿意足地說：「今天我才真正體會到了當皇帝的尊貴！」隨即提拔叔孫通作了太常，賜給他黃金五百斤。

叔孫通乘機把當年跟著自己要官的那些手下推到前臺，告訴劉邦自己的弟子也是有功的。

劉邦一聽，立即任命那些人當了郎官。

以前那些不理解叔孫通的手下這時都說：「叔孫先生真是聖人，瞭解當今的世道。」

小知識

在劉邦想要廢掉太子劉盈時，叔孫通死諫劉邦，認為長幼之序不可廢除。後來，叔孫通輔佐漢惠帝，給漢惠帝提出諸多建議，但是從來不觸怒漢惠帝。最後於西元前一九四年去世，被司馬遷稱之為漢家儒宗。

性格決定命運
——不懂權術的竇嬰

漢武帝繼位以後，人才凋零。

漢高祖劉邦建國時，蕭何、陳平、曹參都是能夠做丞相的人，漢惠帝和漢文帝時期也有功臣陳平、周勃，到了漢景帝的時候就沒有幾個人能夠做丞相了，更不用說漢武帝了。

漢武帝登基以後面臨的問題是，到底找誰做丞相？

這太難選擇了，因為從漢朝建國以來就沒有一套選拔人才的方法。

漢高祖劉邦一輩子都在忙兩件事：作戰、調解自己後宮的矛盾，顧不得選拔人才。等到漢惠帝劉盈繼位，結果被自己的母親呂雉叫過去看了一次「人彘」，回去以後整個人就變得半瘋半傻了，朝政都沒有辦法打理，要怎麼招募人才。漢文帝劉恒又不太擅長培養人才，好不容易漢景帝想有些作為，結果七國之亂，想做事都沒辦法做。因此，到了漢武帝的時候，想選個丞相真難，選來選去選中了自己的熟人竇嬰。

竇嬰是漢武帝劉徹祖母竇太后的侄子，從關係上來說很親近，為人又耿直。

漢景帝時，梁孝王來長安探望自己的母親竇太后，漢景帝也過來喝酒。當時漢景帝還沒有立太子，喝酒喝得開心，就開玩笑說：「我死了以後把皇位傳給梁孝王。」

竇太后特別寵愛梁孝王，聽到漢景帝這樣說，十分高興。沒想到竇嬰在

169

旁邊說道：「這天下是高祖打下來的，按照規章制度都是父親傳位給兒子的，皇上您怎麼能把皇位傳給梁王呢？」本來漢景帝只是開玩笑讓母親開開心，結果被竇嬰這樣一攪和，竇太后便記恨自己的侄子，索性同意了竇嬰的辭官，再也不讓他來朝見自己。

過沒幾年，七國之亂開始了。漢景帝想選一個自己信任的人來掌握兵權，和漢武帝一樣，漢景帝這個時候發現自己根本找不出幾個比竇嬰更加賢明的臣子。

於是，漢景帝徵召竇嬰來幫助自己，可是竇嬰堅決推辭，覺得自己無法擔當這樣的重任。

漢景帝好勸歹勸，說：「現在天下有難，作為王孫又怎麼能夠推辭呢？」聽到漢景帝都這樣說了，竇嬰才答應，成為大將軍。

竇嬰是一個很特別的人才，為人正直廉潔，漢景帝時常賞錢給他，他都沒有自己拿去花，而是用在國家大事上。

後來，竇嬰被漢景帝任命為太子的老師，太子被廢時，竇嬰堅決反對，可惜反對無效。

就這樣，竇嬰又一次辭官不做，請病假回家。

也正是這一次，讓漢景帝覺得竇嬰太任性了，哪怕當時找不出人來當丞相，也不用竇嬰。

到了漢武帝時，竇嬰東山再起當了丞相。倘若不是竇嬰之前任性，不懂得權術，他也不至於這個時候才是丞相。而且這個丞相還是王太后的弟弟、漢武帝的舅舅田蚡為竇嬰安排的，竇嬰的資歷比田蚡深，田蚡覺得自己不如去做和竇嬰平級的太尉，這樣還能夠得到美名。

事實證明，田蚡的權術謀略比竇嬰高明多了。

有一天，竇嬰的好朋友灌夫在喝酒的時候對田蚡說了幾句不敬的話，結果田蚡想了罪名就把灌夫給抓了，並且判了死刑。

　　竇嬰想救自己的好朋友，不惜和田蚡、灌夫三個人在武帝面前對質，互相揭短，還是沒有搭救成功。

　　於是，竇嬰就說他自己有漢景帝的遺詔「事有不便，以便宜論上」，要求漢武帝重新審查這件事。

　　可是偏偏管詔書副本的尚書官沒在皇宮裡面找到這個副本，於是田蚡以「偽造詔書罪」彈劾竇嬰，竇嬰因此被殺。

小知識

　　竇嬰自從竇太后去世後，被漢武帝更加疏遠不受重用，沒有權勢，諸賓客漸漸自動離去，甚至對他懈怠傲慢，只有灌夫一人沒有改變原來的態度。田蚡曾經派籍福去索取竇嬰在城南的田地，竇嬰和灌夫大罵籍福，予以拒絕。田蚡知道後，從此十分怨恨灌夫、竇嬰，這也導致了灌夫、竇嬰日後的殺身之禍。

這個丞相很滑頭

——公孫弘「寬容」的背後

公孫弘，西漢淄川國薛縣人，年輕時做過獄吏，後來因為犯罪被免官。

為了維持生計，他曾在海邊放豬，直到四十歲時，才開始學習《春秋》，研究儒學。

建元元年（西元前一四○年），漢武帝劉徹向天下發布了征舉賢良方正的詔令，已經花甲之年的公孫弘終於有了出頭之日。不過，命運似乎有意跟他過不去，出使匈奴回來，被漢武帝罵得灰頭土臉，一怒之下辭官不做了。

元光五年（西元前一三○年），漢武帝再一次下旨征舉賢良方正，淄川國又推薦了公孫弘。這一次，他的策論被漢武帝欽定為第一名，被授予博士職位。

公孫弘是個老滑頭，每次朝議都只提出觀點，由皇帝定奪，自己從不表態，即便諫言不被採納，他也不辯駁，更不會跟同僚在朝堂上爭論。有時候，他與同僚們私下約好共同奏議，但是一到朝堂之上，都會以皇帝的喜好為準。

如此「忠厚」和善解人意，公孫弘很快獲得了漢武帝的賞識，官職一升再升，最後做了丞相。

做了丞相後，公孫弘的生活依然簡樸，吃飯時只有一個葷菜，睡覺時只蓋普通棉被。

就因為這樣，有名的「愚直之臣」汲黯向武帝參了他一本。汲黯在奏摺中聲稱，公孫弘位列三公，所得的朝廷俸祿非常豐厚，卻在吃飯的時候吃一

道葷菜，就寢的時候蓋一床很普通的被子，表面上看起來很簡樸，實則沽名釣譽。

漢武帝見到公孫弘，便問他：「汲黯所說屬實嗎？」

公孫弘說：「汲黯與我素日最為親近，他的話屬實。今日朝堂之上他當著文武大臣的面講出我的過失，正是切中了我的要害。我位列三公，與普通百姓生活無二，是有心賺取清廉之名。如果不是汲黯忠心耿耿，陛下怎麼會聽到對我的這種批評呢？」

漢武帝聽了公孫弘的這一番話，不僅沒有責怪他，反倒覺得他為人謙讓，就更加尊重他了。

公孫弘以寬厚大量示人，但面對政敵時，從來都不手軟，頗有計謀的主父偃就倒在了他的面前。

主父偃不但嘴皮子厲害，筆桿子也厲害，若是不小心被他盯上，一封檢舉信上去，你不死也得扒層皮。

元朔二年（西元前一二七年），主父偃提出設立朔方郡並經營的構想，遭到公孫弘的強烈反對，但最後漢武帝還是同意了設立朔方郡。

顏面盡失的公孫弘把這筆帳算在主父偃頭上，伺機報復。

其實，主父偃也是一個睚眥必報的人，他想把女兒嫁給齊王劉次昌，遭到拒絕後就以齊王亂倫為藉口，將其逼死。

當齊王被逼死的消息傳到了趙王的耳朵裡，趙王很畏懼。因為當年主父偃來趙國謀碗飯吃，趙王把他趕出了趙國，他擔心主父偃記起陳年舊事，把自己也給告發了。

與其坐以待斃，倒不如先下手為強。

趙王急忙寫了封奏摺，揭發主父偃貪汙受賄，派人快馬加鞭送往京城。

一封檢舉信不足以致主父偃於死地，但是躲在暗處的公孫弘向漢武帝說了這麼一番話，「齊王自殺無後國除，齊國成為郡縣，主父偃是首惡，不殺無以謝天下！」

漢武帝對公孫弘太信任了，他絲毫沒有懷疑這位「忠厚」的長者同樣懷有不良動機。

公孫弘一句話，主父偃的案子就定了，於是被族誅。

拔掉了眼中的一顆釘子，公孫弘的仕途更加平穩。

元狩二年（西元前一二一年），寸功未建，以平頭百姓登上相位的公孫弘走完了一生。

小知識

公孫弘是西漢建立以來第一位以丞相封侯者，為西漢後來「以丞相褒侯」開創先例。其在職期間，廣招賢士，關注民生，並為儒學的推廣做出了不可替代的貢獻。曾著有《公孫弘》十篇，現已失佚。

愚直的「社稷之臣」
──「愚不可及」的汲黯

故事 51

汲黯是漢武帝時期頗為有名的大臣，百姓對他常常是讚不絕口。

有一次，河內郡發生火災，漢武帝派汲黯前去視察災情。誰知，在半途他發現火災不是很嚴重，更為嚴重的是河南境內的水災，便以皇帝的名義打開糧倉，救濟災民。

【汲黯畫像】

汲黯的出發點是為百姓好，但此舉在漢武帝的眼裡，叫擅作主張，不把國家領導人放在眼中。但透過這件事，我們能看出汲黯的性格──過於隨性。

除了隨性，汲黯還有張刀子嘴，這點和唐朝名相魏徵倒是很像，只是他顯得比魏徵還愚直。

汲黯曾當面指責丞相公孫弘，說他是善用筆頭詆毀他人，還自以為有功的「刀筆吏」；痛斥御史大夫張湯狡詐，是掩飾過失的小人。

不僅對同僚們如此，對高高在上的皇帝，汲黯也是同樣的態

度。

漢武帝有一次在朝堂上詢問百官：「我想學習堯舜，召集天下名士，把我們的政治之風改一改，各位覺得如何呢？」百官一致叫好，稱讚漢武帝英明，唯獨汲黯唱反調，他直視漢武帝說：「陛下心胸狹窄，欲望過多，怎麼可能效仿堯舜呢！」惹得漢武帝當場就變了臉色，轉身就往後宮走。回到後宮，他生氣地對皇后說：「這個汲黯太過分了，簡直是愚不可及！」

長此以往的結果是，漢武帝很怕汲黯。

舉個簡單的例子來說，漢武帝敢坐在馬桶上一邊如廁一邊接見衛青（漢代大將，武帝的大舅子），敢在衣冠不整時和張湯議事，唯獨汲黯，漢武帝如果沒戴帽子和他待在一個屋子裡，都感覺到心有戚戚。

多麼相似的場景和關係，只是汲黯沒有魏徵幸運，魏徵可以官拜丞相，汲黯卻一直被打壓。

漢武帝離不開他——要藉他的直言讓自己保持警惕，而汲黯的存在也說明自己大度，能容常人所不能忍；卻也不敢提拔他，因為這小子的嘴實在是太毒了！

所以，汲黯就一直處於不上不下的狀態，而資歷比他淺的張湯和公孫弘卻早就憑藉處事圓滑成了皇帝身邊的紅人了。

汲黯對此憤憤不平，有一天，他終於找到了一個和漢武帝當面「暢談」的機會——

這天早朝後，群臣紛紛散去，汲黯卻沒走，看見漢武帝往後花園方向走去時，趕緊小跑兩步，跟上了皇帝。

「陛下，微臣有句話一直埋在心底，不敢對您說。」

「是嗎？」漢武帝揚了揚眉，這小子能有不敢說的時候，實在是聞所未聞，「你但說無妨。」

如果漢武帝有預知的能力，一定會把自己這點好奇的小火苗扼殺在萌芽之時。

　　「陛下，您見過農夫堆柴草嗎？他們總是將先砍下來的柴堆放在最底下，後砍的反倒是占據了高處，您覺得這樣對那些先砍下的木柴公平嗎？」

　　「這話是什麼意思？」漢武帝問。

　　「陛下，張湯和公孫弘他們來朝堂的時間比我要晚得多，資歷也淺，可是他們現在卻都比我的官位高。您不覺得您提拔官員的標準和農夫堆柴是一樣的道理嗎？」

　　漢武帝的表情要多難看就有多難看，本想當面叱責，但念及汲黯一貫的作風，只好沉默不語。

　　從此之後，汲黯的命運可想而知，他的官位再也沒有得到提升。

小知識

　　汲黯：（？——西元前一一二年），字長孺，西漢名臣。。景帝時因為父親的原因任太子洗馬。武帝初為謁者，後來出京做官為東海太守，有政績。被召為主爵都尉，列於九卿。汲黯為人耿直，好直諫廷諍，武帝稱為「社稷之臣」。後犯小罪免官，居田園數年，召拜淮陽太守，卒於任上。

身殘志堅

——司馬遷發憤著《史記》

司馬遷出生在太史世家，在父親去世以後，他遵從父親的遺囑，立志要寫一部能夠「藏之名山，傳之後人」的史書。

為了史書的編寫，司馬遷如饑似渴地閱讀皇家圖書館裡的藏書、檔案，整理和考證歷史資料。當時的文字都刻在竹簡上或寫在絲絹上，有時一部書就要堆滿一間屋子，讀起來很辛苦。

【史學家司馬遷】

在他四十一歲那年，開始著手寫《史記》。

天漢二年（西元前九十九年），正當司馬遷全心全意撰寫《史記》之時，卻因李陵事件而遭宮刑。

這年夏天，「飛將軍」李廣的孫子李陵帶領步卒五千人出居延，孤軍深入浚稽山，不幸與匈奴的單于相遇。匈奴八萬騎兵迎戰李陵，經過八晝夜的浴血奮戰，已有一萬多名匈奴士兵死於李陵手下。可是後來由於增援部隊沒有及時趕上，李陵不幸成了匈奴的俘虜。

漢武帝得知李陵兵敗投降的消息後，立刻火冒三丈，在朝堂之上，當著眾臣痛斥李陵的背叛：「我原以為他會奮勇殺敵，誓死不屈，沒想到他竟然是個軟骨頭，我真是看走了眼，枉費把這個叛徒當英雄，還委以重任！」

　　眾臣聽了，有的不敢言語，有的趨炎附勢順著漢武帝的話說：「這樣的人，根本就不配領兵打仗，真是辜負了陛下對他的信任。」

　　當時司馬遷也在場，漢武帝問：「你對這件事情怎麼看？」

　　「陛下，恕我直言，李陵率領五千步兵，深入匈奴腹地，孤軍奮戰，殺傷了許多敵人，立下了赫赫戰功。在救兵不至、走投無路的情況下，仍然奮勇殺敵，就是古代名將也不過如此。我想他現在歸降匈奴不過是權宜之計，待時機成熟，一定會東山再起回報朝廷的。」

　　聽了司馬遷的話，漢武帝心裡很不舒服，他認為司馬遷有意在渲染李陵的功績，同時貶低勞師遠征、戰敗而歸的李廣利，而李廣利恰好是皇后李夫人的哥哥。

　　漢武帝當即怒喝道：「司馬遷，你的話太離譜了，那李陵已經歸降匈奴，你還在為他辯護，簡直是有意歪曲事實！來人，將司馬遷打入大牢！」

　　司馬遷被關進監獄以後，案子落到了酷吏杜周手中。

　　杜周嚴刑審訊司馬遷，但司馬遷始終不屈服，也不認罪。

　　不久，又有流言說李陵在匈奴操練兵馬，準備攻打漢室，漢武帝一怒之下斬了李陵一家老小，司馬遷自然也因此受到牽連，被判處死刑。

　　漢朝律法上有一條規定，凡是被判死刑的人，有兩種方法可以免於一死：一是拿五十萬錢贖罪，二是受「腐刑」。

　　司馬遷官小家貧，當然拿不出這麼多錢贖罪，但腐刑既摧殘人體和精神，

也很侮辱人格。

為了完成自己的平生所願，司馬遷決定忍辱負重，選擇了腐刑。

面對最殘酷的刑罰，他痛苦到了極點，但此時只有一個信念，那就是一定要活下去，一定要把《史記》寫完！

漢武帝征和二年（西元前九十一年），忍受著酷刑的折磨和恥辱的司馬遷，終於完成了史學巨著《史記》。

小知識

　　《史記》是中國歷史上第一部紀傳體通史，記載了從黃帝到漢武帝太初年間三千多年的歷史。最初稱為《太史公》，或《太史公記》、《太史記》。魯迅在《漢文學史綱要》一書中稱讚《史記》是「史家之絕唱，無韻之離騷」。

大漢第一使臣
——出使西域的張騫

故事 53

　　茫茫草原上，一個中原人和一個匈奴人騎著馬，神色慌張地快速行進，他們剛剛逃出匈奴人的掌控，必須盡快逃離這個是非之地，因此一路向西，朝著草原深處跑去。西行十日後，他們越過蔥嶺，來到了大宛境內。至此，兩人才稍微鬆了一口氣。

　　這兩位西行者是西漢的使臣，中原人叫張騫，匈奴人叫堂邑父。

　　十幾年前，他們奉命出使西域，西行到匈奴境內時，不幸被截留。匈奴人不肯放他們西去，並強迫他們娶了匈奴女子為妻。

　　可是張騫不忘使命，他這次出使西域，為的是聯繫匈奴以西的月氏國，與其前後夾擊，共同對付匈奴。

　　因為西漢多年來飽受匈奴侵擾之苦，卻沒有禦敵良策，不得已才想出這種辦法。

　　張騫本來帶領一百多人的出使團西行，在匈奴被扣留後，死傷多人，只剩下他和堂邑父。

　　為了完成使命，張騫聰明地與匈奴人周旋，後來被派往匈奴西部邊境為官，這樣一來他終於找到逃脫的良機，就帶著堂邑父匆匆上路了。

　　張騫來到大宛，在大宛幫助下，繼續西行，到達康居、大夏，終於找到了傳說中的月氏國。

【張騫出使西域壁畫】

　　月氏國是遊牧民族，本來在敦煌一帶遊牧，這十幾年來，在匈奴等國的侵犯下不斷西遷，被迫遷到阿姆河畔。

　　由於當地土地肥沃，適合耕種，他們已經定居此地，無意東遷與匈奴為敵。

　　儘管張騫沒有完成既定的使命，但他瞭解到西域各國的地理、物產、風俗習慣，開闊了視野，回國後對漢武帝講述了西域風情。

　　西元前一一九年，張騫帶著三百名成員，拿著漢朝的旌節，帶著一萬多頭牛羊、還有黃金、綢緞、布帛等再一次踏上西去的道路。

　　他們到達烏孫，送上漢朝的厚禮，又前往大宛、月氏、於闐，分別與他

們交往。這些國家非常樂意接待漢使，並派遣使臣帶著當地特產跟他們回長安參觀。

　　張騫和他的隨從先後到達三十六個國家，從此，漢朝每年都派使臣去訪問西域各國，與這些國家建立了友好往來的關係，雙方商貿不絕。

　　中國的絲綢也源源不斷地運往西亞，轉運歐洲，開闢了著名的絲綢之路。

小知識

　　張騫兩次出使西域，加強了西漢與西域地區的聯繫，當時的史學家司馬遷稱讚他出使西域為「鑿空」，意思是「開通大道」。

　　後來，這條出玉門關，經天山南北路，越過蔥嶺，到達中亞或者更遠地方的通道，成了千古傳頌的絲綢之路。

沒有威儀的京兆尹
──「畫眉」的張敞

張敞是西漢時期的著名大臣，他家世代為官，祖父張孺曾任上谷太守，父親張福在漢武帝時期擔任過光祿大夫。而他在漢朝的政治舞臺上嶄露頭角是因為一封進諫信。

當時，昌邑王劉賀即位後只是一味任用和自己關係好的人。於是，張敞就寫了一封信給劉賀，說他不能讓真正有才華的人得到褒獎，卻讓小人得志，而他自己對漢王朝的將來很擔憂，希望皇上能警醒。諫後十多天，劉賀即被廢黜。張敞便因進諫而顯名，被擢為豫州刺史。

當時長安境內的社會秩序很亂，偷竊事件層出不窮，負責長安地區的京兆尹一職幾度換人，都不稱職。

漢宣帝想起了張敞，召他覲見，問他有沒有辦法治理好長安，張敞充滿信心地答應能辦好此事。

漢宣帝便調任張敞為京兆尹，他在這個位置上坐了九年。

張敞到任後，經過調查，知道了長安最嚴重的問題就是偷竊，而各個竊盜集團的老大居然是城裡很有地位、家裡也很富有的一些人。他把這些集團首腦召集到自己家中，好酒好菜伺候著，然後對他們說：「你們做過的事情，我已經知道了。」

「我們？到底有什麼事？我們都是良民啊！」這幫竊盜集團的老大還在

裝無辜。

「據我所知。」張敞擺起了架子，端著茶杯不疾不徐地說，「你們都是竊盜集團的老大，你們的手下把城裡有錢人的家裡都翻遍了，逼得他們不得不離開京城，讓這裡各項事業的投資都陷入擱淺狀態。你們說，自己是不是應該有所表示啊？」

首腦們聽到最後一句，以為這位新來的大人和前幾任一樣，也是個貪汙能手，於是喜笑顏開：「大人想要什麼，但說無妨，我們保證將大人侍奉好，不會比任何一位京兆尹待遇差的。」

張敞冷笑，他終於明白長安治安一直得不到改善的原因，原來是一顆老鼠屎壞了一鍋粥。

「大膽！」張敞將茶杯狠狠地摔在紅木桌上，「你們把我當成什麼人了！你們必須為你們犯下的過錯付出代價！」

首腦們嚇得慌忙跪下，乞求恕罪。

「要我放過你們也可以，提出一個抓捕辦法來！」

幾個首腦說：「今天我們來此，必為同夥竊賊所疑，如能允許我們任職補吏，方可如約。」張敞當即允諾，給他們全部安排了官職，然後讓他們回去。

首腦們回到自己家中，興高采烈地告訴自己的同伴們，自己在官府中工作，從此以後他們都可以不用怕官府的人了，為了表示慶賀，他們設了宴席，讓所有的盜賊都來赴宴。

盜賊們毫不懷疑，紛紛前來，一個個喝得酩酊大醉。

首腦們按照在張敞府擬定好的計謀，乘機將每個盜賊背後都塗上紅色，

好讓守候在門外的捕役辨認。

盜賊們飲罷辭出，即被捕役一一捉拿。

盜賊的問題解決後，長安的治安從此變好，漢宣帝對張敞更加信任了。

張敞的為官才能縱然值得稱讚，但他為世人所知，卻是因為和妻子的感情深厚。而他在京兆尹的職位上九年不得提升，也是與這個有關。

張敞妻子的侍女某天早晨來服侍老爺夫人時，發現張敞正拿著眉筆小心翼翼地為妻子畫眉，手法嫻熟，並不像是第一次了。侍女覺得有趣，就把這件事情告訴了自己的小姐妹，小姐妹再告

【張敞畫眉圖】

訴了別的小姐妹，結果一傳十十傳百，後來，滿長安的人都知道京兆尹在閨房之中常為夫人畫眉的事情。

漢宣帝找到張敞：「你在閨房為妻子畫眉的事情現在已經是全城皆知，你要不要找個機會解釋一下，挽回所造成的不良影響。」

在當時的保守風氣中，為妻子畫眉，無異於在現代社會中傳出「不雅照」事件。

「解釋？」張敞笑起來，「閨房之中，夫婦之間，比畫眉毛更風流的事還多著呢！」

漢宣帝聽後笑了笑，沒有辦他的罪，但總覺得他缺乏威儀，不應位列公卿。

所以他任京兆尹九年，始終也沒有再得到提升。

小知識

張敞為光祿勳楊惲好友，楊惲蒙冤被誅殺後，他自然也在彈劾之列。這時，張敞派屬下絮舜去查一個案件，絮舜以為張敞即將被免職，不肯再為他效力，還不以為然地說：「我為此公盡力夠多了，現在他不過是個五日京兆，還想辦什麼案子？」張敞聽到這話，立即將絮舜抓捕入獄，定了他的死罪。臨刑前，張敞派主簿拿著他的命令對絮舜說：「五日京兆怎麼樣？現在冬日已盡，還想再活下去嗎？」說完，即令斬首。

太監國丈
——平步青雲的許廣漢

　　中國有一個成語，叫故劍情深，比喻結髮夫妻之間的情意不因一方富貴而改變。其來源於皇帝的一道浪漫的聖旨，也見證了王子對貧女承諾的兌現。

　　這個王子就是漢宣帝劉詢，貧女則是許平君，也就是後來的皇后。

　　皇后的父親就是許廣漢，但這位皇帝的岳父是一名太監，怎麼會有如此幸運的女兒呢？

　　原來，許廣漢二十歲左右的時候，在漢武帝的兒子劉髆手下當郎官。

　　有一次，漢武帝要去甘泉宮辦事，他為皇帝備馬時，一時失誤把馬鞍拿了下來，被旁邊的官吏發現，告他偷竊皇帝的東西。

　　按照法律規定，應該處死，但如果想活命，就要接受宮刑。

　　這對於許廣漢來說是非常痛苦的事，不過幸好這時家裡已經生了一個孩子，就是女兒許平君。

　　許廣漢被處以宮刑後，被派到掖庭做勞役。

　　掖庭是建在皇宮旁邊的一個機構，是專門給宮女以及犯罪官吏子女居住的地方。

　　三年之後，許廣漢刑滿離開掖庭，獲得了自由。

　　不過他沒有成為平民百姓，而是被提拔做了小公務員，當上了監獄長，看管犯罪的宮女。

這時出現了巧合，他遇到了未來的皇帝劉詢，兩人住在同一個寓所裡。

　　未來的皇帝怎麼會待在這種地方呢？

　　因為他此刻還不是太子，而是罪犯之子。

　　劉詢的祖父是皇太子劉據，西元前九十一年因巫蠱案件被判死刑，當時只有幾個月大的劉詢也被牽連關在監獄裡，直到他五歲時才被赦免放出。但父母早死，劉詢已經無家可歸，幸好被一個獄吏托老婦人收養，這個老婦年老病死之後，他又被領到掖庭。

　　掖庭長官張賀曾是劉據的屬下，所以對這位不幸的孤兒特別關照，一直把他收養在這裡。

　　如今劉詢也是寄人籬下，這才有機會同監獄長許廣漢住在一起。

　　許廣漢與這位未來的皇帝可謂是患難之交，從此兩人建立了親密的關係，也為將來君臣之間贏得了難得的信任。

　　一晃十多年過去了，雖然沒有錦衣玉食的生活，但現在劉詢已長得身材偉岸，相貌堂堂，看起來龍章鳳姿，一表人才，似乎天生就是做皇帝的料。

　　張賀有些眼光，打算把女兒嫁給這位落難公子，但身為右將軍的弟弟張安世卻極力反對，他說：「劉詢如今只是個庶人，沒有任何地位，能養活自己就算不錯了，如果搭上侄女就太吃虧了。」

　　張賀只好放棄把女兒嫁給劉詢的打算，這也使得許廣漢有機會當未來天子的岳父。

　　張賀聽說許廣漢有個女兒叫許平君，大約十五歲左右，就想成全劉詢，便辦酒席邀請許廣漢商量兒女婚事。

　　要想給現在的窮小子劉詢找到老婆，張賀只好說出了他的身份：「劉詢是漢武帝的曾孫，也是當今皇帝的近親，儘管現在失去了王位，但好歹也曾

是關內侯，你把女兒嫁過去，將來少不了榮華富貴。」

許廣漢跟劉詢相處過一段日子，知道這個青年人的為人，也就沒有推辭，答應了這門婚事。

剛一談妥，許廣漢就接受了劉詢的叩頭禮，未來的皇帝與自己的女兒正式成親。

一年後，許廣漢有了外孫，外孫出生才幾個月，劉詢就被權臣霍光擁立當了皇帝。結髮妻子許平君被封為皇后，作為皇帝的岳父，當然也是官升幾級，經常跟隨在皇帝左右。

不過宮廷內依然充滿殺機，因為霍家一門想要自己的女兒霍成君當皇后，就下毒害死了許皇后。

沒多久權臣霍光病死，漢宣帝這下沒有顧忌了，將自己在民間生下的兒子，也就是許廣漢的外孫劉奭立為太子。接著，以毒害太子為由廢掉了霍成君。

從此之後，身為王侯的許廣漢，安分守己，平平安安地享受著自己的清福。

西元前六十一年，這位早年曾遭受命運摧殘的老人終於過完他幸福的晚年，死後還享受國家級待遇，被葬在皇帝的陵園裡，可謂哀榮備至。

小知識

　　當時，許廣漢的女兒許平君年十四五歲，已許給內者令歐侯氏為兒媳，正準備出嫁時，歐侯氏的兒子去世。許平君的母親帶她去占卜，占卜者說是她有大貴人之兆，後來果然成為了皇后。

第三篇
值得慢動作重播的瞬間
——歷史是多重選擇題

如果劉邦沒有裝傻示弱
——鴻門宴上，誰笑到最後

　　自秦王朝大一統曇花一現以後，很快的，天下再次進入混戰的狀態。

　　而在眾多的起義隊伍中，楚地大將項羽以及秦國的一個小亭長劉邦所率領的起義軍勢力最為壯大。

　　西元前二〇七年，項羽在鉅鹿大敗秦朝主力軍隊，可是就在他和秦軍交戰之時，卻被劉邦撿了便宜趁機攻進了秦都城咸陽。

　　按照事前的約定，本應該是誰先入咸陽，誰就在這裡稱王。可是劉邦在出身好、家世好、目無一切的項羽面前哪裡敢先稱王，於是，在他率軍攻進了咸陽城後，並沒有急於占地為王，反而聽從謀士的意見，將軍隊全部安置在咸陽附近的霸上。

　　劉邦表現出一副不入咸陽城的樣子，可是實際上劉邦自己卻在項羽趕過來之前已經開始對咸陽城管轄，在劉邦的安撫下，咸陽城的百姓沒有一個人不擁護劉邦做王的。

　　劉邦進咸陽這件事終歸不可能瞞得住，項羽知道劉邦率先進了咸陽以後，憤怒地率著四十萬大軍直接進駐到咸陽城附近的鴻門地區向劉邦示威。

　　這時候的項羽雖然氣劉邦乘人之危奪取咸陽，但還是顧念和他先前的情誼，只是擺擺樣子並沒有下令攻打咸陽。

　　項羽身邊的范增卻覺得一定要除掉劉邦以防後患，於是勸項羽舉兵攻打，他說：「像劉邦這種過去貪錢好色之人，今占了咸陽反倒不拿一分錢，連美女也不要，他分明是有其他的企圖，此人想要闖一番事業，我們必須趁

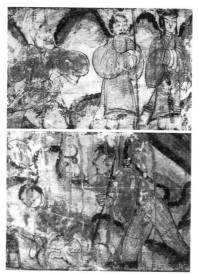

【漢代墓室壁畫《鴻門宴圖》】

他還沒有發展壯大先殺掉他。不如我們在此宴請劉邦，好趁機除掉他。」

　　項羽他未必不知道劉邦的心思，只是他太過自信，也太過心軟。因此，項羽的四十萬大軍始終駐紮在鴻門，從沒有出動過。

　　而另一邊劉邦也忌憚項羽的勢力，又害怕項羽會報復自己，當收到項羽在鴻門宴請自己的消息後寢食不安，只好找來張良詢問意見。

　　張良說：「以我們目前的十萬兵力想要和項羽正面交鋒是不可能的，不如請項伯去說情。」這位項伯，拋開和張良交好的身份不說，他其實是項羽的叔父。有項伯從中牽線，劉邦這才帶著張良和大將樊噲前往鴻門赴宴。

　　這場鴻門宴應該是劉邦和項羽兩人人生中的重大轉折。

　　雖然，舉辦鴻門宴的目的是要除掉劉邦，可是當劉邦真的赴宴前來，項羽反而不忍心了。

　　劉邦向項羽賠罪說：「我同將軍合力攻秦，將軍主攻河北，我主攻河南，

誰知竟僥倖率先攻破秦關，得以見到您。如今有小人在背後使壞，企圖挑撥將軍和我產生嫌隙。」

項羽說：「是你手下的左司馬曹無傷說的，否則我不會來這裡！」

當日，項羽設宴請劉邦。

項羽、項伯朝東而坐，亞父范增朝南而坐，劉邦朝北而坐，張良朝西陪侍著他。

席間，范增幾次給項羽遞眼色，又提起佩戴的玉佩向他示意，但項羽不是假裝沒看見就是直接否定，絲毫沒有動手殺掉劉邦的意思。

范增忍不住了，既然項羽不肯動手，他只好請大將項莊以助興舞劍為名尋找機會刺殺劉邦。

范增的心思昭然若揭，本來就小心翼翼的劉邦見到項莊握著利劍更是嚇得冷汗直流，而項伯看到項莊每舞一下劍都藏著殺機趕忙也拔劍陪著項莊舞劍，不時用身體擋住劉邦。

有了項伯的保護，項莊始終沒辦法得手，可是項莊越被阻攔越是不甘心，總是設法找機會刺殺劉邦。

張良見狀，擔心項伯攔不住項莊，趕忙跑出去叫來劉邦的大將樊噲。

樊噲一聽劉邦有難，直接持著盾牌利劍就衝進來了，當即喝斥道：「劉邦攻下咸陽，沒有占地稱王，卻回到霸上，等著大王你來。這樣有功的人，不僅沒有得到封賞，你還聽信小人的話，想殺自己兄弟！」

樊噲此話一出，讓本來就動了惻隱之心的項羽更不忍心殺掉劉邦，於是便揮手讓項莊回到座位上。

過了一會兒，劉邦起身上廁所，把樊噲叫了出來。

劉邦出來後，對樊噲說：「現在我不辭而別不太好吧？」

樊噲說：「成大事就不必顧忌小禮節，現在人家好比是刀子砧板，而我們卻是板上的魚肉，還考慮這些作什麼！」

　　於是，劉邦便打算離開，留張良去向項羽道歉。

　　張良問：「大王可曾帶什麼禮物過來？」

　　劉邦說：「我拿了白璧一雙，準備獻給項王；玉鬥一對，打算獻給亞父。剛剛見他們發怒，不敢獻上。你替我獻上吧！」

　　張良說：「遵命。」

　　鴻門和霸上兩地相距四十里，劉邦扔下車馬、侍從，騎馬抄小路離去，樊噲、夏侯嬰、靳強、紀信等四人跟在後面徒步守衛沛公。

　　見劉邦走遠，張良進去致歉：「我家主公不勝酒力，不能親自向大王告辭。謹讓臣下張良捧上白璧一雙，獻給大王；玉鬥一對，獻給范將軍。」

　　項羽接過白璧，放在座位上，范增接過玉鬥直接扔在地上，拔劍砍碎了。他歎道：「奪取項王天下的，必然是劉邦，我們很快就要成為他的俘虜了！」

小知識

　　中國歷史上有名的「鴻門宴」，當時項羽依仗自己勢力強大，輕信劉邦，使劉邦得以逃脫。後來，項羽自立為「西楚霸王」，相當於皇帝，他封劉邦到偏僻地區當「漢王」，只相當於諸侯。

　　不久，劉邦乘項羽出兵攻打其他諸侯時，攻占了咸陽。於是，項羽、劉邦就展開了長達四年的「楚漢戰爭」。楚軍在兵力上占很大優勢，多次擊敗漢軍，但是項羽性情殘暴，統率的部隊殺人放火，失去民心，楚軍逐漸由強變弱。而劉邦注意收攬民心，善於用人，勢力逐漸強大，終於反敗為勝。

生死一知己
——蕭何成就了韓信，然後害死了韓信

　　韓信從一個孤苦伶仃的窮書生逆襲成為漢朝開國功臣，這其中的經歷並不是一帆風順。從忍受胯下之辱到加入項羽的反秦隊伍卻不被看重，滿腹經綸的韓信從沒有放棄，即使到了劉邦身邊，懷才不遇的韓信仍然沒有放棄。

　　直到一次失誤讓韓信的性命危在旦夕，這才迎來了他的人生轉折。

　　那一次，韓信因犯了軍法被發配到後方管理糧草，本來以為前途沒有希望了，恰巧碰上劉邦最信賴倚重的蕭何。

　　兩人在懸殊的身份背景下一見如故，自然而然，蕭何便將自己剛發掘的韓信推薦給劉邦。

　　可是就在韓信要登上事業高峰之際，他卻逃跑了。

　　原來，劉邦所統治的漢中地區偏僻荒涼，許多將領都因為想家紛紛逃走，韓信見蕭何遲遲沒給自己答覆，覺得劉邦不會重用自己，也就跟著逃跑了。

　　試想以這種情形，一個小小的糧草官跑了劉邦自然不會在乎，反正已經跑了那麼多人，不差那一兩個。

　　可是一聽說韓信跑了，劉邦沒急蕭何卻急了，他害怕追晚了找不到韓信，連向劉邦傳個口信交代一下的時間也沒有就追出去了。

　　等到蕭何騎著馬跑了以後，劉邦可真急了。

　　誰也不會想到蕭何竟然為了一個微不足道的韓信親自追出去，所以，劉

邦只能認為蕭何也嫌棄自己跟著眾人逃跑了。

蕭何離開後，劉邦既失落又憤怒，可是到了夜裡卻又聽士兵來報說蕭何回來了。等劉邦見到蕭何這才知道原來蕭何並不是逃跑，而是跑出去追逃走的韓信。

這讓劉邦又喜又氣，大罵蕭何是小題大做。

到了這時候，韓信終於有機會正式見到劉邦，而在蕭何的力薦下，劉邦也終於同意封韓信為大將軍，更應允選擇良辰吉日為韓信舉行隆重的拜將儀式。

被封為大將軍的韓信沒有辜負蕭何的信任，而在有了韓信的幫助以後，劉邦的軍隊更以勢如破竹的攻勢一路凱旋。

終於，劉邦統一了天下，建立了漢朝。在這背後，韓信發揮了重要的作用。

可是，劉邦當了皇帝以後，卻開始對韓信不放心了。

這時，發生項羽的舊將鐘離昧逃跑一事，劉邦明知韓信與其素來交好，但還是命韓信追捕鐘離昧，而韓信則派了士兵保護鐘離昧的出入。

終於，韓信的危機來臨。

西元前二〇一年，突然有人告發楚王韓信謀反，於是劉邦採用陳平的計策，以出遊為名偷襲韓信。

韓信心知劉邦有意除掉自己，如果自己發兵抵抗無疑是坐實罪名，只好逼迫鐘離昧刎頸自殺。

鐘離昧死後，韓信帶著他的人頭向劉邦解釋了事情的原委。

盤算除掉韓信已經許久的劉邦哪裡肯錯過機會，仍然堅持擒拿韓信。

眼見勸說無效，韓信只得大喊道：「果若人言，狡兔死，狗肉烹；高鳥盡，良弓藏；敵國破，謀臣亡。天下已定，我固當烹！」這件事以後，雖然劉邦赦免了韓信，但是把他降為淮陰侯，軟禁了起來。

　　有了教訓後的韓信更加明白劉邦對自己的防備，此後無論朝廷大小事韓信幾乎都是稱病不出，對劉邦的怨恨也是越積越深。

　　有一次，韓信遇到陳豨，看出陳豨起兵造反的心思，便應允陳豨，假如日後起兵造反，自己將助一臂之力。

　　過沒多久，陳豨果真造反，隱忍了許久的韓信彷彿看到了機會，一聽到消息便立即與家臣密謀從內部襲擊呂后、太子等人，誰知這次造反事件未等實行就遭到了親人的告密。

　　當呂后得知韓信造反的消息，便想把韓信召進宮中除掉後患，但又怕韓信不肯就範，於是找來當年力薦韓信的推薦人蕭何。

　　最後，在蕭何的設計下，韓信被斬殺在長樂宮鐘室，其三族都被誅殺了。

小知識

　　民間根據這段歷史，引出「成也蕭何，敗也蕭何」這一成語，比喻事情的成敗或好壞都由於同一個人。「成也蕭何」是指韓信成為大將軍是蕭何推薦的；「敗也蕭何」是指韓信被殺是蕭何出的計謀。

置於死地而後生
故事 58
——背水一戰的氣魄

韓信協助劉邦打江山時，一路渡過西河，俘虜魏豹，生擒夏說，可謂勢不可擋。眼下韓信又會合了張耳的兵馬，準備突破井陘口乘勝拿下趙國。

當趙王歇聽說漢軍即將襲擊趙國的消息後，立即下令大將陳餘在井陘口聚集兵力，足足二十萬之多，以此對抗韓信的幾萬兵馬。

兵力如此的懸殊，想不讓陳餘沒信心都難，因此當廣武君李左車向陳餘獻計時，他根本就沒放在心上。

在陳餘看來，自己在兵力上強於韓信，即使生拼肉搏也一定能取勝，還需要要什麼陰謀詭計。

其實，現在看來，李左車的建議還是很有可行性，李左車說：「雖然韓信想要乘著勝利的銳氣離開國都遠征，其鋒芒不可阻擋。可是，遠征必涉及到糧草的供應，不遠千里運送糧餉，士兵們往往都是臨時充饑，體力上難免會出問題。如今井陘這條道路狹窄難行，兩輛戰車不能並行，騎兵也不能排成行列，這就使行進的軍隊迤邐數百里，運糧食的隊伍勢必遠遠地落到後邊。假如給我三萬兵力，從小路攔截住韓信的糧草，要不了十天，被困在山野的韓信就會不戰而敗。」

陳餘是個書呆子，他對李左車說：「兵法上說，兵力比敵人大十倍，就可以包圍敵人；兵力比敵人大一倍，就可以和敵人對陣。現在漢軍號稱數萬人，其實不過幾千人，況且遠道而來，疲憊不堪。我們的兵力超過漢軍許

多倍，難道還不能把他們消滅掉嗎？如果今天避而不戰，別人會譏笑我膽小的。」陳餘的作戰意圖，被韓信手下的探子獲知。

想到唯一有希望擊敗自己的方法已經被陳餘想都不想地拒絕了，韓信聞之大喜，下令士兵們在距離井陘三十里處休息。

當晚，韓信傳令出發作戰，同時又暗中挑選兩千名輕裝騎兵，要求每人都帶著一面紅旗，從小路上山，潛伏觀察趙國軍隊的舉動。

接著，韓信又交代部下們說：「當兩軍交戰時，趙軍必然認為自己有兵力的優勢一定會取得勝利，所以見到我軍敗逃時，一定會傾巢出動追趕我軍，趁此機會就可以由兩千輕騎攻進趙軍大營，拔掉趙軍的旗幟，豎起漢軍的紅旗。」

為避免趙軍疑心，韓信派出了近萬人做先鋒部隊於井陘口背靠河水擺開戰鬥佇列。

等到趙軍見到韓信薄弱的軍隊，忍不住大笑起來。等到天一放亮，韓信便下令開始進攻趙軍。

一萬人硬拼二十萬人，結果可想而知，不出片刻，韓信率領的漢軍就潰敗而逃，要多狼狽就有多狼狽，直接逃回河邊的陣地。

陳餘看到漢軍竟然不堪一擊，大喜之下果然傾巢出動，想要一舉取得韓信、張耳的首級。

這時候，在漢軍負隅頑抗之際，韓信預先派出去的兩千輕騎兵開始出動進攻空虛的趙軍大營。

等到趙軍後方大營傳來漢軍的號響，趙軍才發現自己的大營已經飄滿了漢軍的大旗，都以為漢軍已經將趙王和將領們俘獲了。

這下子趙軍可慌了，所有士兵都不知道是該進還是該退，只得丟了兵器紛紛逃跑。

　　此時，即使是陳餘以誅殺逃兵做威脅也無法阻止趙兵散盡的局面。

　　於是，韓信趁著趙軍人心惶惶帶著士兵前後夾擊徹底擊垮了趙軍，殺掉了陳餘，而後又在泜水岸邊生擒趙王歇。

小知識

　　在慶祝勝利的時候，將領們問韓信：「兵法上說，列陣可以背靠山，前面可以臨水澤，現在您讓我們背靠水排陣，還說打敗趙軍再飽飽地吃一頓，我們當時不相信，然而竟然取勝了，這是一種什麼策略呢？」韓信笑著說：「這也是兵法上有的，只是你們沒有注意到罷了。兵法上不是說『陷之死地而後生，置之亡地而後存』嗎？如果是有退路的地方，士兵都逃散了，怎麼能讓他們拼命呢！」

成就國都的諸多因素
——「洛陽」和「長安」的帝都之爭

關中，即潼關以西地區，也就是現在的渭河平原一帶，其最具指標性的地標正是長安城。

如果現在去看渭河平原可能見到的只是一片黃土，連綿萬里寸草不生，但追溯回兩千年前，關中地區可是數一數二的糧倉。

關中除了盛產糧食以外，還占盡了四面環山易守難攻的地勢優勢，這對於古代的軍事戰爭發揮了重要的作用。也因此，縱觀秦漢史，乃至後來整個古代時期，都有這樣一句老話：「得關中者得天下。」

當初，秦朝橫掃諸侯六國一統中原正是依附著占據關中的優勢。這塊地原本是周天子的地盤，當年周幽王為了博美人一笑，搞了一齣烽火戲諸侯的把戲，以至於後來被犬戎攻破西周的都城。多少年以後，秦國統一中國，秦始皇發動了一系列戰爭終於趕走了占據關中一帶的犬戎，取而代之奪得了關中平原。

秦始皇的無道統治被起義軍推翻後，劉邦成了漢中王，雖然離關中甚遠，但是像漢高祖劉邦這樣頗具野心的政治家自然無法居安在漢中稱王，加上後來劉邦接納蕭何的建議啟用韓信，更進一步定了「先取關中，再和項羽周旋」的策略。其實這正好是「得關中者得天下」的一種戰略思想的體現。

與此同時，當「明修棧道、暗渡陳倉」的漢軍奪取關中之地的時候，也正是將楚漢戰爭推入高潮的階段。 等到劉邦逼項羽在烏江自刎謝父老之後，

【史學家班固】

也順應自然建立新一代王朝，因此便有了漢朝。

　　劉邦在眾多農民反秦起義軍裡脫穎而出成為最後的統治者，這與他接受韓信「先取關中」的建議不無關係，不然在和項羽二十萬大軍對戰後，假如沒有關中豐富的物產做供應，劉邦也不會這麼快重整旗鼓發動二次進攻。

　　當劉邦建立漢朝以後，建立都城自然成了首要選擇的問題。

　　不過，這時候劉邦屬意的並不是關中代表地長安，而是看中了東有成皋，西有殽山、澠池，背靠黃河，南向伊洛二水，也是險峻之地的洛陽。

　　不僅劉邦看好洛陽，他的大臣們幾乎也都比較支持以洛陽為都的意見，畢竟當時劉邦身邊的大臣多數都是山東人，因此更贊同距離山東比較近的洛陽為都城，而且洛陽又是過去周王朝的都城，留有一定的建設，不像長安在

當時遭受嚴重的破壞，早已斷壁殘垣。

　　此時，唯獨張良站出來反駁劉邦，說：「洛陽城雖然很堅固，但地方比較小，方圓不過數百里，而且土地不肥沃，又是四面受敵易攻不易守的地方，並不適合調動兵力。而關中地區左殽函、右隴蜀，綿延千里之地都是肥碩的土地，南有巴蜀之饒，北有胡苑之利，能夠阻攔三面據守一方，獨以一面東制諸侯。諸侯安定，河渭漕輓天下，西給京師。一旦諸侯有變，順流而下，足以委輸。這才是金城千里，天府之國啊！」

　　張良這番話終於打動了劉邦，第二天劉邦便下令前往長安建立都城。

小知識

　　長安和洛陽自古就有都城之爭，東漢時期班固所寫的《兩都賦》和張衡所寫的《二京賦》便是中國古代社會，長安和洛陽首都之爭的真實寫照。尤其是班固的《兩都賦》，賦中以主客問答方式，假託西都賓向東都主人誇說西都長安的關山之險、宮苑之大、物產之盛。東都之人則責備他但知「矜誇館室，保界河山」，而不知大漢開國奠基的根本，更不知光武遷都洛邑、中興漢室的功績，於是宣揚光武帝修文德來遠人的教化之盛，最後歸於節儉，「以折西賓淫侈之論」。

同姓果真三分親？
——「白馬盟誓」的興與廢

故事 60

劉邦好不容易從死人堆裡打下了天下，以傳統家天下的思想，劉邦有私心不願意其他開國功臣分享自己的成功果實，其實也是合情合理。

對於像劉邦這種既不具備出身條件又缺乏統兵作戰實力的開國皇帝來說，身邊有一群文武全才的「兄弟」功臣是一件十分危險的事情。也因此，當大漢初期建立了政治體制以後，雖然中央集權思想仍然占據主流地位，但劉邦還是恢復了秦朝以後曾廢除的分封制，畢竟一大批的功臣需要安撫，何況早在楚漢戰爭時期，劉邦自己家姓劉的人沒一個能和項羽一決高下，只能藉著手下眾多將領以及那些背叛了項羽的諸侯王來作戰。

正是為了網羅這些軍事力量，與項羽爭奪天下，劉邦不得不應允卓有功績的諸侯王將其分封為異姓王。

這些異姓王受人之惠自然要跟隨劉邦赴湯蹈火，畢竟這江山已經有了自己的一部分。

就這樣，在劉邦的異姓為王的誘惑下，終於成就了帝業。

可是在劉邦心裡，他始終認為異姓王終不可信，既然自己已經登上了皇位，異姓王的利用價值便不存在了。

其實，劉邦對異姓王的顧忌並不是沒有道理，自古諸侯王謀反篡位的事情數不勝數，遑論劉邦的實力可能還不如各位諸侯王，加上不少諸侯王已經有過背叛項羽的先例，劉邦更加擔心諸侯王會危及自己的江山。

因此，在劉邦稱帝以後，前前後後找了各種藉口來除掉異姓王。在「白馬之盟」的建立過程中，為了鞏固劉邦的家天下，像是漢初三傑之一的韓信就成了最大的犧牲品。過去在垓下之戰獲勝後，劉邦對韓信不升反降，當即改封其為楚王，又命韓信離開根據地齊地，後來又設計將韓信降為淮陰侯，最後藉呂后之手將韓信斬殺。韓信死後，接著彭越、英布、韓王信、臧荼、盧綰等人也都被貶殺。

待異姓諸侯剿滅乾淨，劉邦終於可以隨心所欲地分封自己同姓諸侯了。

可是到了劉邦晚年，又有新的問題來了，呂后勢力日益漸大，劉邦又開始擔憂漢室的江山會被呂氏奪去，因此，他將各地劉氏諸王聚集在一起，殺白馬為盟，以策安全。

有了「白馬之盟」的約束，「非劉氏不王」的誓約徹底得到了保護。

可是，以白馬為盟的同姓王真的就值得信賴嗎？

在權力面前，似乎一切親情都能夠粉碎。權勢和富貴的膨脹最終只會讓同姓諸侯王無法滿足自己的現狀，依賴同姓王而坐大的西漢王朝終於在漢文帝時期先後爆發了濟北王和淮南王的叛亂，但是這仍不能警示「白馬之盟」的錯誤，以至於到了漢景帝時期發生了不可挽回的七國之亂。

等到這些叛亂悉數被平定，漢景帝也終於認識到「白馬之盟」的弊端，就趁機收回了封國的官吏任免權，削弱了封國的實力。

其後，漢武帝登基，有了漢景帝的教訓，大行推恩令，將同姓王的實力大大削弱，直到變成虛銜。

至此為止，劉邦的「白馬之盟」雖然沒有明令廢止，但也名存實亡了。

小知識

　　在西漢末年，王莽以外戚身份弄權，被封為假皇帝，最後篡漢，將此盟約撕毀。其後漢光武帝重建漢朝，此盟約再被重提。直至東漢末年曹操稱魏王，其後其子曹丕繼任魏王並篡漢稱帝後，白馬之盟才被徹底撕毀。

爭風吃醋的女人最可怕

故事 61

—— 呂雉與戚姬的恩怨

緣分來的時候擋也擋不住，就像四十歲的中年大叔劉邦自己也沒想到竟然會因為一個飯局娶到了老婆。

呂父將呂雉嫁給劉邦的時候，呂雉還未滿二十歲，可是這段姻緣還是成了。

不過，劉邦和呂雉結婚後沒多久，劉邦有個私生子的事實就藏不住了。曹氏在呂雉之前就與劉邦生活在一起，她為劉邦生下了長子劉肥，這對初為新婦的呂雉來說無疑是個不小的打擊與考驗。

好在呂雉比較坦然，覺得四十多歲的劉邦有個兒子是挺正常的事，還把劉肥接到自己身邊親自照料。

這時期的呂雉對劉邦還是有很大的期望，夫妻二人雖然在年紀上有一定的差別，但並沒有影響感情。

過沒多久，呂雉就為劉邦生下了一雙兒女。

這段日子，呂雉想來應該也是柔情似水夫唱婦隨。

可是隨著劉邦在芒碭山落草，呂雉平靜的生活徹底破碎了，還因此受到株連被關入大牢。

在古代的時候，女人一旦進了大牢，所受的折磨是難以想像的，可是呂雉想著自己的一雙兒女，想著夫君劉邦，還是咬牙挺過來了。

後來，劉邦的事業漸入佳境，被擁立為沛公。

有了點根基的劉邦終於可以把呂雉從地獄般的大牢裡接出來了。

　　夫妻久別相聚，劉邦已非同往日，呂雉知道自己對劉邦的付出沒有白費，此後對劉邦的事業更加支持，還鼓動起自己的兄弟呂澤、呂釋之以及幾乎所有呂氏宗族隨同劉邦參加起義，而這些人始終忠心耿耿跟隨劉邦南征北討，劉邦最後能打下天下，應該說有呂氏半個功勞。

　　劉邦帶著呂氏子弟出去打天下，這一去就是三年，等到劉邦當上了漢王，反而忘記將呂雉這個苦守在家中侍奉父母操持家務的髮妻接到身邊，只顧著在外面擄掠財寶與美人。

　　因此，使項羽趁機劫走了呂雉和自己的父母，當時正是楚漢之爭前夕，已經為了劉邦做過一次大牢的呂雉這次又在項羽的軍營中苦熬了兩年之久。

　　等到劉邦終於有機會接呂雉回到身邊的時候，歷盡磨難的呂雉卻驚訝地發現自己的丈夫身邊早已經有了一位比自己年輕貌美的戚夫人。

　　劉邦的眼裡再也沒有呂雉的位置了。

　　呂雉為劉邦付出太多，此時此景，她焉有不恨之理？

　　可是呂雉還是忍下來了，她還要為自己的兒子劉盈做打算。

　　後來，劉邦登基，呂雉被封為皇后，她開始意識到自己不能再將感情寄予在劉邦身上，她能做的就是盡可能撈取政治資本，以便為自己的兒子掃除障礙。

　　可是除了呂雉以外，還有個女人也在盯著繼承人的位置，此人正是戚夫人。

　　深受寵愛的戚夫人自從有了兒子劉如意之後，開始變得不滿現狀有了野心，何況劉邦在戚夫人面前溫順如羔羊，只要戚夫人一句話，她就可以是最有權力的女人。

於是，戚夫人開始日夜啼哭，不停懇求劉邦廢掉太子劉盈改立自己的兒子劉如意。

劉邦也是愛屋及烏，對幼子劉如意疼愛有加，甚至曾公開宣稱：「終不使不肖子居愛子之上。」

有了劉邦的公開支持，戚夫人在奪嫡一事上變得更加肆無忌憚。而且在戚夫人心裡，呂雉早已是被劉邦嫌棄的糟糠之妻，便更無所顧忌地對呂后予以打擊。

戚夫人第一步先讓劉邦將已婚的呂后之女魯元公主送去匈奴和親，雖然最後因呂后的一哭二鬧作罷，可是戚夫人緊接著又製造出「張敖（公主之夫）謀反案」繼續對呂后進行迫害。然而，還是沒有鬥過呂后。再次受挫的戚夫人情急之下竟然向劉邦提出讓幼子如意取代張敖分封趙地，將張敖降為宣平侯。此後，又公然鼓動劉邦在朝堂上提出廢立太子一事。

呂雉這時對戚夫人的忍耐度已經到了極限，但戚夫人畢竟有劉邦的庇護，呂雉只能以退為進保全自己的勢力。

為了保全兒子劉盈的太子之位，呂雉接受了張良的建議請來了「商山四皓」。

當劉邦躺在病榻上見到跟在太子身後的「商山四皓」，加上呂后爭取到了朝中大臣的鼎力支持，最後不得不放棄改立太子的想法，這場奪嫡之戰才得以宣告結束。

小知識

劉邦死後，戚夫人被呂后砍手砍腳做成「人彘」，雖然可憐，可是戚夫人謀略不足而妄圖恃寵奪位，一再挑戰呂后的忍耐底線，最後備受摧殘何嘗不是政治爭鬥必然付出的慘重代價！

臨死也不得安寧
——劉邦死前想什麼

劉邦多年征戰，身體已經損耗過度，到了他倒在病榻上無法起來時，這位偉大的開國皇帝卻還有很多心事無法放下。

其中最重要的一件事就是無法立戚夫人的兒子劉如意為太子，戚夫人母子的安置便成了心頭放不下的事情。

呂雉跟隨劉邦多年，劉邦自然知道呂雉的品性，一想到自己有天離世戚夫人母子所面臨的處境，劉邦就平靜不下來了。

這時有個叫趙堯的年輕人在宮中負責掌管符璽。某一天，悶悶不樂的劉邦獨自慷慨悲歌，可是誰都不明白劉邦為什麼會這樣，只有趙堯敢於向劉邦詢問，他說：「陛下您是否為趙王年輕而戚夫人和呂后二人又不和而思慮？是否為您百年之後趙王不能保全自己而擔心？」

劉邦歎息道：「是的。我私下非常擔心這些事情，卻想不出什麼辦法來。」

趙堯繼續說：「不如您為趙王派一個地位高貴而又堅強有力的相國，但這個人又要是呂后、太子和群臣平素都敬畏的人才行。」

劉邦更加歎息，回答道：「我也是這樣想，可是朝臣之中誰又能擔起這個重任呢？」

趙堯堅定地說：「御史大夫周昌，此人堅強耿直，況且從呂后、太子到滿朝文武，沒有人不敬畏他，只有他才能夠擔此重任！」

劉邦聽聞此言，如大夢初醒，這才想起當初周昌為保護太子而和他爭辯的事情，便欣喜地說：「對，就用周昌。」

就這樣，周昌被召到了劉邦面前。

劉邦見到周昌，說：「有一件很重要的事要拜託你，請你無論如何都要為我去輔佐趙王，由你去擔任他的相國，這樣才能保全他們母子的安全。」

老闆發話了，周昌不得不聽。

劉邦安置好趙王如意後，又開始擔心起自己的結髮妻子呂后，每每想到呂后在對付韓信、彭越等功臣時的冷酷和鐵血手段就讓他心生寒意。

更讓劉邦擔心的是，在廢立太子的風波中，他看到呂后在朝中的勢力根深蒂固，而太子劉盈生性善良，劉邦擔憂自己死後，皇權會落在呂后的手上，以至於他辛苦打下來的江山旁落到呂氏一族。

有一天，劉邦將大臣們召集在他身前，又派人當眾宰殺了一匹白馬，要眾臣歃血為盟，起誓表示以後不得分封劉姓以外的諸侯。如有人違背，群眾要共同討伐此人。

有了「白馬之盟」對呂后的束縛，劉邦這才能稍微放心。

可是沒過多久，劉邦就徹底病倒了。

當他在病榻上奄奄一息的時候，呂后向劉邦詢問道：「陛下百年之後，如果蕭相國也死了，誰來接替他做相國呢？」

劉邦說：「曹參可以。」

呂后又問曹參以後的事，劉邦說：「王陵可以。不過他略顯愚直，陳平可以幫助他。陳平智慧有餘，然而難以獨自擔當重任。周勃深沉厚道，缺少文才，但是安定劉氏天下的一定是周勃，可以讓他擔任太尉。」

呂后再問以後的事，劉邦說：「以後的事，也就不是你所能知道的了。」

而此時，又傳來燕王盧綰叛亂的消息，等到劉邦剛將樊噲派出去討伐就聽到其他人稟報樊噲和呂后串通謀反之事。

這個時候，已是垂死的劉邦為了保護自己的江山，當即召陳平來商議此事。

最後，為了避免呂后和樊噲在自己死後聯手，劉邦召絳侯周勃在病榻前受命，領兵前往軍中斬殺樊噲。

此後不久，劉邦也因病去世了。

小知識

　　劉邦死後，群臣議定的廟號是「太祖」，諡號是「高皇帝」，正式的全稱為「漢太祖高皇帝」，簡稱廟號應該是「漢太祖」，簡稱諡號則是「漢高帝」，而不是人們習慣稱呼的「漢高祖」。

大是大非前，「一腔熱血」是不夠的
——樊噲為何差點被砍

從劉邦拉隊伍造反開始，樊噲一直跟隨劉邦左右，是他的心腹和死黨。

後來，劉邦還讓呂后的妹妹呂嬃嫁給樊噲，生了一個兒子叫樊伉。

從此，樊噲與劉邦的關係就更加密切了。

可是，正因為樊噲是劉邦的連襟，險些被斬殺。

漢朝天下剛剛平定的時候，英布造反了。

劉邦生病不願意見人，就下令侍衛不准任何人覲見。

當時，就連有名的功臣周勃、灌嬰都不敢入宮見劉邦。

十幾天後，樊噲終於忍不住了，帶領群臣推門直接闖進了宮中。

此刻，劉邦正枕著一個宦官睡覺。

樊噲見到劉邦就痛哭流涕地說：「陛下帶領我們在豐沛起兵，平定天下，那是何等的壯烈！如今陛下病重，大臣都很驚恐。陛下不見我們，就想這樣和一個宦官在一起？難道陛下不知道趙高的事嗎？」樊噲一席話，說得劉邦笑著起來了。

日後，劉邦聽了樊噲的提議，帶兵擊敗了英布。

但是此時，劉邦舊傷發作再次病倒了。剛回到長安，他又聽說燕王盧綰反叛，就派樊噲以相國的身分帶領軍隊去討伐。

樊噲走後，有人對劉邦說：「樊噲跟呂后串通，就想等皇上百年之後圖謀不軌，皇上不能不早加提防！」

劉邦對呂后干預朝政早已不滿，此刻又聽說呂后跟她妹夫樊噲相互勾結，覺得情況一定非常嚴重了。

他再三考慮，決定臨陣換將，還把陳平召來商議這件事。

最後，劉邦命令陳平到了軍營後，立斬樊噲，由周勃奪印代替樊噲。

陳平、周勃當即動身，二人在途中邊走邊商量，陳平說：「樊噲可是皇帝的老部下，勞苦功高不說，他還是呂后的妹夫，絕對稱得上是皇親國戚。眼下，皇帝是正在氣頭上讓我們去殺他，可是萬一有朝一日他後悔了，我們怎麼辦？到那時，恐怕呂后她們姐妹二人必然會在皇帝身旁搬弄是非，你我的腦袋就保不住了。」

周勃一聽不知如何是好，便問：「難道我們應該把樊噲放了嗎？」

陳平說：「我們不如把樊噲綁上囚車送到長安，或殺或免，讓皇上自己決定。這麼一來，我們二人不就沒事了嗎？」

周勃認為這是個好主意。

等到了軍營前，陳平命人築起一座高臺，作為傳旨的地方，另外又派人去叫樊噲。

樊噲得知只有文官陳平一個人前來，認為只是傳達平常的命令，也沒多想，立即一個人騎馬趕來接詔。

不料，臺後忽然走出武將周勃，立刻就將樊噲拿下了。

隨後，周勃又立即趕到中軍大帳，代替樊噲總領軍務，讓陳平押解樊噲返回長安。

走到半路，陳平忽然聽說劉邦病故了，心想：「此刻朝中必然由呂后主持政事，這可糟了。唯一可喜的是，幸虧先前未斬樊噲，還好能向呂后交代。可是即便如此，也怕夜長夢多，會有人在呂后面前說自己的壞話，一定要先趕到長安，把自己的事解釋清楚。」

陳平想到這裡，立即快馬加鞭趕往長安，想不到在半路上遇到使者傳詔，讓他在滎陽留住。

陳平不愧為謀士，又生一計，單獨跑入宮中，跪倒在劉邦的靈前放聲大哭說：「陛下讓我就地斬決樊噲，可是我不敢輕易處置大臣，現在已經把樊噲押解回來了。」

呂后姐妹聽說樊噲沒死，都鬆了一口氣，立刻釋放了樊噲，並恢復了他的爵位和封邑。

小知識

呂后是中國歷史上第一位善弄權術的女人，心狠手辣。陳平計謀很多，能夠在權貴中左右逢源，最後保全自己。最可貴的是，陳平能夠預料到未來的一些事端，即聽從了劉邦的聖旨，又保全了樊噲。

「女皇帝」不易當
——呂后臨朝稱制

故事 64

呂后早在輔助劉邦除殺韓信、彭越等異姓王的時候就已經顯示出非同凡響的政治實力。

西元前一九五年，劉邦去世，太子劉盈即位，呂后也隨之升為皇太后。

可是統治一個帝國對於年少善良的劉盈來說畢竟有些力不從心，這直接導致了呂后掌政。

在呂后臨朝稱制期間，不僅將劉邦所創的黃老政治進一步在全國推行，更尊重劉邦臨終前所作的重要人士安排，相繼將蕭何、曹參、王陵、陳平、周勃等開國功臣提拔重用，加上這些常年跟隨劉邦的大臣們的政治看法和劉邦都趨向一致，因此在無為而治的治國方略上形成了高度的統一：從民之欲，從不勞民。

除此以外，呂后還顯現出對經濟的統控能力。由於戰後百姓的生產生活尚未恢復，呂后就實行輕賦稅的政策，還放寬對商賈的限制，實行工商自由政策。

雖然呂后在自己的野心面前排除異己，大封呂氏族人，但平心而論，在呂后統治時期，不論是政治、法制、經濟還是思想文化等各個領域，都是有條不紊的發展。

「文景之治」後來能成為漢王朝的政治復興，這和呂后全面的政治統籌有著很強的關係。

【匈奴王金冠】

可是，自古都是男人掌權，對於呂后的統治，自然也飽受詬病。

匈奴冒頓單于趁著劉邦去世，呂后孤兒寡母無依無靠之際下書羞辱呂后說：「既然你死了丈夫，我又死了妻子，兩主不樂，無以自虞，願以所有，易其所無。」

對於匈奴的挑釁，呂后雖然生氣，還是採納季布的建議，以平靜的態度回復書信說：「我已年老色衰，髮齒脫落，步行也不方便。」同時又贈送了車馬珠寶，婉言謝絕了匈奴單于的過分要求。呂后的胸懷終於化干戈為玉帛，而匈奴看到呂后的態度後自己都感到失禮丟人，於是特地派遣使者前往漢朝認錯。

呂后到了晚年時，她見兒子劉盈去世了，抱養的孫子又不肯認自己，十分擔憂將來自己去世以後劉邦的子孫會打擊呂氏族人。

後來，呂后在病危之時下令將侄子趙王呂祿任命為上將軍，統領北軍；

又任命梁王呂產統領南軍。同時任命呂產為相國，還將呂祿的女兒許配給小皇帝劉弘做皇后，並不斷地告誡呂氏子弟：「高帝平定天下以後，與大臣訂立盟約：『不是劉氏宗族稱王的，天下共誅之。』現在呂氏稱王，劉氏和大臣早已不滿多年。如今我已經快要死了，皇帝年幼，一旦我過世，極有可能會發生兵變誅殺呂氏。所以你們一定要牢牢掌握軍隊，守好宮殿，千萬不要離開皇宮為我送葬，導致被人扼制。」

西元前一八〇年，六十二歲的呂后去世了。雖然她在臨死之前為呂氏子弟安排了後路，可是當呂后真正去世以後，朝中百官以及劉氏子弟所積壓的怨恨再也無法壓制。

很快的，太尉周勃就和丞相陳平聯合劉邦的舊臣，將相國呂產、上將軍呂祿殺掉，此後又誅滅呂氏家族，恢復了劉氏政權。

小知識

　　呂雉，是中國歷史上有記載的第一位皇后和皇太后。同時呂雉也是秦始皇統一中國，實行皇帝制度之後，第一個臨朝稱制的女性，被司馬遷列入記錄皇帝政事的本紀，後來班固作漢書仍然沿用。同時，她也開啟了漢代外戚專權的先河。

凡事要懂得「美其名」
——「削藩」大計的背後

漢高祖劉邦從最初建立大漢王朝起就已經想著消滅異姓王的事情了。此後，劉邦大肆分封同姓王，維護中央王朝統治。只不過，漢初所實行的是郡國制度，在統一集權上漸漸形成了分裂割據的矛盾，在同姓諸侯王對帝位的垂涎中，漸漸地矛盾越演越烈。隨之而來的密謀叛亂也讓漢初中央政府苦惱不堪，正因為如此，削藩也就成了中央王朝的當務之急。

其實，最先提出削藩政策是政論家賈誼。當時賈誼在提交給漢文帝的《陳政事疏》中明確表示削藩的必要性：欲天下之治安，莫若眾建諸侯而少其力。在賈誼看來，要解決分封制帶來的矛盾，只能從加強中央集權方面著手，只有加強朝廷權力，才能使諸侯王乖乖地聽命於朝廷；而對於企圖變更權力的反叛者，堅決予以懲治。

在賈誼的宣導下，漢文帝開始了初期的削藩政策。

首先，在各同姓王原有封地基礎上繼續增加封君的數目，以便分散削弱諸侯王的實力。削藩政策一實施，漢文帝首先下手的便是淮南王，他將淮南王的統治領域一分為三，分別成了原淮南王劉長三個兒子的封地。後來，等到悼惠王死後，漢文帝又以對宗室憐憫的理由，將齊地分給悼惠王的六個兒子。這個方案實施以後，在某個程度上奪取了諸侯王的分封勢力，不聲不響地加強了中央集權的統治。

可是，始於漢文帝的削藩並沒有一蹴而就，到了漢景帝時期，御史大夫

晁錯再次提出削藩之事。

　　此次，漢景帝選擇採納晁錯的削藩意見，將諸侯國的領地收歸朝廷所有，一步步削弱諸侯國的土地。在漢景帝強勢的削藩策略下，接連削奪了趙王國、楚王國、膠西王國的封地，就在繼續準備削奪吳王國的封地時，被兩代皇帝先後削藩的諸侯王們終於按捺不住了，因此，在漢景帝執政的第三年春天，吳、楚、趙、膠東、膠西、濟南、淄川等七國結盟聯合以「清君側、誅晁錯」為名出兵叛亂。

　　漢景帝為了平息七國的怒火，不惜犧牲了晁錯。

　　誰知在殺了晁錯以後，七國叛軍並沒有絲毫罷兵的跡象，危急關頭，漢景帝立即派出代理太尉周亞夫、大將軍竇嬰率大軍平定七國之亂。

　　這場劉氏子弟的內訌打了三個月終於以周亞夫統領的漢軍平定吳楚七國之亂告終。

　　此事過後，漢景帝更加忌憚諸侯國的勢力，也更堅定了削藩的想法。於是在原基礎上繼續推行「眾建諸侯」的政策，並且將諸侯王國的行政權和官吏任免權收歸朝廷所有，接著裁減官員，降低封國等級等。在漢景帝強勢的削藩政策下，原有的諸侯王國相繼失去了自己的獨立統治權，慢慢變成了朝廷下屬郡縣。

　　可是，削藩之路仍然還是要繼續。

　　到了漢武帝時期，雖然諸侯國的統治已經形同虛設，但還是有領土的優勢，這在漢武帝看來仍然是一種威脅。有過漢文帝和賈誼的合作，漢景帝和晁錯的合作，此時的漢武帝選擇了主父偃做自己的削藩代言人。

　　有了之前強勢削藩的經驗，漢武帝決定採用一種聽起來比較好接受的方式削弱諸侯實力。

在主父偃建議下，漢武帝開始實行「推恩令」：以前，諸侯王死後，封地可以由嫡長子世襲，而漢武帝為了顯示自己恩澤宗室，同意諸侯王不但可以將自己的封地傳給嫡長子外，還可以將領土封給其他子嗣，只要上報朝廷，便可以由皇帝定立封號。

此詔令一出，比起前兩代皇帝的削藩政策，漢武帝的「推恩令」簡直是深受歡迎。

這種看似加封，實則削弱諸侯王實力的政策很快就發揮了效果。

到了漢武帝晚年的時候，最大的諸侯王領土也不過數縣，其地位僅僅相當於郡縣官員。

此後，諸侯王又慢慢被漢武帝以其他藉口削爵位、奪封地。

終於，歷時三朝的削藩事件告一段落。

小知識

酎金律，這也是漢朝政府用於鞏固皇權，削弱地方諸侯力量的一種手段。酎金是皇帝祭祀宗廟時，由諸侯奉獻的進貢。漢律對於酎金的數量、大小、顏色、成色等有嚴格的規定。稍有不和，即定為「坐酎金」治罪。也就是諸侯國除，王削其縣，以此打擊地方諸侯勢力。

故事 66

晁錯成了代罪羔羊
──「清君側」的可怕之處

晁錯出生於潁川（今河南禹縣），少年時代曾經向張恢學習法家思想。

漢文帝時期，晁錯任太常掌故。

有一次，朝廷徵召研究《尚書》的合適人選，太常派遣晁錯去濟南跟隨伏生學習《尚書》，接受了儒家思想。

學成歸來後，晁錯被任命為太子舍人、門大夫，後升職為博士。

西元前一六九年，匈奴不斷侵犯北方邊境地區，漢文帝發兵征討，晁錯乘機向文帝上了《言兵事疏》，指出對匈奴的作戰中器械要堅固鋒利，士卒要精兵勁卒，將領要精通軍事，君主要選擇良將。

文帝很讚賞他，賜給晁錯詔書，以示嘉獎，但並未採納晁錯的建議。

晁錯隨後又向文帝上了《守邊勸農疏》，提出用經濟措施鼓勵移民，用移民實邊的辦法抵禦外患，這次被漢文帝採納了。

漢景帝即位後，提拔晁錯為內史。

晁錯曾經多次單獨晉見漢景帝，議論國家大事，景帝對他言聽計從，非常寵信，朝廷中很多事情都是透過晁錯處理的，這就招來丞相申屠嘉的妒忌。

後來，申屠嘉就以晁錯擅自鑿開廟牆為由，上書漢景帝請求處死晁錯。

由於晁錯提前得到消息，讓申屠嘉沒有得逞，申屠嘉不久患病去世了。

漢景帝隨後提升晁錯為御史大夫，位列三公，地位更加顯貴。

西元前一五五年，晁錯向漢景帝上書陳述諸侯的罪過，請求削減封地，提議削藩，上疏《削藩策》。奏章送上去，景帝就傳令朝中的大臣顯貴們集體討論這件事。由於大家都知道漢景帝比較寵信晁錯，所以沒人敢公開表示反對。當時只有竇嬰一個人表示不同意，就和晁錯有了過節。

漢景帝馬上批准了晁錯的奏章，開始削奪各位諸侯的領地和權力。

諸侯們對這項政策強烈反對，開始仇視晁錯。

晁錯這項政策冒著極大的風險，他的父親也感覺這麼做得罪太多權貴，就勸晁錯收回計畫，可是晁錯沒有聽從父親的勸說，最後他父親居然服毒自殺。

令晁錯想不到的是，漢景帝下達削藩政策十多天後，七個諸侯國就以「誅晁錯」為名聯兵開始了叛亂。

得到消息的漢景帝立刻和晁錯商量出兵，晁錯提議漢景帝御駕親征，自己在京城留守。

此刻，竇嬰入宮了，他請求漢景帝馬上召見袁盎，原因是袁盎曾當過吳國丞相。

袁盎對漢景帝提出七國造反不足為患，隨後請求漢景帝摒退旁人獻計說：「七國叛亂目的在於斬殺晁錯，恢復原來封地。只要皇上處死晁錯，然後派使者赦免七國罪行，恢復他們的封地，就可以消除這次叛亂了。」

漢景帝默默地想了想，最後決定聽從袁盎的計策，要他秘密出使吳國。

十多天後，丞相陶青、中尉陳嘉、廷尉張歐等大臣聯名向漢景帝上書，提議將晁錯滿門抄斬。

無奈的漢景帝批准了這道奏章，此時在家中的晁錯居然毫不知情。

漢景帝派中尉到晁錯家，下詔騙晁錯上朝議事。

車馬經過長安東市，中尉停車，向晁錯宣讀了皇帝的詔書，隨後晁錯就被腰斬了，當時晁錯還穿著上朝的服裝。

後來，漢景帝才明白，七國諸侯叛亂只是藉口，誅殺晁錯對內堵塞了忠臣之口，對外卻為諸侯王報了仇，而叛亂並不會平息。

漢景帝這才下詔討伐，不到三個月就平定了叛亂。

小知識

　　漢景帝殺晁錯，考慮的不僅僅是七國聯軍能不能休兵的問題，還要看沒有造反的諸侯的反應，殺死晁錯可以穩住這些諸侯。更重要的是，可以讓大臣團結一致抵禦叛軍。晁錯為了削藩而死於削藩，儘管身後爭議不斷，但他公而忘私的愛國之情，兩千年以來一直為人稱讚。

選錯了職業
——如果漢成帝不當皇帝會怎樣

漢成帝名叫劉驁，是西漢末期第十二位皇帝，是漢元帝劉奭與孝元皇后王政君所生的嫡子，在西元前三十三年繼位。

漢成帝出生後，他的爺爺漢宣帝很喜歡他，親自為他取名為劉驁，字太孫，常常讓他陪伴在自己左右。

西元前四十九年，漢宣帝駕崩，劉驁的父親漢元帝劉奭繼位。

西元前四十七年四月，劉驁被立為太子。

青年時的劉驁愛讀經書，喜歡文辭，做事比較謹慎。

有一次，漢元帝招劉驁到身邊來，劉驁居然繞過馳道（皇帝專用道路）一圈才面見元帝。

漢元帝得知後非常高興，下令以後太子可以直接穿越馳道。

從這件事情可以看出劉驁做事非常謹慎的一面。

【班婕妤畫像】

但是，劉驁後來沉溺聲色之中，常和他的同性情人富平侯張放在長安郊外吃喝玩樂。

　　漢元帝見狀，曾想改立寵妃傅昭儀之子山陽王劉康（漢元帝第二子，哀帝劉欣之父）為太子，最終因為種種原因沒有付諸實施。西元前三十三年元帝駕崩，太子劉驁繼位，是為漢成帝。

　　劉驁繼位之後生活更加荒淫，之前他就有一個男寵——張放，史書上記載他「少年殊麗，性開敏」，就是又美又聰明。

　　從漢成帝即位時起，就花大量金錢，建造霄遊宮、飛行殿和雲雷宮供自己淫樂。

　　漢成帝先是專寵結髮妻子許皇后，先後生下一兒一女，可惜不久都夭折了。後來，他又寵愛班婕妤，也生下一個兒子，不幸夭折，接下來，他又看中趙飛燕、趙合德姐妹，最後投入趙氏姐妹溫柔的懷裡。

　　漢成帝當了二十六年皇帝，是中國古代超荒淫皇帝中的一位。不過，很多人只瞭解漢成帝荒淫的一面，卻很少瞭解他的另一面。

　　其實，漢成帝愛好很廣泛，在體育方面也有特長，足球就是他的最愛，他是一位名副其實的「足球皇帝」。

　　古代足球運動叫蹴鞠，據說是黃帝發明的，具體玩法和遊戲規則和當代也不一樣。在有記載喜好玩足球的人裡邊，最具代表性的就是漢成帝了。

　　據說，漢成帝玩足球曾經達到癡迷的程度，以至於讓朝中的大臣為此擔心起來。

　　於是，有大臣為此給漢成帝上奏章，希望天子能夠愛惜「龍體」，懇求漢成帝不要太愛玩。奏章中還說皇上貴為天子，還要日日夜夜與眾多的美女

在一起，消耗太多的體能，如此下去會「龍體欠安」，勸他少踢球。

漢成帝看了奏章，就問那位大臣說：「哪有玩球不費力氣的呢？你能否找到不費力氣的玩法？」

漢成帝提出這樣的問題，朝中的臣子立刻絞盡腦汁開始想辦法。

最後，《戰國策》、《別錄》的編撰者劉向進獻了「彈球」的玩法，就是類似一種紙上足球，但詳細情況已經無從考證。

不過，從中可以看出，作為一代領導人，如果不理朝政，荒淫無度，還天天迷足球，那將會給天下帶來什麼樣的後果。

小知識

　　喜好足球對於皇帝來說充其量也只能作為一項業餘愛好，可是漢成帝只顧自己玩樂，卻荒廢了朝政，最後為王莽篡漢埋下伏筆，替王莽的「新朝」開闢了道路。

天子玉檻折，將軍丹血流
──朱雲的「死諫」不死

故事 68

　　朱雲是漢元帝時期的人，到中年以後，才開始廢寢忘食般的讀書，他的老師是肖望之。

　　一開始，朱雲學習《論語》，後來還跟博士白子友學《易經》。

　　朱雲能言善辯，在《易經》上有很高的造詣，在一次朝廷舉辦的易經研討會上，他將當時研究《易經》的著名人士，也就是官居少府的五鹿充宗先生駁得啞口無言。

　　後來，朱雲被推薦為御史大夫，但朝中權臣阻撓最後沒有上任。不過，朱雲從來沒有把官位放在心上，他的信念是「國家興亡，匹夫有責」。他在權勢人物面前談論《易經》，用深厚的學識打動眾人；屢次上書漢元帝抨擊腐敗現象，結果受到迫害。

　　但朱雲的氣節吸引了不少與他有相同抱負的義士，即使身處逆境，也能做到同舟共濟，肝膽相照。

　　漢成帝時期，博學多才但性格耿直的朱雲在槐里當了縣令。儘管官職很小，但他向來嫉惡如仇，勤政愛民，深受百姓的擁戴。

　　當時，朝廷有一個奸臣叫張禹，身居高位但貪得無厭，又善於諂媚。

　　朱雲對於一般平民的疾苦都能仗義執言，現在見到張禹這種欺上瞞下、為非作歹的高官，很快就燃起了為國除害的胸中之火。

　　朱雲隨即給皇上寫了奏章，希望能面見皇上陳述社稷安危的大事。

漢成帝對這個縣令的提議感到有些意外，就接見了朱雲。

當時，朝廷重臣位列兩旁，朱雲氣度優雅、從容不迫地走進了朝堂。

他慷慨激昂地對漢成帝說：「今天，我向萬歲稟報，在朝廷內有一位大臣，他儘管身居高位，但上不能輔佐主上，下不能利益民眾，心裡頭只想著多拿俸祿。聖人曾說：鄙夫不可與事君。微臣願借陛下的尚方寶劍，將此奸臣斬首示眾。」

漢成帝聽到這裡驚訝地問：「你說的這個人到底是誰？」

朱雲果斷地回答：「此人就是安昌侯張禹！」

眾位大臣聽到這裡都在為朱雲捏一把冷汗，漢成帝更是感到非常吃驚，站在一旁的張禹則是露出冷笑，默默觀察著朱雲的舉動。

漢成帝沉默一會兒旋即大怒：「你職位不高可膽子不小，居然敢誹謗高官，侮辱帝師，罪死不赦！」隨後，下令左右把朱雲推出去斬了。

朱雲被推下殿，可是心裡依然非常激動，他奮力向前，但還是被強行推到了金鑾殿外。

令大家想不到的是，此刻朱雲居然死死抓住玉石欄杆不放，最後把欄杆都折斷了。

朱雲大義凜然地高喊；「我能

【折檻圖】

跟關龍逢、比干在地下相見，很滿足了！只是不知道陛下和朝廷的前途怎麼樣？」

漢成帝跌坐在龍椅上，還是怒火滿胸，什麼話也聽不進去。

這時，朝廷上有一位叫辛慶忌的將軍，見到朱雲如此英烈非常感動，就卸下自己的衣袍、冠冕還有授印，跪在地上連連叩頭，懇求皇上收回成命：「萬歲，朱雲性情狂直，早已天下聞名。他如果說得對，不能殺他；說得不對，也應該寬恕他。臣願以死相保，請求陛下免他一死。假如您今天把朱雲殺了，您不就成為暴君了嗎？」

這句話提醒了漢成帝，漢成帝這才轉怒為喜，連忙命左右將朱雲放了。

後來，隨從準備修復被朱雲折斷的欄杆，卻被漢成帝制止。因為這個被折斷的欄杆，可以時時提醒自己不要受奸佞之臣的迷惑，同時也嘉勉像朱雲這樣忠直的諫臣。

小知識

　　人微言輕，但朱雲忠心耿耿，看到張禹這樣的奸臣，便置生死於不顧，要為民除害。朱雲這種視死如歸、敢於死諫的精神，一定能浩氣長存在青史之上。

外交名家「藉酒行兇」
——傅介子斬殺樓蘭王

傅介子是北地（甘肅慶陽西北）人，漢昭帝時期因為投軍而被提拔做了官。

當時，龜茲、樓蘭都殺過漢朝的使者。到了元鳳年間，傅介子向漢昭帝提議以駿馬監的身份出使大宛國，並拿著漢昭帝的詔書去譴責樓蘭、龜茲這些國家。

傅介子首先到了樓蘭，見到樓蘭國王就責備他慫恿匈奴截殺漢朝使者。

傅介子說：「漢朝大軍就要到了。如果您不支持匈奴，匈奴使者經過這裡到西域各國，您為什麼不報告？」

樓蘭國王害怕了，回答說：「匈奴使者剛剛過去，估計現在到烏孫國了，中途經過龜茲國。」

傅介子到了龜茲國後，又責備龜茲國王。

龜茲國王表示認罪。

後來，傅介子從大宛回到龜茲之後，龜茲人馬上向他報告說：「匈奴使者剛剛從烏孫回來，就在這裡。」

傅介子當機立斷，率領手下的漢軍一起殺死了匈奴使者。

傅介子回到京城把情況向皇上做了稟報，漢昭帝下詔任命他為中郎，升職為平樂監。

可是，經過這件事之後，樓蘭國和龜茲國依然如舊，還是對漢朝的使者心存歹意。

可是，漢室皇廷內一時也沒有好辦法對付。

傅介子就對大將軍霍光說：「樓蘭、龜茲國反覆無常卻沒有受到我們大漢王朝的斥責，如此下去我們就無法懲戒西域的其他國家。我經過龜茲國時，他們的國王離人很近，應該容易得手。我請求前去刺殺他，以此樹立威信告示各國。」

霍光說：「龜茲國路很遠，你還是先去樓蘭國試一試吧！」

於是，他們上奏漢昭帝之後，傅介子就出發了。

傅介子帶領士兵和一些金銀財寶來到樓蘭國，一開始，樓蘭國王表現出一副不願親近傅介子的樣子，傅介子就假裝離開了。

等到達樓蘭的西部邊界，傅介子對樓蘭人說：「漢朝使者帶著很多金銀財寶準備賜給西域各國，你們大王如果不來受賜，我就要到西面的國家去了。」

傅介子說完，馬上拿出財寶給樓蘭人看。

樓蘭人回來就把情況報告給樓蘭國王，樓蘭國王就讓傅介子回來，然後熱情款待傅介子。

酒醉之後，傅介子就對樓蘭王說：「大漢天子派我來私下報告大王一些事情。」樓蘭國王起身隨同傅介子進入帳中，此刻埋伏在裡邊的兩個壯士從後面殺死了樓蘭國王。

樓蘭國王一死，他手下的貴族和左右官員都準備逃走。

傅介子告訴他們說：「樓蘭國王有罪於漢朝，是大漢天子派我來殺死他。

現在，你們應該立以前留在漢朝為人質的太子為王。漢軍很快就到，你們不要輕舉妄動，不然的話，就把你們的國家消滅！」

隨後，傅介子就帶著樓蘭國王的首級回到長安，朝中公卿、將軍等都稱讚他的功勞。

漢昭帝下令說：「樓蘭國王充當匈奴的間諜，暗中偵探、派兵殺戮搶掠漢朝使者，還偷走使者印綬和貢品，違背天理。平樂監傅介子拿著符節出使，誅殺了樓蘭王平安歸來，以正直之道回報有怨恨的人，立下大功。特封傅介子為義陽侯。士兵中刺殺樓蘭王的都補官升職為侍郎。」

傅介子為漢朝贏取了在西域各國的威信，讓這些國家不敢蔑視大漢王朝，為漢室立下了大功。

小知識

　　處理非常之事需用非常之人。傅介子英勇果敢，機智過人，沒有帶領大批兵馬就將樓蘭國收拾的服服貼貼，老老實實拜倒在漢朝天子的腳下。

故事 70

這個「賣國賊」當得太無奈
──李陵從功臣到降將

李陵是「飛將軍」李廣的孫子，年輕時擔任侍中建章監。

李陵也像自己爺爺一樣善於騎馬射箭，對人有仁愛之心，名聲很好。

他曾經帶人深入匈奴境內兩千多里去偵察地形，期間沒有遇到一點麻煩順利返回營地，立功後升為騎都尉，帶領精兵五千駐守在酒泉、張掖等地防衛匈奴。

幾年後，漢朝派貳師將軍李廣利討伐大宛國，命令李陵帶領五千兵馬跟在後面。

到了邊塞的時候，漢武帝命令李陵留下手下將士，率領五百名輕騎兵出擊敦煌，在鹽水迎接李廣利回師。

然後，李陵帶本部人馬依舊駐守在張掖。

西元前九十九年，李廣利統領三萬騎兵從酒泉出發，攻擊在天山一帶活動的匈奴右賢王。

漢武帝召見了李陵，命令他為大軍運送糧草，協助李廣利。

李陵來到朝堂向漢武帝叩頭說：「臣下率領的屯邊將士都是勇士，希望能夠讓臣下單獨帶領實施作戰，到蘭幹山南邊擾亂匈奴單于的部署，懇求皇上不要讓我們只做李廣利將軍的運輸隊。」

漢武帝告訴李陵沒有馬匹撥給他的軍隊。

李陵回答：「臣下不用馬匹，只用五千步兵直搗匈奴單于的王庭。」

漢武帝終於被李陵的勇氣感動了，就命令強駑都尉路博多領兵在中途協助李陵的部隊。

　　路博多以前做過伏波將軍，現在不願意做李陵的後備軍，便上奏：「現在秋季是匈奴馬肥的時候，和他們開戰對我們不利。臣下希望李陵等到明年春天再出兵打擊匈奴，到那時肯定能獲勝。」

　　漢武帝看到奏章大怒，懷疑是李陵後悔不想出兵而讓路博多上書，於是傳詔路博多：「李陵當初說以少擊眾，現在匈奴入侵到了西河，命令你領兵馬上趕到那裡守住。」接著，又命令李陵在九月發兵。

　　就這樣，李陵率領他的五千步兵從居延出發了。

　　軍隊向北行進了三十天之後，抵達了浚稽山紮下軍營。

　　李陵把所經過的山川地形繪製成地圖，然後派手下騎兵陳步樂回到長安稟報。

　　陳步樂到長安後被漢武帝召見，稟報說李陵帶兵有方，得到手下將士的擁戴，都願意為皇上死力效命。

　　漢武帝聽後非常高興，就提拔陳步樂做了郎官。

　　然而，此刻李陵在浚稽山遭遇到匈奴單于的先鋒部隊，被匈奴三萬多騎兵包圍。

　　李陵指揮手下弓弩手射箭，匈奴兵應

【明代畫家陳洪綬創作的《蘇李泣別圖》，描繪的是李陵見蘇武的場景。】

弦而倒，紛紛退敗。

　　漢軍開始追殺，有幾千名匈奴兵被殺死。

　　匈奴單于非常吃驚，集中了八萬多騎兵一起圍攻李陵的部隊。李陵被迫向南且戰且退，幾天後被圍困在一個山谷中。

　　連日的苦戰，漢軍很多士兵中箭受傷，非常疲憊。

　　李陵被困在山谷底，匈奴軍在山坡上從四面射箭，箭如雨下。單于還切斷了他們的退路，在險要處扔下石頭，很多士卒被砸死，不能前進。

　　李陵帶領十多名士兵衝出重圍，匈奴數千騎兵緊追不放。

　　見逃跑無望，李陵長歎一聲下馬投降了。

　　漢武帝得知李陵投降匈奴後大怒，將李陵家處以族刑，李陵的母親、兄弟和妻子都被斬殺。

小知識

　　漢武帝後來明白李陵是得不到援兵被迫投降，感到很後悔，於是派使者慰問並賞賜李陵的殘部。但是，此時已經晚了，李陵的家人已經被處死，而李陵作為叛將也永遠成為飽受爭議的歷史人物。

輿論的殺傷力
——王莽其實是民選皇帝

王莽以竊國賊的身分得以在歷史上留名，可是在他剛出道的時候，很多人喜歡他、崇拜他。

王莽走上仕途首先應該感謝他的伯父王鳳。

當時王鳳臥病在床，王莽「不解衣帶」地伺候。這個孝順的舉動終於把王鳳感動了，這位手握重權、位列三公的大司馬在生命彌留之際，給當朝太后、自己的親生妹妹王政君寫下一封推薦信。

自此，王莽在大漢的朝堂上悄然崛起。

王莽出身貧寒，為人謙虛，禮賢下士，清廉儉樸，對待自己的門客和其他不相干的窮苦人也是毫無架子，經常把自己的薪俸分給這些人。有的時候為了接濟窮人，甚至賣掉馬車，因而深受群眾愛戴。雖然人民對王莽一片讚譽，但是頂頭上司漢成帝並不看好他。考上公務員六年以來，王莽的職務僅僅升遷了一次，從黃門郎升為射聲校尉。

六年的光陰，王莽僅僅從低級官員步入到中級官員的行列，如果照這樣發展下去，恐怕王莽不僅成就不了「以新代漢」的偉業，想在史書上留下一筆都難。這時，王莽的好人緣再次幫了他的忙。他那些叔叔，跳出來為姪子大鳴不平，這樣一來，王莽不僅成了王侯，還有了自己的封地。

三十歲的王莽終於不辱家門，做到了三十而立，被封為新都侯，並且成為騎都尉、光祿大夫、侍中，終於躋身到高層領導集團。

從此，王莽崛起的速度如同安裝了火箭推進器一般，八年之後，他成為大漢帝國的大司馬，真可謂是一人之下、萬人之上。

　　此時，王莽的名聲已經不再局限於他身邊的小圈子了，而是傳遍了整個大漢王朝，所有人都敬仰他的品行和德操。

　　這個時期的王莽，也真是日日夜夜為國家的前途著想。為了遏制越演越烈的土地兼併現象，他發佈了「限田令」，這大大延遲了農民起義所爆發的時間。此時的成帝整日醉心於鶯歌燕舞，王莽卻是奉公克己、一心為民。

　　不久之後，成帝暴斃身亡，哀帝繼位。

　　新皇帝上臺之後，王莽的政治生命遭受了嚴重的挫折──他被免職了，不得不回到自己的封地「頤養天年」。

　　被免職的起因是一場宴會。

　　漢哀帝堅持要將自己的親祖母和王太后相提並論，並且強調要落實到宴會具體的禮儀上，把這兩位太后的椅子並排放在一起。這一舉動遭到了王莽的堅決抵制。最後，漢哀帝在這場對決中失掉了皇帝的面子，而王莽卻失去了宰相的位子。

　　漢哀帝元壽元年的第一天，大漢王朝發生了駭人聽聞的日食。新年之初，上天就發出如此嚴厲的警告不僅使官員們人心浮動，漢哀帝本人也是狐疑不已。官員們紛紛上書請求皇帝將王莽重新召回京城，以解天譴。

　　漢哀帝心一軟，下旨王莽回京。

　　令人始料未及的是，僅僅過了一年，年近二十五歲的漢哀帝就駕鶴西歸了。這個因同性戀而聞名的皇帝，對歷史最大的貢獻就是留下了「斷袖之癖」的典故。漢哀帝沒有兒子，新皇帝只能在宗親之中挑選。

　　這是一場在王莽嚴格監控下的帝王選拔賽，雖然此時即位的平帝政府依舊姓「漢」，但卻打上了鮮明的王氏烙印。

西元一年，南越人向朝廷進獻白雉和黑雉，因為周朝時曾有人向周成王進獻白雉，朝廷便有好事官員上書要求封王莽為「安漢公」。

西元四年，王莽再次雙喜臨門，他不僅成了平帝的岳父，而且榮登宰衡之位。

西元五年，王莽幾乎和皇帝平起平坐了。當時，朝廷收到四十八萬七千五百七十二人上書，懇請王莽接受封地。如果當時進行民意調查，王莽的支持率應當在百分之九十九左右。高層官員當中，支持加九錫的王公列侯及卿大夫九百零二人，幾乎百分之百。九錫是九種極其尊貴的物品，屬於天子的禮制，一個大臣要是被加了九錫，基本上可以建立一個公國了。

王莽如願以償了，幾十萬人的聯合呼喊，將他的政治影響力推向了顛峰。這時候歷史舞臺的最高處站著兩個人，一個是已經聚攬了無數人氣、權傾朝野的王莽，另一個則是登基稱帝全靠王莽的平帝。

這場較量還未開始，便勝負已定。

小知識

　　王莽的為人，讓後來的史學家很受爭議。西漢末期漢室衰微，才讓王莽之類的外戚得到參與朝政的機會。一邊是漢成帝荒淫不理朝政，一邊是外戚王莽野心勃勃，這種情況下肯定會出現政權移位。

第四篇
兒女情長哀怨生
——多少人敗給了「愛情」

沒有花前賞月，只有柴米油鹽
——呂雉下嫁劉邦的酸甜歲月

如果沒有呂公到沛縣避難，就不會有劉邦和呂雉的相遇，那麼歷史又會是什麼模樣呢？

秦始皇無節制地用人力逼得陳勝身先士卒舉旗起義，一石激起千番浪，有了陳勝這個表率，那些早就看秦始皇不順眼的人也都紛紛揭竿而起。

最後，秦始皇落了個眾叛親離人人喊打的下場，想不滅亡都難。

可是天下一亂，那些豪門大族的日子可就不好過了，呂公就是典型之一。

為了避難來到沛縣的呂公剛一落腳，呂公的好友沛縣縣令就迫不及待向呂公示好。他正好聽說呂公家的女兒呂雉既漂亮又賢德，就趕忙和呂公提出求婚之事，以免晚了被別人娶走。

可是呂公絲毫沒把縣令放在眼裡，一口回絕了這個婚事。

這時候，呂公來到沛縣的消息已經傳開，當地有身分的人都爭先恐後地擠在呂公家的大堂內獻禮。

等到了呂公家的大堂擠不下，呂公只好請蕭何主持獻禮活動，並規定：「贈禮沒超過一千金的人，只能坐在堂下。」

就在這時，劉邦出場了。劉邦這個出場其實並沒有表現出氣宇軒昂的氣質，反而是帶著一身流氓氣衝進了大堂，大喊道：「我出一萬錢！」

在座之人，沒一個不驚訝的。

不過呂公到底是見過世面的，雖然劉邦談吐粗俗，穿著簡陋，可是面相卻很好，便客氣地請劉邦坐在首位，還直接提出要把女兒呂雉嫁給劉邦。

　　這件事被呂夫人知道後，簡直是氣壞了，直罵呂公說：「你怎麼能把我們的女兒嫁給一個窮小子呢？」

　　可是呂公卻說：「這不是你們女人家能明白的。」

　　其實，呂公當時雖然在沛縣受到很好的接待，可是卻遮掩不了他遷移到沛縣的本意。

　　呂公是因為要躲避仇人才跑到沛縣，而人生地不熟的他，想要真正在沛縣站穩腳跟就一定要找個靠山，這樣才能保障他一家老小的安全。

　　按理說，呂公想找靠山，沛縣縣令自然是最好的選擇，何必選擇一個小亭長劉邦。原來，縣令的左右文武兩位幫手，蕭何和曹參，凡事都聽小亭長劉邦的，而像樊噲這些沛縣「地頭蛇」又都是劉邦的「好兄弟」，更重要的是，沛縣的父老鄉親對劉邦平日也很敬重。說到這裡，呂公選擇劉邦已經再明白不過了。

　　何況劉邦平日還能夠「仁而好施」，所以說在沛縣中最有人望和最有實力的並不是縣令，而是劉邦。

　　可是實力歸實力，劉邦每個月領的工資也就是個小亭長的水準，加上他平時喜好結交朋友，難免需要花錢應酬，呂雉嫁給劉邦以後的日子有多艱難可想而知了，何況呂雉從前還是一個嬌生慣養的富家小姐。

　　不過呂雉也是嫁雞隨雞，雖然和劉邦在一起的日子過得很清貧，可是呂雉一點也沒有抱怨，也沒有那些千金小姐的脾氣，而是每天跟著劉邦走進柴米油鹽洗衣做飯的世界。

　　呂雉也知道，劉邦是胸中有個大志的人。

因此，在劉邦迷惘失落的時候，呂雉就會巧妙的提醒劉邦，這才有了算命和雲氣兩個謊言。

　　劉邦和呂雉的生活從一開始就不浪漫，可是在兩人粗茶淡飯一日日的相濡以沫中，在呂雉對劉邦任勞任怨的付出中，劉邦才能無牽無掛地去創造事業。

小知識

　　當時社會的婚嫁，雖然看重門第，但張耳、陳餘、陳平等都是落魄之徒，卻和劉邦一樣，都娶到了富家千金。可見，「大丈夫患志不立，何患無妻」這句話還是有道理的。

有些真愛，不論權謀
──項羽可比劉邦專一得多

楚霸王項羽除了給世人留下一曲楚漢爭霸的英雄絕唱，還留下了一個與美人虞姬的柔情故事。

這位性情暴躁的霸王，唯獨見到虞姬的時候會流露出少見的柔情。

當年，劉邦攻進了咸陽城，其後項羽也跟著攻了進來，一把大火將阿房宮燒得寸草不生，又將在秦朝宮殿大肆搜刮來的金銀珠寶全部送到了自己的根據地彭城。

對於一個出身顯赫的霸王來說，他真的就在乎這些身外之物嗎？

其實，他不過是為了討好虞姬罷了。

楚漢爭霸進入第四年時，項羽已經顯出了弱勢，當項羽和劉邦的大將韓信即將在垓下展開激戰時，一路隨軍的虞姬守在軍營只能苦等著項羽平安歸來。

每一次項羽率軍離開都是一個生死難料的告別，虞姬擔憂項羽的安危，但也知道這是項羽的選擇，並不去阻止。

在刀山火海中，虞姬能做到的只是陪伴著項羽。

又是一次從戰場上歸來，虞姬看到項羽平安無事，心中的大石總算放下了。

可是項羽雖然回來了，他這次作戰的形勢卻並不樂觀。

原來，項羽中了韓信的十面埋伏計，雖然項羽最後靠著自己的勇猛，以

及鐘離眛、季布在左右奮力相護得以從漢兵的包圍圈裡殺出血路，可是項羽的兵馬已經損失了八成。

像這樣的失敗，對項羽來說還是頭一遭，這無疑給項羽一個巨大的打擊。

乘勝追擊的韓信繼續率軍行進到項羽的營地，以兵力的優勢將項羽的軍營圍個水泄不通。不僅如此，韓信還命士兵唱楚歌來瓦解楚軍的鬥志。

所有的漢軍將士自四面八方包圍著楚軍，又一同齊聲唱著楚歌，其歌詞無句不哀，無字不慘，使那些慘敗的楚兵，無不懷念起遙遠的家鄉，一時間鬥志全無，一個個在夜色掩護下陸續逃散。

楚霸王項羽明知士兵相繼逃跑，也不再阻止。這場戰爭孰勝孰負已經很明顯了。

夜不能寐的項羽只能心情煩悶地坐在軍帳中飲酒，而陪在他身邊的依舊是他深愛的虞姬。

無論多麼困難的險境，虞姬都沒有畏懼過，她所求的，只希望能夠與項羽在一起。

面對著自己深愛的虞姬，面對著多年伴隨自己馳騁戰場的駿馬，項羽悲從中來，心緒難平，不禁慷慨悲歌：

力拔山兮氣蓋世，時不利兮騅不逝；

騅不逝兮可奈何，虞兮虞兮奈若何！

這時候的項羽已經知道自己難以逃出死神的魔爪了，他的夢想，他的功業，都將煙消雲散。

可是項羽卻始終放不下自己所深愛的，陪著他南征北戰的虞姬。

依偎在項羽身旁的虞姬聽了項羽的心聲，也忍不住啜泣起來，若斷若續地接著吟道：

漢兵已略地，四面楚歌聲；

大王意氣盡，賤妾何聊生！

那些往日隨同項羽並肩作戰的親信和侍臣見了此情此景，都情不自禁地留下了熱淚。

這時，營中更鼓連敲了五下，項羽知道，自己要面對死亡的時候了。

於是，項羽回頭對虞姬說：「天將明，我當冒死衝出重圍，妳做好準備與我一起逃出去！」

為了不讓項羽有後顧之憂，虞姬對項羽說：「賤妾生隨大王，死亦隨大王，願大王保重！」語畢，虞姬一個轉身，已經從項羽腰間拔出了佩劍，自刎而死。

虞姬香消玉殞，項羽悲痛地撫摸著她的屍體放聲大哭，可是這已經是最好的選擇了。

告別虞姬以後，項羽命人就地將虞姬埋葬，然後跨上戰馬，去迎接人生最後的戰鬥。

小知識

據說，在虞姬血染的地方後來長出了一種罕見的豔美花草，人們為了紀念這位美麗多情的虞姬，就把這種不知名的花叫做「虞美人」。這名稱也一直流傳到今天。

紅顏薄命惹人憐

——戚姬從寵妃到「廁所女神」

劉邦寵愛戚姬的時候早就忘了吃苦坐牢的呂雉，呂雉的付出也許戚姬並不知道，可是戚姬還是沒能做好一個妾室的本分。

在劉邦的寵愛下，戚姬對權力的野心也逐漸膨脹，等到劉邦即位稱帝，戚姬再也容不下呂雉壓在自己的頭上。

戚姬想做皇后，就利用劉邦對自己的寵愛來打壓呂雉。而劉邦和呂雉這對結髮夫妻在多年的愛恨交織下也終因戚姬變得情誼全無。

呂雉和戚姬的爭鬥劉邦並非不知，可是當呂后完全占據上風時，劉邦不由得哀歎：戚姬和劉如意要有難了！

為了讓戚姬和劉如意在自己死後免受呂后的迫害，劉邦將劉如意送到了封地趙國，又任命秉性剛烈的大臣周昌隨同保護。

幾天後，年僅十歲的劉如意就要被送走了，母子分離，戚姬早已哭成了淚人。劉如意更是依依不捨地緊緊拉住母親的裙角不肯放手。

愛子被送走後不久，劉邦完成了自己的心頭大事，終於支撐不住倒下了。

劉邦去世以後，劉盈登基，呂雉正式成了掌權人。

多年的恩怨早就令呂雉對戚姬恨得牙根發癢，此時已經沒有劉邦的庇護，呂雉當上太后的第一件事就是命人把戚姬抓來。

原本容貌嬌豔的戚姬被剃去了頭髮，戴上了冰冷的鐵枷，被關在「永春

巷」的特別監獄裡，每天只能如犯人般完成規定數量的舂米。

已經落魄至此，戚姬卻還要一邊舂米，一邊哀歌：「子為王，母為虜，終日舂薄暮，常與死為伍！相去三千里，當誰使告汝？」

呂雉原本還發愁應該找什麼罪名折磨戚姬，此時戚姬正好為自己送來了機會。

呂雉聽到戚姬的這一段唱詞後，大笑道：「賤貨，還想指望你兒子來救你，簡直是做夢。一不做、二不休，本太后索性來個斬草除根！」

於是，呂雉下令召劉如意進京。可是，劉邦死前留在劉如意身邊的周昌還在，呂雉自然不能得逞，幾次之後，呂雉知道要先解決周昌才能把劉如意召進京城。

於是，她便下令讓周昌入朝。

周昌離開後，劉如意不久也被召進了京城。

趙王進京的消息被惠帝劉盈得知後，為了避免母后殘殺劉如意，仁厚的劉盈親自到長安郊外來迎接弟弟。

不僅如此，劉盈一直把劉如意帶在身邊，就連吃飯睡覺都在一起。

可是畢竟明槍易躲，暗箭難防。

某一天，劉盈早起打獵，看著劉如意還睡得正酣，就離開了。

當劉盈打獵回來時，看到的已經是七竅流血的劉如意。

劉如意死後，呂雉又開始對付戚姬。

這一次，呂雉再也沒對戚姬手軟，她先下令將戚姬的雙手雙足砍下來，接著又把她的眼睛挖出來，並用煙將她的耳朵熏聾，又強迫她喝下啞藥，然後將戚姬裝在一口大甕裡扔在廁所，命名為「人彘」。

呂雉完成了這一幅滿意的作品後，自己欣賞還不能滿足，還要把劉盈叫來一起參觀她的傑作。

此時的戚姬兩眼已成兩個鮮血淋淋的黑洞，嘴不能言，耳不能聽，沒有手也沒有腳，求生不得，求死不能。

人間最殘酷的刑罰就這樣施加在一個女人身上，三天以後，戚姬才從痛苦中解脫出來，悲慘地死去了。

不受寵也能成為太后
──薄姬，宮闈中的黑馬

故事 75

　　當年薄姬有兩個情比金堅的閨蜜，一個叫管夫人，一個叫趙子兒，這三個女子還曾經一起立過誓言：「誰先富貴了，都不要忘記提攜故人。」

　　後來，劉邦因為胸前中箭只得退居在河南郡的成皋縣養傷。

　　有一天，劉邦在飲酒作樂時，正好管夫人和趙子兒陪酒助興，酒酣之際，兩個美人想起舊時的誓言，便和劉邦說起當年的盟誓，說如今三個姐妹還缺薄姬。

　　劉邦聽兩個美人提到薄姬的處境，心想，這個薄姬也夠可憐的，一時感懷，當夜就召見了薄姬。

　　就在劉邦召見薄姬的前一個晚上，據說薄姬還曾做過一個怪夢，夢裡有一條飛龍盤踞在她的身上，夢醒以後竟然意外得到為劉邦侍寢的機會。

　　也不知是命中註定還是碰巧偶然，薄姬還是為劉邦能夠臨幸自己而感到高興。

　　這天夜裡，薄姬躺在劉邦身邊對劉邦提到了這個夢境，劉邦一聽，也十分高興，並且將這個夢解讀為天緣，他對薄姬說道：「這是妳的富貴，我自然要成全妳。」

　　不過，一夜春宵以後，劉邦便再也沒有回到薄姬身邊。可是到底薄姬還是有福氣，就這麼一次偶然的機會，她竟然懷上了身孕。

十月懷胎，她平安生下了皇子，也就是漢文帝劉恒。

不過，薄姬並沒有因為生了一個兒子就得到劉邦的寵愛，她一個人孤獨地撫養著劉恒。

在深宮之中，人人都是勢利眼，像薄姬這種既不受寵愛，又碰巧生了一個兒子的女子稍不留神就會受到其他寵姬的妒忌。即便薄姬處處忍讓躲藏，還是會有麻煩找到她的頭上。

為了保全自己，薄姬的處境可想而知。

久而久之，薄姬就養成了謹小慎微的性情，即使對按例派來侍候她的宮女，薄姬都不敢得罪。

就是這樣的女人，誰也沒想到有一天她會成為一國的太后。

後來，劉邦去世了，薄姬也面對人生轉折。

原本最受寵愛的戚姬遭到呂雉秋後算帳被折磨致死，而其餘被劉邦寵幸過的女人也都沒能逃過呂雉的報復，只有薄姬逃過一劫。

當然，薄姬能倖免於難並不是因為和呂雉有什麼交情，而是因為薄姬實在太沒有存在感了，呂雉根本注意不到她，沒拿她當一回事。

於是，在呂雉的兇殘殺戮下，薄姬算是逃過了一劫。

不過，薄姬畢竟還有一個兒子，正因此，她意外地得到了呂雉特別的恩遇：被送往兒子劉恒的封地，不但讓她母子團圓，更給予她「代王太后」的稱號，使她成為大漢王朝僅次於呂雉的貴婦人。

小知識

　　薄姬的父親與從前的魏國宗室之女魏媼私通生下了薄姬。後來，秦朝末年，魏豹自立為王，魏媼請人為薄姬看相，卜算到薄姬將生下太子，於是，魏媼將薄姬送入魏王宮中。到了劉邦建立漢朝，魏豹跟隨劉邦打天下，等魏豹死後，劉邦見薄姬很有姿色，就將薄姬納入後宮。

只聞新人笑，不聞舊人哭

故事 76

——竇漪房的風光背後

竇漪房的童年其實很悲慘，生在貧苦之家的她早早就失去了父母。

十三歲那年，竇漪房在井邊打水的時候被宮中招攬美女的官員看中直接將她擄進了皇宮。

當時的竇漪房並沒有體會到「一入宮門深似海」的危機，也沒有攀上皇親的念頭。對於她來說，只知道自己被迫離開了自己的哥哥和弟弟，命運要被改變了。

進宮以後，竇漪房被分到呂雉身邊做宮女。

後來，劉邦去世，薄姬與其子劉恒被送到封地代國。呂雉為了表示恩寵，便將連同竇漪房在內的五名宮女送給了代王劉恒，也就是後來的漢文帝。

當竇漪房和其他四名宮女坐上駛往代國的馬車時，她們仍然不知道自己未來將面對的是什麼，可是在心裡都隱隱知道如果能夠被代王看中，就不必再做宮女了。

竇漪房不知道遠在家鄉的哥哥和弟弟是否安好，更不知道此生還能不能再見到自己的親人，心裡很難過。

馬車一路顛簸，竇漪房一路落淚，終於到了代國王宮，然而其他四名在車上賣力打扮的宮女做夢也沒想到的是，代王竟然只看中了竇漪房。

相較於花枝招展、濃妝豔抹的四名宮女，清新脫俗、楚楚動人的竇漪房一眼就被代王看中了，這簡直讓其他四名宮女傻了眼，一路上的費心打扮都

白費了，沒想到代王竟然喜歡素面朝天的女子。

此時，竇漪房身上那種與世無爭的氣質深深吸引著劉恒，就這樣，在機緣的撮合下，兩個人在一起了。

幾個月後，竇漪房正式成為代王的妃子，從此以後，劉恒只寵幸竇漪房一個人，對其他的女人看都不看一眼。

後來，劉恒的王后因病去世，竇漪房自然被封為新任王后，為了表示對竇漪房的愛情，劉恒做出了歷代帝王都難以做到的事情：解散後宮。

可是就在竇漪房和劉恒甜甜蜜蜜過日子的時候，漢宮內卻發生了政變，呂雉去世了，接著呂氏一族被盡數誅殺，連同呂雉立的小皇帝也沒能倖免。

國不可一日無君。這時候朝臣們開始考慮找劉邦的哪個兒子做皇帝了，最後，代王劉恒成了最佳人選。

在朝臣看來，無論是代王的母親薄姬還是王后竇漪房都是孤苦無依的女子，不像呂雉那樣有自己強勢的宗族，自然能夠避免外戚的危害。

朝廷也是被呂雉給搞怕了，雖然當時沒人認為代王會是名君，但是只要想到不會再發生外戚之亂大家就紛紛表示贊同。

可是當竇漪房隨同劉恒乘著龍輦來到京城後，竇漪房與劉恒的感情也慢慢地拉遠了。

當上皇帝的劉恒按照制度必須要納妃充實後宮繁衍後代，這時候，有個年輕貌美的慎夫人走進了劉恒的心裡。

慎夫人的出現，雖然沒有威脅到竇漪房的地位，卻動搖了劉恒對竇漪房的寵愛。

有一年，時值秋高氣爽，劉恒帶著竇皇后、慎夫人以及大臣們到長安郊外的御花園上林苑賞花。

當晚的晚宴上，劉恒竟然讓慎夫人與竇皇后並排而坐，這明顯違背了宮中制度。但是皇帝的命令不能不聽，上林郎官只得把慎夫人的座位也安排在與皇后對等的上席。

中郎將袁盎看不下去，當即命令內侍把慎夫人的座位撤到下席。

這下惹得慎夫人不高興了，說什麼都不肯就坐入席。

見到自己寵愛的慎夫人生氣，劉恒也跟著生氣了，怒氣衝天地拉著慎夫人乘著皇輦就回到宮中。

上林之行，也因此乘興而來，敗興而歸。

不知當時在場的竇漪房見到劉恒的做法，心裡會不會想起劉恒曾經對自己的情意和誓言。

小知識

竇漪房早年離家後，他的幼弟竇廣國因為家裡貧困，父親早死，被人搶奪拐賣。

後來，竇廣國到了長安聽聞竇皇后的故事，便知這是自己的姐姐，於是向朝廷上書。

當竇漪房召見竇廣國時，竇廣國說出年幼時竇漪房離家前為自己洗頭送食物的事情，竇漪房聽到後拉著弟弟痛哭流涕，就連身邊的漢文帝劉恒以及宮人都感動不已。

歲月，釀不出「愛情」
——漢景帝最終廢了薄皇后

故事 77

薄皇后和漢景帝劉啟的婚姻當初是薄太后一手操辦的。

強扭的瓜不甜，更別說薄皇后還是薄太后自家族人，等於是安插到劉啟身邊的一個眼線。

劉啟即位，有這樣一個薄皇后在自己身邊，怎麼也高興不起來。

這樁婚事最初也不能說是硬逼著劉啟娶薄皇后，畢竟劉啟自己也主動過，在皇子爭位的鬥爭中，薄太后想以薄皇后穩固薄氏家族的地位，而劉啟則希望能透過薄皇后得到祖母薄太后對自己的支持。

薄皇后在這裡面的作用顯而易見。

等到薄皇后終於如大家所願變成了皇后，她的價值也就不存在了。

一開始，薄皇后還只是太子妃時，劉啟對她就沒什麼寵愛，相互利用的政治婚姻，禮節性的夫妻生活，想要談感情根本是不可能的。

何況劉啟在其他妃嬪那裡一個兒子又一個兒子的生，這對於始終沒有生育的薄皇后來說簡直是過著守活寡的日子。

後來，薄皇后從太子妃晉級為皇后。可是這位連皇帝都不重視的薄皇后加上沒有兒子，她在後宮中別說沒什麼威望，就是普通的妃嬪都敢欺負她。

劉啟始終對薄皇后沒什麼感情，雖然薄皇后是陪伴劉啟最久的女人，並且一直都很溫婉。也許，劉啟也曾對薄皇后動過憐香惜玉之心，想過要好好和薄皇后相濡以沫地過日子，可是他就是對薄皇后沒有喜歡的感覺。

日久生情對於劉啟來說也是沒有用的。

正因如此，薄皇后和劉啟的婚姻不但對薄皇后來說是災難，對劉啟來說也是一種煎熬。

不過，薄皇后的確是一名賢德的皇后，在她做皇后期間，後庭中的秩序都是井井有條，妃嬪們也都能得到公正的待遇，更重要的是，劉啟的每一位皇子除了因病過世沒有因宮廷內鬥被殘害的。

然而，無論薄皇后多麼賢德，這一切終歸會結束。

薄太后病逝後，沒了靠山的薄皇后日子更加難過了。

這時，劉啟要考慮立太子，既然沒有嫡子，就要把栗姬所生的長子劉榮立為太子。

有了兒子撐腰，栗姬自然開始打皇后位置的主意。既然兒子已經是太子了，自己不是皇后豈不是很沒面子。何況，劉啟不喜歡薄皇后，在皇宮中誰都知道，劉啟應該也早就想廢掉薄皇后了。

到了這時候，薄皇后被廢也就不是一件難以想像的事情了。

小知識

薄皇后在被廢後四年去世，葬在長安城東平望亭南。她也是中國歷史上第一位被廢黜的皇后。

愛情沒有那麼美
──司馬相如的見異思遷

　　蜀中乃人傑地靈之所在，無數文人雅士出自蜀中，司馬相如便是其中一位。他因追慕戰國時代趙國名臣藺相如，遂以「相如」為名，立志為國做一番事業。

　　景帝即位之初，司馬相如來到了長安，投身在梁王門下。梁王十分欣賞司馬相如的才華，就把名叫「綠綺」的名琴送給了他，此琴上刻有「桐梓合精」四字，屬於當時不可多得的名貴樂器。後來，司馬相如便是用這把琴彈奏出「鳳求凰」，令卓文君聽後夜奔，後世稱之為「綠綺傳情」。

　　然而，卓文君與司馬相如私奔的時候，由於梁王去世，賓客四散，司馬相如已不是當初那般的詩酒逍遙，而是家徒四壁、窮困潦倒。卓文君就是在司馬相如最窮困的時候，不顧嫌隙、不嫌貧窮、連夜奔往他的住所。

　　第二天，雙雙回到司馬相如的老家成都。

　　對於此事，卓文君的父親卓王孫自是大發雷霆，認為司馬相如是有辱衣冠風度，自己的寶貝女兒更是太不爭氣了，做出此等敗壞門風的醜事，使得他顏面丟盡。更要命的是，這對「非法同居」的夫妻，竟然來到臨邛開了一家小酒坊。卓文君素面朝天，當壚沽

【司馬相如琴挑卓文君】

259

酒，司馬相如穿上了下人衣服，做起了打雜跑堂的工作。礙於面子，卓王孫迫不得已分給女兒卓文君童僕百人，錢百萬緡，並厚備妝奩，接納了這位將生米已經煮成熟飯的女婿。

漢武帝即位後，對司馬相如所寫的《子虛賦》十分讚賞，就召見了司馬相如。司馬相如竭盡才智寫了一篇《上林賦》，盛讚皇帝狩獵時的盛大場面，舉凡山川雄奇，花草繁秀，車馬垣赫，扈從壯盛，皆紛陳字裡行間。好大喜功的漢武帝一見之下，拜司馬相如為郎官。司馬相如在長安躊躇滿志，卓文君則在成都獨守空幃，久而久之，便產生了「忽見陌上楊柳色，悔教夫婿覓封侯」的心情。

後逢西南諸夷之地動亂，司馬相如又憑著一枝生花妙筆，寫下一篇檄文，曉以大義，剖陳利害，並許以賞賜，消弭了巴蜀兩地不穩的情勢。漢武帝大喜，提升司馬相如為中郎將。

俗話說：「飽暖思淫欲，饑寒起盜心。」司馬相如雖才華出眾，也不能免俗，時常周旋在脂粉堆裡。

起初，卓文君睜一隻眼、閉一隻眼，懶得與他計較，直到司馬相如意欲納茂陵女子為妾時，卓文君才忍無可忍，作了一首《白頭吟》。這使得司馬相如大為不忍，想到當年的患難相隨，柔情蜜意的種種好處，實在不便一意孤行，而弄到月缺花殘，香消玉殞的地步。

納妾不成，兩人白頭偕老，安居林泉。

小貼士

卓文君是一個懂得為自己負責的人，無論是在愛情的高峰或低谷，在得到或者失去愛情的時刻，她都很清醒，並且堅持到底。

再婚也能當太后
——王娡的「宮心計」

故事 79

西漢時期，燕王臧荼有一個孫女，名叫臧兒，嫁給槐里人王仲為妻，生了兒子王信和女兒王娡、王息姬。

王娡長大後，嫁給金王孫，生了女兒金俗。臧兒請算命的卜卦，卦詞說：「妳的兩個女兒，都貴不可言。」臧兒認為，要想貴不可言只有一種可能，就是攀上皇家，就要求女兒王娡與金王孫離婚。金王孫不同意，臧兒就把女兒從金家強行接回，送進太子宮，獻給太子劉啟。

王娡為劉啟生了三個女兒一個兒子。三個女兒分別是平陽公主、南宮公主、隆慮公主，兒子就是日後雄才大略的漢武帝劉徹。據說懷劉徹的時候，王娡夢見天上的太陽投入她的懷中。劉徹還沒出生，漢文帝就去世了，皇太子劉啟即位，即漢景帝。

俗話說女子再婚就貶值，可是看看王娡，再婚照樣能取得皇帝的歡心。不僅如此，她還深諳宮廷鬥爭的精髓。

西元前一五三年，景帝劉啟立栗姬生的庶長子劉榮為太子。同一天，王娡的兒子，四歲的劉徹被立為膠東王。

景帝的姐姐長公主劉嫖，此時打起了新太子的主意，為女兒阿嬌向栗姬請求聯姻。栗姬對長公主一而再、再而三地給自己老公進獻美人的行徑早就看不慣了，如今母憑子貴，再也不用看長公主的臉色，便斷然拒絕。而此刻，後宮美人王娡發現有機可乘，便屈意迎合、百般討好長公主，為自己的兒子劉徹謀劃奪取太子的寶座。

相傳有一天，長公主將劉徹叫到身邊，指著身邊的女官問他：「要是讓你娶她，你願意嗎？」

劉徹看了一眼女官，搖頭不迭。

「那她呢？」

長公主又指向遠處的侍女，劉徹還是搖頭。

指了幾個之後，劉徹都不願意。

長公主將手指向正在玩耍的阿嬌：「如果是她呢？」

劉徹兩眼放光，點頭道：「如果是阿嬌姐姐，我願意親手築金屋迎娶她。」

童稚的聲音讓長公主和他的生母王娡都笑了，長公主問王娡：「你可願意和我做親家？」

王娡欣喜若狂，想都沒想就答應了兒子的婚事。憑她當時的地位能和長公主攀上親事，可是莫大的榮耀。

自從與王娡訂下兒女親事後，劉嫖便時常向劉啟誇獎王美人的兒子。而劉啟以前曾聽王娡說，她在懷孕時曾夢見日入腹中，也連帶覺得兒子劉徹比較好。與之相反，劉嫖在劉啟面前不停地說栗姬的壞話，說栗姬崇信邪術，日夜詛咒其他妃嬪，恐怕一旦成為皇后，呂后人彘的慘劇就會重演。

王娡也沒閒著，她指使幾個大臣到皇帝面前說，栗姬的兒子既然已經立為太子，就要遵從「母以子貴」的原則，封栗姬為皇后。劉啟聽了大怒，加上長公主之前的鋪陳，他命人將進諫的大臣拖出去砍頭，然後將栗姬兒子的太子封號也取消了。

一代寵姬的好運到此就結束了。

在長公主的建議下，劉啟將劉徹立為太子，不久之後以後宮不得長期無主的理由將王娡立為皇后。

小知識

　　《史記》和《漢書》均記載了王皇后的生平，但王皇后的名字卻是出自唐代司馬貞所著《史記索隱》，「金屋藏嬌」的故事則出於志怪小說《漢武故事》。

皇帝的女人不好當

故事 80

——「金屋藏嬌」的悲情結局

　　沒有衛子夫，沒有李夫人，最初漢武帝的心裡只有一個女人，那就是陳皇后阿嬌。

　　比起劉徹後來愛過的女人，阿嬌可以說是出身顯貴。

　　她的父親是早年隨項羽打仗後來改投劉邦的陳嬰後人，頂著世襲的爵位衣食無憂，而她的母親則是漢景帝的親姐姐館陶長公主劉嫖。

　　雖然皇室中出身好的女子有很多，可是像阿嬌這樣生來嬌貴的女子，整個漢朝也找不出幾個。

　　不過，這麼嬌貴的阿嬌一開始可不是許配給劉徹，而是漢景帝的長子劉榮。原因很簡單，漢景帝的皇后一直沒有生育，按照無嫡立長的傳統，栗姬所生的劉榮自然就是第一繼承人，而出身顯貴的阿嬌早已被認定為下一任皇后。

　　既然劉榮被立為太子，阿嬌的婚事也就這麼定了。

　　不過話雖如此，畢竟劉榮和阿嬌都還年幼，還沒到談論婚嫁的年紀。

　　阿嬌整天和皇子們玩在一起，自然有親有疏，加上阿嬌又是竇太后一手帶大，集萬千寵愛於一身的她難免有些驕橫之氣。

　　有一次，不知因為什麼事阿嬌和劉榮吵起來了。

　　劉榮的母親栗姬看著蠻橫的阿嬌，心裡對這個準兒媳婦要多不喜歡就有多不喜歡。

沒想到阿嬌被栗姬這麼一嫌棄卻正好給了劉徹機會。

劉榮和阿嬌鬧翻冷戰，劉徹就有了和阿嬌玩鬧的機會。

正巧被館陶公主見著了，就把劉徹抱在懷中問道：「你想娶老婆嗎？」

劉徹回答：「想。」

館陶公主指著周圍的女孩子讓劉徹選，劉徹都搖頭表示不喜歡，唯獨指到阿嬌時，劉徹竟連連笑著說：「若能娶到阿嬌做老婆，一定要建造一座金屋給她住。」

當年小小年紀的劉徹對阿嬌如此心儀必然不是虛情假意，雖然年少不諳情事，但也不能否定劉徹對阿嬌的心意。

「金屋藏嬌」一事後，館陶公主也開始琢磨起自己女兒的終身大事。

可是有劉榮在，劉徹就當不了皇帝，阿嬌也做不成皇后。

於是，館陶公主開始計畫把栗姬母子搞垮，只有劉榮倒了，才有劉徹的機會。

畢竟館陶公主是漢景帝的親姐姐，加上劉徹的母親也是個有野心的人，終於，漢景帝在親姐姐和老婆的雙重挑撥下開始嫌棄栗姬，也連同厭惡劉榮這個兒子。

此時栗姬想要從漢景帝心裡翻盤，證明自己不是陰險狠毒的女人基本已經不可能了。

就這樣，劉榮被廢了，劉徹繼而接任了太子之位。

等到漢景帝百年之後，劉徹順利登基，也就是漢武帝，而阿嬌自然就是與漢武帝比肩的皇后。

可是，在阿嬌當上皇后以後，劉徹卻慢慢開始疏遠她。

這時候，劉徹在姐姐平陽公主的府中看中了一名歌女，名叫衛子夫，有了衛子夫以後，劉徹更是連阿嬌看都不看了。

試想以阿嬌的尊貴哪裡能嚥得下老公被小歌女搶走的氣，可是劉徹此時已經是九五之尊，阿嬌還不明白如今已不是從前有竇太后、館陶公主、漢景帝寵護自己的日子。

但是要阿嬌看劉徹的臉色行事，她做不到。

被搶了老公的阿嬌開始怨、開始鬧，仍然拿自己的出身說事，想要壓制劉徹以挽回劉徹的心。

劉徹這個強勢的皇帝哪裡容得下阿嬌胡鬧，他喜歡的是衛子夫這種乖巧嫻靜，能仰望自己的女人。

阿嬌一次次的哭鬧只會將劉徹推得更遠，到後來，劉徹與衛子夫日益情深，為了給衛子夫一個尊貴的名分，阿嬌註定要被廢黜了。

但是，阿嬌畢竟不同其他女子，不能說廢就廢，於是，劉徹以巫蠱陷害阿嬌，才算有了理由將她徹底從自己身邊推開。

小知識

相傳，阿嬌被廢以後，正逢劉徹舉行登基十週年慶典，當時阿嬌也請求隨同到太廟參拜。當阿嬌看到自己的外祖母竇太后的塑像時，陳年往事猶然在目，隨著鐘鼓齊鳴，阿嬌悲痛一頭撞在石柱上，結束了自己的性命。

從歌女到皇后
——衛子夫為何不得善終

衛子夫出身卑微，原來只是一名歌女，後來躋身於一朝皇后之列，本身就是一個神話。

不過，她人生淒涼的結局卻令人唏噓感慨。

劉徹晚年，對權力越加看重，對身邊的人也越不放心，即便是一個白日夢都能引起劉徹的胡思亂想。

皇帝有心事，總會有大臣幫忙解讀，而正確答案自然要看皇帝對什麼受用，江充正好抓住了這點。

於是，在江充的「深入調查」後，查出了宮中有不祥之氣。

為何有真龍天子在還會出現不祥呢？原來是有人在皇宮裡搞巫蠱之術。

在江充的一番調查後，這巫蠱的道具竟然從太子劉據的寢宮中挖出來了。

「巫蠱之禍」發生後，整個京城凡是和皇后衛子夫以及太子劉據有關係的人幾乎都被殺害了。

衛子夫的姐夫、當朝丞相公孫賀一家被誅族，衛子夫和劉徹的兩個親生女兒也因此遇難。

矛頭雖然直指劉據，但身為太子母親的衛子夫也不免受到了牽連。

這件案子前前後後殺了這麼多人，可是真相反而越挖越深，即便衛子夫的宮室被挖得像菜園一樣，江充也沒有找出確鑿的證據來。

可是人已經殺了，罪也定了，江充找不出進一步的罪證，劉據同樣也證明不了自己清白，到頭來，劉據還是有罪。

做了三十八年皇后的衛子夫如今被江充這般羞辱，而自己的丈夫卻寧可相信江充也不願意信任自己的老婆和兒子，她心裡只有絕望。

當劉據想要向父親申辯時，江充竟代表漢武帝一口回絕了。

面對這樣的情形，衛子夫還能寄予怎樣的希望？

為了避免江充繼續陷害自己，也為了替被江充殺害的親戚朋友報仇，劉據決定先除掉江充。

可是劉據剛準備動手，江充就跑到漢武帝面前告劉據造反。

漢武帝雖然不願意相信這個消息，還是派了一個使者去長安打聽真假，誰知使者因為自己膽怯，於是毫不負責地對漢武帝說太子確實要造反了。

震驚之餘，漢武帝下了一個決定：和自己的兒子決一死戰。

發兵之後，衛子夫和劉據的心情跌到了谷底。

劉據對父親徹底失望了，面對漢武帝的步步緊逼，劉據說什麼也不肯坐以待斃，於是率著大軍迎戰武帝的精兵。

到最後，劉據還是沒有鬥過自己的父親，落敗的劉據此時早已從天堂跌到了地獄，無奈自縊而死。

隨後，漢武帝下令收繳皇后印璽，衛子夫絕望自殺，葬於長安城外的桐柏。

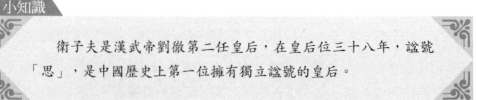

小知識

衛子夫是漢武帝劉徹第二任皇后，在皇后位三十八年，諡號「思」，是中國歷史上第一位擁有獨立諡號的皇后。

相見不如懷念
——李夫人「落葉哀蟬」臨死不見

縱觀歷朝歷代的皇帝，不難發現他們對愛情很難做到專一，即使是受寵的妃子，也會色衰愛弛，碰上運氣差的，可能連皇帝的面都見不到。

作為中國歷史上以強勢和多情著稱的漢武帝，他的愛情先後經歷了「金屋藏嬌」的陳皇后，以及「歌舞曼妙」的衛子夫，等到他邁入中年，再次遇上愛情。這個幸運而聰明的女人就是那位日後只當了二十七天皇帝的昌邑王的母親——李夫人。

這位李夫人被送進宮時正當花季，才色藝俱佳。

皇帝什麼樣的美女沒見過，可是偏偏李夫人成了漢武帝的心頭大愛。

按照史書的說法，李夫人不僅生得雲鬢花顏、婀娜多姿，還精通音律、擅長歌舞，十足的才貌雙全。

自古紅顏薄命，在貧寒的家境下，李夫人早年只能在風塵場所以美色示人。

還好，李夫人有個哥哥李延年，經常幫李夫人作曲填詞編舞，後來有幸進入漢宮做音律侍奉。兄妹二人都是不俗之人，李延年所作之曲，任何人聽到都會感動不已。

有這樣一個才華洋溢的樂師在宮中，漢武帝沒有理由不知道。

有一天，漢武帝把李延年召來彈琴吟曲，只聽李延年唱道：

北方有佳人，絕世而獨立；

一顧傾人城，再顧傾人國；

寧不知傾城與傾國，佳人難再得。

這首曲子唱得漢武帝心裡直癢癢，李延年剛撫平琴音，他就急切地問道：「世間果真有如此美貌的佳人嗎？」

這時平陽公主插嘴了：「李延年的妹妹就是這曲中的女子啊！」

於是乎，李夫人正式被召入宮中，沒想到漢武帝竟對李夫人一見鍾情。

他見李夫人體態輕盈，貌若天仙，肌膚潔白如玉，長袖作舞宛如雲中仙子，便再也忘不了她了。

就這樣，年輕的李夫人和中年的漢武帝走在一起。

【李夫人畫像】

雖然有年齡上的差距，可是漢武帝對李夫人卻是打心底的寵愛。

兩個人卿卿我我，這中間還發生過一段美麗的插曲：據說有一天，漢武帝與李夫人在宮中閒坐，忽然覺得頭皮發癢，就順手從李夫人「玉簪式」的髮式上，取下一支玉簪搔頭。

這件事傳遍了後宮，妃子們都紛紛模仿李夫人的樣子，把頭梳成「玉簪式」，在頭上插著玉簪，以期望得到漢武帝的臨幸。

後來，這種髮式由宮中傳到民間，使得長安城玉價倍增。這也正是「玉搔頭」典故的由來。

大紅大紫的李夫人，生的兒子封了王，娘家的兄弟一個個也因裙帶關係

做了大官，自己也離皇后寶座越來越近，可是就在這個節骨眼，她卻生了一場重病。

在李夫人彌留之際，漢武帝親自過來探望她，李夫人用被子蒙住頭答謝說：「我長時間生病臥床，身形容貌損壞了，不能見陛下。」

漢武帝說：「還是讓我見妳一面吧！」

李夫人說：「女子不修飾打扮自己的容貌，不能與君主和父親見面。我不敢讓自己以蓬頭垢面的形象見陛下。」

漢武帝說：「只要妳見我一面，馬上賜給妳千金，給予妳兄弟尊貴的地位。」

李夫人說：「加官晉爵在於陛下，不在於見不見面。」

漢武帝執意要見面，李夫人便轉身向別處，不再說話了。

漢武帝見狀，很不高興地走了。

漢武帝離開後，李夫人的姐妹們都埋怨她。

李夫人解釋說：「凡以美色服侍人的人，容貌衰老就會失去寵愛，失去寵愛就會斷絕恩情。陛下之所以如此顧念我，是因為我平時的美貌。現在看見我美貌毀壞，臉色不如往常那樣，一定會厭惡嫌棄我，這樣還能期望他念念不忘地照顧我的兒子和兄弟嗎？」

果然不出李夫人所料，不能見愛人的最後一面，激起漢武帝無限的思念。他用皇后禮安葬李夫人，命畫師將她生前的形象畫下來掛在甘泉宮，對兒子劉髆鍾愛有加，將李延年封為都尉，還把李夫人另一個兄弟李廣利提拔為大將軍。

李夫人死後，漢武帝對她的思念更是痛苦得難以排解，以至於無心朝政。

當時，有個名叫少翁的方士，自稱能夠將李夫人的靈魂招來。

漢武帝聽說後，立刻將少翁召來施法。

話說那一夜，星稀月朗，少翁命人設置帷帳，點上燈燭，擺上酒肉，請漢武帝坐在另一個帷帳中。

過了一會兒，漢武帝遠遠地看見帳中有一個很像李夫人容貌的美麗女子，先是坐在凳子上，後又站起來慢慢走動。

漢武帝思緒難平，道：「是耶，非耶？立而望之，偏何姍姍來遲！」

一句姍姍來遲將李夫人形象定格，成為史上最早的影評。

詩罷，漢武帝又命樂人譜曲歌唱。這還不夠，他又寫下近兩千言的長賦，抒發自己對李夫人思戀的情感。

一位嬪妃得到皇帝如此真誠的思念，在中國的歷史上是極為罕見的。

小知識

漢武帝駕崩後，八歲的劉弗陵即帝位，是為漢昭帝。昭帝即位後，大將軍霍光按漢武帝的旨意，上奏漢昭帝，追尊李夫人為「孝武皇后」。李夫人雖然紅顏薄命，但這位死後許多年還能讓漢武帝念念不忘的女人的確不尋常。

故事 83

並非誰都能母憑子貴
──鉤弋夫人死於「存子不留母」

漢武帝劉徹和鉤弋夫人相逢還有點傳奇的色彩。

鉤弋夫人本姓趙，她的父親早年因觸犯法律被處以「宮刑」，其母也早早去世，鉤弋夫人由姨媽撫養長大。

但奇怪的是，鉤弋夫人從生下來就一直握著雙拳，無論你怎麼用力也掰不開她的拳頭。

這件事被劉徹知道後，抱著懷疑的態度找到了鉤弋夫人，想要試試她的手是否真如傳言那般。

可是還沒等劉徹先試鉤弋夫人的拳頭，就已經被她的美貌所迷倒了，等試著想掰開她的拳頭時，奇跡就這麼出現了，劉徹根本沒用力，鉤弋夫人的拳頭就展開了。更讓劉徹驚訝的是，他發現鉤弋夫人的右手還緊緊握著一枚玉鉤。

劉徹到民間走了一圈顯示了一下真龍之威，又找到一位美人，鉤弋夫人如果再不進宮就有點沒道理了。

【鉤弋夫人畫像】

不過奇怪的是，鉤弋夫人進宮後不久就懷孕了，要知道當時劉徹已經六十多歲，這老來得子的心情可想而知。更讓劉徹驚喜的是，鉤弋夫人足足懷胎十四個月才生了一個男孩。

劉徹同古人一對比，發現上古明君堯也是母親懷胎十四個月誕生的，在劉徹看來，這個男孩出生就帶著富貴。於是，劉徹為這小兒子取名為劉弗陵，將鉤弋夫人生子之處的宮門改名為「堯母門」，還進封鉤弋夫人為婕妤。

後來，發生了一件事改變了劉弗陵的人生。

這一年，太子劉據在京城內發動兵變，和劉徹上演了一場父子血拼，最後，劉據死了，皇后衛子夫也死了，劉徹也累了。

妻離子散的痛苦讓劉徹無心繼續執掌江山，他開始盤算自己的身後事，而劉弗陵成了他心裡的最佳人選。

可是，劉徹立了劉弗陵他還有自己的顧慮，擔心年輕的鉤弋夫人會在自己死後變成另一個呂雉。先前衛子夫就是很好的例子，即使衛氏一心輔佐江山，可是在外戚勢力過大之時，劉徹還是難以容忍。

不過，劉徹對鉤弋夫人有防備也不無道理，鉤弋夫人在有了兒子以後早已不是心思單純的小姑娘了。

她還年輕，要為自己的今後打算，而她能夠依靠的只有兒子劉弗陵。

劉徹經歷了大半生風浪，鉤弋夫人的心思哪裡瞞得過他的眼睛，這更堅定了他不能留下鉤弋夫人的想法。

終於，劉徹以「子少母壯，存子不留母。」的理由用一杯毒酒賜死了鉤弋夫人。

鉤弋夫人做夢也沒想到自己辛辛苦苦為兒子盤算來的江山最後自己卻享

受不到。

小知識

　　鉤弋夫人死後，劉徹命宮人將鉤弋夫人的宮室封起來，並將鉤弋夫人的痕跡盡數抹去。而在史書上對鉤弋夫人的記載也只有零星碎片。

破鏡難重圓
——朱買臣覆水難收的愛情

故事 84

在西漢時期，有一個讀書人叫做朱買臣，他家境貧寒，常常幾天揭不開鍋，然而在這樣的艱苦環境中，他仍然堅持讀書。

讀書之餘，朱買臣還去上山砍柴。每天去砍柴時，他的老婆總是跟在他背後，聽他大聲地唱著山歌。

朱買臣的歌聲無處不在，沒人的山谷他唱歌，有人的市集他還是唱歌，常常引得路人側目。

他老婆覺得這是件很丟人的事情，朱買臣說：「我五十歲的時候一定會富貴的，我現在已經四十歲了，妳離過好日子的時候不遠了！」

終於有一天，他的妻子忍無可忍了：「朱買臣，我要和你離婚！」

「為什麼？」將視線從書堆裡移開的朱買臣問，「我們不是過得好好的嗎？」

「好好的？我們這樣子叫好好的？」妻子大怒，拿起身邊能摔的東西都狠狠往地上摔，「我們沒有積蓄，沒有自己的房子，甚至吃了

【陳洪綬所繪白描人物——《朱買臣故事》】

這頓不知道下一頓在哪裡。你總是說你自己會考上功名，給我換上鳳冠霞帔，可是這麼多年過去了，你給我什麼了？除了讓我出去打工賺錢，你悶頭在家裡看書之外，你給我什麼了？！」

朱買臣試圖抱住暴怒的妻子，但妻子不讓他靠近，他只好離妻子遠遠地說：「妳相信我，再給我一次機會，這次我一定會高中，給妳贏得鳳冠霞帔。」

「別說了！這種話我已經聽了這麼多年，我不相信了！」妻子搖頭，悲傷之意表露無遺。

朱買臣隱隱約約知道她的想法，但還是想聽她自己說出來：「那妳想怎麼做？」

「離婚。」妻子緩緩說出這兩個字，朱買臣只好無奈地答應了。

離婚之後不久，朱買臣的妻子就改嫁了一個富人。

幾年後，朱買臣終於在科舉考試中金榜題名，被任命為太守。當他衣錦還鄉之際，老百姓都圍在街道兩旁，看著朱買臣騎著馬遊街，別提多威風了。

這時，不斷向人群揮手的朱買臣在人群中發現了前妻的身影，她變了很多，與幾年前離開之際判若兩人。

看著神氣的朱買臣，他的前妻後悔萬分，原來，她嫁到富人家過得並不開心。富人有三妻四妾，那些先到的女人和那些後進來但是更年輕貌美的女人都聯手欺負她，她在富人家沒幾年就被趕出來了，獨自淒涼過活。

看到朱買臣望向自己，那眼神裡還有憐惜，她覺得夫妻情誼未斷，就來到朱買臣的馬前。

朱買臣問這個曾經最熟悉的女人：「妳想做什麼？」

「我知道錯了，我們再婚吧！」女人淚流滿面地說。

朱買臣沒說話，只是讓手下端來一盆水，他下馬親手將這盆水潑在地上，

對女人說：「潑出去的水，還能收得回來嗎？這就像是我們的婚姻，一旦破碎，就再也沒有復原的可能了。」

說完，朱買臣上馬離去，空留懊悔的前妻跪在原地接受眾人的指指點點。

故事裡的馬前潑水情節是文學杜撰，真實的情形是：當了官的朱買臣讓前妻夫婦上車，跟他一同去他的官邸，安頓他們住在自己的官邸裡。住了一個月，他前妻突然上吊死了。於是，朱買臣給了她丈夫一筆錢，作為喪葬費用。

故事 85

糟糠之妻不下堂
——劉詢與許平君的夫妻之情

當年戾太子劉據事件後，和衛氏一族稍微沾邊的人都被殺害了，尚在襁褓中的劉詢算是逃過一劫。

流落民間的劉詢是漢武帝劉徹和衛子夫的重孫，戾太子劉據的孫子，這種身份如果沒發生巫蠱之禍一定是大富大貴，可是巫蠱之禍以後劉詢只能過著小心翼翼的日子。

不過，在劉詢最落難的日子裡卻因禍得福，碰上了自己的真愛許平君。

當時許平君不知劉詢的真實身分，她的眼裡只看到那位生長於市井的普通少年，而劉詢眼裡的許平君雖只是粗布衣裳卻別樣動人。

青梅竹馬的愛情往往最讓人動心，到了嫁娶的年紀，劉詢和許平君的結合也就十分自然了。

婚後，雖然日子一如既往的清苦，可是粗茶淡飯卻擋不住兩人的濃情蜜意。

然而，就在劉詢十九歲這年，他和許平君的平淡生活出現了改變。

當大將軍霍光出現在劉詢家門前時，劉詢知道他平淡的生活即將結束。無論是福是禍，總之再也不能像從前那樣和許平君安穩過日子了。

後來，劉詢被霍光迎立為帝。

劉詢登基以後，自然要立一位皇后。

這時，大將軍霍光上書希望劉詢將自己的女兒霍成君立為皇后。

被霍光一手擁立的劉詢此時在朝堂上沒有一點勢力，他能依靠的只有霍光，面對霍光的請求劉詢不得不考慮，何況朝中對立許平君為皇后大多持反對意見。

在大臣們看來，許平君本屬平民之女，沒有文化、沒有才藝，哪裡能勝任母儀天下的國母角色。

可是劉詢不管這些，他的心裡，只有那個在自己窮困潦倒之時陪伴在身邊的許平君，因此，劉詢不顧群臣的反對下了一道詔書：「在我貧微之時很喜歡一把古劍，現在我十分想念它，諸位愛卿有沒有辦法幫我把它找回來呢？」劉詢故劍情深，何嘗不是在講他與許平君的愛情。

這份詔書下來以後，大臣們再也無法反對劉詢立許平君為后的想法了。

畢竟人的心裡都有溫情，對於劉詢的癡情，誰還能反對呢？一向善於揣摩聖意的大臣們自然都能猜出是劉詢年少流落民間時曾娶的民女許平君，而一向又善於討好皇帝的大臣們為了讓劉詢高興，便轉而紛紛推薦許平君入主後宮。

但是這並不是劉詢和許平君浪漫愛情的收場，恰恰正是悲劇的開始。

許平君當上皇后不久便懷上了劉詢的骨肉，就在臨盆之時，霍光的夫人霍顯竟然買通女醫官，以鴆毒殺害了許平君。

本以為可以同生死、共富貴的劉詢看著奄奄一息的許平君，心裡萬分悲痛，如果可以重新來過，劉詢寧願希望許平君能健康陪在自己身邊，兩人粗茶淡飯就好。

就在許平君臨死前，劉詢哽咽著說要陪她一起去。

許平君笑了，一個女人能有如此夫君，她還有什麼可遺憾的呢？她撫著劉詢的臉龐輕輕地說：「你的心中有我，但還有天下。從今以後，你再也不會因為我分心了，好好地做一位仁君，大漢是你的疆土。」

　　劉詢聽罷淚如雨下，站起來，轉身面向宮門，而後堅定地說：「好，那妳在南園等我！」

　　許平君走了，被葬在南園，幾十年後，南園也成為了劉詢的陵墓。

　　這下，兩人終於能夠長久相伴了。

小知識

　　女醫官毒死許平君後，不久，就因有人控告其對許平君護理失職將其逮捕入獄。女醫官入獄後，霍顯十分害怕，就將詳情告訴霍光，並對霍光說：「事情已到這種地步，就不要讓法吏拷問女醫官了！」霍光這才知道真相，於是上奏皇帝，請求簽署對女醫官免予問罪之令。

別問是劫是緣
——霍成君的命中註定

　　霍去病英年早逝在漢武帝心裡一直都是遺憾，有了對霍去病的追念，霍光的政治生涯必然會受到照顧，何況霍光本身骨子裡也有哥哥霍去病的英氣。

　　劉詢被霍光從民間的磚瓦房裡接出來時，足以說明霍光在當時的地位，那麼霍光的獨生女霍成君的命運自然就無法由自己做主。

　　皇帝和權臣政治聯姻是自古傳下來的默契，霍成君如果不嫁給劉詢簡直就沒有道理。

　　可是，皇帝的婚姻大事有時候還真有你情我願的例外，什麼政治使然在真愛面前根本毫無分量，更遑論像劉詢這樣見過大風大浪的人。

　　所以，當霍光提議把自己的掌上明珠嫁給劉詢當皇后時，在朝堂上毫無根基的劉詢竟然放棄了拉攏權臣的最佳機會，而是說出一段「故劍情深」的故事把霍光的請求給駁回去了。

　　劉詢並不是不懂為君之道，也不是不在乎江山社稷，只是他心裡有比這些更重要的，就是曾與他共患難的髮妻許平君。

　　然而，這個天底下最幸運的許平君雖然當上了皇后，但是她並沒有和劉詢白頭偕老。

　　西元前七十一年，適逢許平君臨盆，霍成君的母親霍顯再也按捺不住對許平君的憎惡了，她無法看著許平君的地位越來越穩固，她一定要讓自己的女兒名正言順地嫁給劉詢成為受人敬仰的皇后。

於是，霍顯買通了宮中女醫趁著許平君分娩之時將其毒殺。

　　許平君死後，霍成君的機會也就到了。

　　這時候，劉詢無論如何也不能再次拒絕霍成君，霍成君當上皇后已成了註定之事。

　　霍成君這個皇后其實當得也很糾結，一方面她是權貴之女根本沒拿許平君當一回事，另一方面許平君往日的行為都是劉詢所深深留戀的，所以霍成君不得不去模仿。既然許平君生前宣導節儉，又經常侍奉太后，那麼霍成君也要如此效仿。等到時間漸久，隨著歲月沖淡了劉詢對許平君的思念，霍成君終於可以慢慢走進劉詢的心裡了。懂得建立人際關係的霍成君一旦有了自己的空間，她的才華就遮掩不住了，而隨著劉詢對她的寵愛日益加深，霍成君在朝廷內外的地位也越來越穩固。

　　然而，有其母必有其女，既然當年霍顯敢為了女兒毒害皇后許平君，沒有生育的霍成君就敢為了保住皇后的地位毒害太子劉奭。

　　劉詢做夢也想不到，自己深愛的許平君，以及許平君付出生命代價所生的兒子劉奭，竟然也成了霍氏母女殘害的對象。

　　於是，霍成君在母親的教唆下，在劉奭的食物裡下毒，可是劉詢對劉奭何等愛護，有當年許平君慘死的教訓，劉詢自然日夜關照劉奭的安危，所以霍成君根本找不到機會毒害劉奭。

　　人在做，天在看。

　　霍成君和她母親的所作所為劉詢並不是一無所知，之所以忍耐無非是尋找一個機會能夠一舉剷除殺妻害兒的霍氏母女。

　　終於，西元前六十六年，劉詢做好了全部準備，霍顯的所作所為再也瞞不住了，至於霍成君的下場，雖然沒有被賜死，可是這費盡心思得來的皇后

之位肯定保不住了。

　　被廢以後，霍成君被遷往上林苑的昭台宮居住，在這一場註定失敗的皇后路上，霍成君輸掉了感情，也輸掉了前程。

紅顏禍水
──趙氏姐妹誤國

故事 87

年少時的劉驁一表人才，擅讀經書，尤其為人謹慎守禮。

某一日，其父元帝召其見面，他沒有走皇帝所用的馳道，而是繞路前去拜見。元帝聽聞甚是欣喜，此後便允許他走馳道。

然而，劉驁漸漸迷戀酒色，日夜笙歌，自登上王位之後荒淫更甚，王氏外戚漸漸把持朝政，太后王政君的侄子王莽更是暗自發力，並在日後篡奪了劉氏江山。

當然，這都是後面的事了。

且說劉驁依舊花天酒地放浪形骸，他看上了一個叫張放的年輕人，情同夫婦般日夜恩愛，常常因思念將其召到身邊又迫於壓力將其放逐，每次分別之後，劉驁都不停寄情書，而張放更因過度思念而死。

對同性都能如此癡情，對於天生麗質的美人，劉驁更是心醉神迷。

趙飛燕自幼學習歌舞，身段柔美多姿，因其舞姿輕盈優雅，世人忘卻其名直呼「飛燕」。

她在陽阿公主府中被劉驁看上，召入宮中。

自此，劉驁將其帶在身邊形影不離。

有一次，南越國向劉驁進貢了一件雲芙紫裙，趙飛燕穿上以後顯得十分嫵媚動人，彷彿仙子般靈巧。

於是，劉驁便在漢宮的太液池裡專為趙飛燕造了一艘船舫，專供趙飛燕在高樹之上輕歌曼舞。劉驁情之所至時，甚至還會隨趙飛燕一同共舞。兩人日日在此飲酒作樂，時時忘情。

有了趙飛燕的歡愉，劉驁對趙飛燕的迷戀日益加深。

為了能夠隨時欣賞趙飛燕的舞蹈，劉驁開始大興土木，特地從西域請來設計師為趙飛燕打造一座金碧輝煌的藝術宮殿，取名為「七寶避風台」，金屋藏嬌將其豢養。

劉驁也好，趙飛燕也好，才子佳人本來應該是一段佳話，可是卻偏偏留下了酒色誤國的臭名。

其實，在趙飛燕之前，劉驁已經有過一位情比金堅的老婆了，就是著名的班婕妤。

這個才華品性俱佳的女子也曾和劉驁有過一段動人的浪漫愛情故事。可是後來皇宮中來了那位號稱可以在掌上作舞的趙飛燕。

此後，劉驁不再寵愛班婕妤，也不再處理朝政，在他的眼中，只能看得到趙飛燕。

趙飛燕為了討好劉驁，把自己的妹妹，姿色更美的趙合德送入宮中。

趙合德不及飛燕體態纖瘦，但豐腴之姿韻味十足，讓劉驁得到補償般的快慰。

漸漸地，趙合德成了皇帝的新寵，她給予劉驁如夢似幻的享受，劉驁曾經如是說，「寧願醉死溫柔鄉，不慕武帝白雲鄉」。

趙氏姐妹在後宮如魚得水隻手遮天，卻始終被一件大事困擾：她們無法懷孕。在勾心鬥角的宮中，始終沒有皇帝子嗣便隨時有被打入冷宮的危機。

趙氏姐妹於是心想，自己無法懷孕，那些嬪妃也不能懷有龍種！她們便仗著受皇帝寵愛，在宮中掀起了腥風血雨的「啄子」風波，那些懷有身孕的嬪妃都被迫害，皇子也被拋出宮外。許美人生了皇子被皇帝看見，趙氏姐妹便哭鬧，竟逼迫劉驁將母子二人賜死。

劉驁色迷心竅，全然不顧江山與後代，他死後只能讓其侄子繼承王位。

不愛江山愛美人，可悲可歎。

劉驁，這風流成性的皇帝，也為自己的風流付出了江山和生命的代價。

小知識

漢成帝最後死在趙氏姐妹的床上，這實在是身為帝王的一個汙點。不知道在漢成帝歌舞昇平的時候，有沒有想起過班婕妤，那個同他恩愛兩不疑，教他學習音律的女子。

性取向是個大問題

——漢哀帝的「斷袖之癖」

大家知道「斷臂山」就是同性戀的代名詞，大都是因為美國那部同名電影廣為傳播的緣故。殊不知，中國古代就有關於同性戀的一個類似稱呼：斷袖，某個人具有同性戀傾向和興趣就被稱為「斷袖之癖」。

這個典故來源要從一個叫董賢的美男子說起。

董賢是西漢著名的男寵，也是非常美貌的「偽娘」。正因為他是美男子，憑著這個優勢，才有資格成為男寵，而且是皇帝的男寵，可見董賢稱得上是男人中的「國色天香」。

養男寵在漢代其實比較時髦，尤其是皇帝這個群體，比如漢惠帝與閎孺，漢文帝與鄧通，漢武帝與韓嫣，漢成帝與張放等，而漢哀帝養男寵則達到了登峰造極的地步，而且極為專情，將後宮三千佳麗全都冷落不顧，獨寵董賢一人。

雖然董賢並不是太監，但是他長期伺候在皇帝身邊，完全行使宦官的職能，而且比宦官與皇帝相處得更要親密，因而將他列入宦官行列。

董賢在少年時就是個「金童」，但成績不是很好。由於他父親在中央機構任職，便透過老爸的人情關係走後門。董賢沒念完中學就進入皇宮，擔任太子舍人，也就是太子劉欣的小隨從。正因為這種親密的職業關係，致使董賢與太子劉欣逐漸建立了某種朦朧而曖昧的感情，而太子也就是日後要繼承皇位的漢哀帝。

不久之後，劉欣即位，按照朝廷職業慣例，董賢被「人力資源部」調派到其他宮中任職。董賢除了長得俊俏，沒什麼本事，就被委任為報告時辰的工作。這一做就是兩年多，漢哀帝沒機會碰到董賢，所以兩人一直也沒有互相聯繫過。

　　這時的董賢已經出落得越來越美麗（注意不是英俊瀟灑那種）了，他也為自己的美貌而驕傲，在內心經常沾沾自喜。這天，機遇終於降臨他的頭上。董賢正在大殿下高呼時間表，這次被下朝回宮的漢哀帝一不留神撞上了。漢哀帝看到對面這個美男子似曾相識，驚訝地問：「難道你就是曾經伺候我的董賢舍人嗎？」這一問，兩人便重新開始交往了。

　　漢哀帝第二天上朝就把董賢提拔升職，封他為黃門郎，專門侍奉皇帝，並負責傳達詔命。這表示董賢從此正式成為了宦官，不過他沒有被閹割。

　　因為董賢人長得「婉約」，而且性格非常柔媚，《史記》上記載他「性柔和」、「善為媚」，看來他簡直就是個美人胚子，因而奪了後宮無數嬪妃的寵愛完全在意料之中。

　　漢哀帝與董賢相見沒幾天，兩人的關係很快就升溫了，劉欣對董賢的寵愛也日甚一日。出門時竟然被允許同皇帝一起乘坐龍輦，入宮後董賢則跟隨在皇帝身邊，兩人幾乎形影不離。董賢自然受到皇帝不少賞賜，每天的賞錢比他工資還多幾十倍，另外又給他加官晉爵，提升他為駙馬都尉侍中。

　　正所謂「一人得道，雞犬升天」，董賢的家人朋友也跟著沾光，男的升官，女的被召進宮裡。董賢的父親也被提拔為光祿大夫，之後又升為少府，後來被封為關內侯；他的妹妹被封為昭儀，地位僅次於皇后，甚至連他的岳父都被賞了官職。董賢家族在短短的幾年內就飛黃騰達，榮耀無比。

　　這時漢哀帝對董賢幾乎到了愛之入骨的地步，不能離開他半步。但對於漢哀帝而言，卻有一個令人苦惱的難題擺在面前：董賢是有老婆孩子的人，

在宮外早有家室，每逢節日、休假必須正常放假回家團聚。儘管後宮中佳麗成千上萬，漢哀帝就是提不起任何「性趣」，這期間皇帝簡直度日如年。

後來，漢哀帝劉欣突發奇想，想出了兩全其美的方法，他下令讓董賢全家人都搬進宮中居住，專門為他在皇宮中另建了一棟別墅。劉欣徵用人家的老公，自覺有些理虧，為了向董賢的老婆表示一點補償，專門為她修建了一間宮室，取名「淑風」，同皇后的「淑房」相配。這樣皇帝以後就不用擔心哪天見不到董賢了，自然也就免去了相思之苦。不過這樣具有「創意性」的行為，卻也證明了漢哀帝的荒唐。

接下來就發生了兩人之間「斷袖」的故事。據《漢書》記載，有一天漢哀帝和董賢在寢室裡睡午覺，皇帝先醒來，發現董賢的身體壓著自己的衣服，自己不能起身。皇帝如果一抽身必然會驚醒董賢，為了避免打擾他的睡眠，劉欣就從床頭抽出匕首，把壓在身下的袖子割斷了。從這件小事可以看出，漢哀帝對這位男寵非常體貼，簡直是無微不至。

漢哀帝對董賢的寵愛不止如此，他下令為董賢單獨建造一座府邸，地址選在北闕下，而且仿照皇帝宮殿的規模和風格，極盡豪華之氣。更令人不可思議的是，漢哀帝連董賢的後事也都考慮到了，為他預備了一副珠襦玉匣的棺材。

董賢並沒有立過什麼大功勞，但是他長期溫柔順從與知情達理從來沒有讓皇帝失望過，因而一再受到漢哀帝的封賞，官至大司馬衛將軍。這時董賢年方二十二歲，地位竟然在三公之上。董賢掌握了朝中實權後，百官上奏都必須通過他的批准才能遞送給皇帝，而且董賢利用自己的職權，開後門之風，把弟弟董定信提拔為駙馬都尉，其親戚朋友都被他安排到中央部門的要職上。這樣一來，董氏家族的地位與聲望比皇族外戚還要顯赫，成為全國首屈一指的豪門貴族。

董賢沒有任何才能，也沒建過任何功勞，卻不到兩年就青雲直上，封侯拜將，地位超越了任何人，很快就引起朝中許多功臣和老同事的不滿。

　　丞相王嘉率先發難，向漢哀帝極力進諫，反對董賢因恩寵而破壞法律制度。漢哀帝早已情迷董賢而不能自拔，壓根就不聽取丞相的意見，反而以破壞君臣關係為由將他打入牢獄，並折磨致死。

　　繼任丞相孔光就非常「識時務」，對待皇帝的紅人董賢非常「禮貌」。有一次，他聽說董賢來拜訪自己，早早就做好準備，衣冠楚楚，出門迎接。遠遠望見董賢的專車，孔光畢恭畢敬地不敢轉身，向後退著走，當董賢下車後，他立即上前點頭哈腰拜見。儘管兩人的地位平等，但他卻始終以下屬的身分接待皇帝的紅人。漢哀帝聽說此事後，感覺非常有面子，第二天就把孔光的兩個侄子提調進中央機構任職。

　　漢哀帝對董賢的恩寵幾乎無止境，甚至還想讓他做自己的皇位繼承人。在一次宴會上，漢哀帝把這個想法透露出來：「我想效仿堯帝禪讓舜帝，把皇位傳給董賢怎麼樣？」群臣一致反對說：「江山是高祖打下的，是整個劉氏家族的基業，現在不歸您私有，應該將皇位傳給您的子孫！」

　　不久漢哀帝駕崩離世，董賢的榮華富貴也成為東逝之水，一去不復返了。董賢也明白過去是因為皇帝寵信自己，才沒人敢正面反對他，現在失去了這座靠山，自己也沒好日子過了。現在朝中反對他的人聚集起來向他猛烈攻擊，外戚王莽率先彈劾他，限制他的權力；太后也對他早有怨恨，其他同事趁機向太后上奏董賢不但淫亂後宮，而且濫用職權等罪狀。太后下詔將董賢的官印沒收，接著永久撤職，將他貶回老家。

　　董賢和老婆明白那些大臣絕不會善罷甘休，一回到家便雙雙自殺。掌握政權的王莽還擔心董賢是不是在裝死，還派人挖墳檢驗其屍體。董賢雖然已死，但「後帳」還沒算完，曾巴結他的孔光歷數他的種種罪狀，唆使太后再

次下令查抄董氏家族，所有因其裙帶關係當官的全部革職，顯赫一時的董家勢力很快就頹敗了。

董賢正是遇上了漢哀帝這樣的「知己」皇帝，才使他的命運跟隨著漢哀帝起伏。他的一生不能不說是興也哀帝，亡也哀帝。

第五篇
政治角逐，唯不缺「權謀」
——漢朝歷史名人的厲害手段

用女人能解決的問題就不是問題
——大漢皇室的「和親」政策

寒冷的冬夜，空氣冷得彷彿能凝成片片白霜，皎潔的月光照在鋪滿白色積雪的大地上，更顯出天地間的清冷。

沐浴在月光中的白登山一片死寂，此時山上的一支軍隊正處於生死抉擇中，而他們的首領，正是赫赫有名的漢高祖劉邦。

「怨朕啊！要是早點聽從婁敬的勸告，也就不會出現今日局面了！」劉邦歎了口氣，灰暗的目光望向不知名的遠方。

「大王不必自責，一切皆有天命，我們還是想辦法突圍才是。」謀士陳平故作輕鬆地勸著劉邦，實則他也餓了好幾天，說話的聲音都有點發顫。

忽然間，山下傳來匈奴士兵的狂笑聲，劉邦的軍隊頓時慌亂起來，大家都以為匈奴這時候發動了進攻，想迅速組成防禦隊形，卻又發現自己手腳發軟，別說是反抗了，連走路都有困難。

劉邦見此情景，苦澀地笑了，又是一聲歎息：「今日之景，倒讓朕想起前秦的苻堅，沒想到朕也有草木皆兵的一天！」

陳平大為不忍，安慰道：「陛下不必太過擔心，微臣倒有一個方法使匈奴退兵，不知可不可行。」

劉邦已經被困了七天七夜，早就接近崩潰的邊緣，這時候一聽有突圍希望，宛如撈到一根救命稻草，趕緊問陳平：「什麼方法？」

原來，陳平在昨日巡視的時候，發現冒頓單于的身邊有一位容貌絕佳的

閼氏，看得出來，單于對自己的夫人十分喜愛，否則不會帶著閼氏視察軍隊。

陳平便想收買閼氏，讓閼氏對冒頓單于吹枕邊風。

於是，漢軍被圍困的第八天，一名漢朝的信使偷偷面見閼氏，並給對方許多珠寶首飾和名貴字畫。

其中的一副畫的是一個閉月羞花的美女，信使裝作很神秘的樣子，小聲對閼氏說：「這幅畫出自我們漢朝的一位書畫名家之手，畫中的女子是我朝的一位美女，你們單于之所以要攻打我們漢朝，全是因為要得到這位美女。」

閼氏信以為真，立刻心煩意亂，既嫉妒中原美女的花容月貌，又害怕單于喪失對自己的寵愛，便下定決心要說服單于撤軍。

當天晚上，閼氏對冒頓單于格外溫柔，她又是唱歌又是跳舞，哄得單于非常開心。

單于拍著大腿歎氣道：「今天本來比較煩心，還好有妳在啊！」

閼氏不解，倒在單于懷裡撒嬌，問道：「到底是什麼煩心事啊！」

單于撇撇嘴，說：「漢朝的援軍馬上要到白登山了，如果我無法及時俘獲漢朝皇帝，這場戰爭就沒有勝算了。」

閼氏覺得勸單于退兵的機會來了，就趕緊說：「大王，你花那麼多精力打漢朝有什麼用呢？我們世代逐水草而居，漢代全是田地，哪有水草可以畜牧啊！既然這場戰爭沒有好處，又要折損我們的將士，大王你為何還要繼續呢？」

冒頓單于覺得閼氏的話有道理，他並沒有吞併漢朝的野心，便決定結束白登山的進攻。

第二天清晨，天降大霧，單于故意讓士兵露出破綻，於是疲憊不堪的劉邦得以突破重圍，一路跌跌撞撞地撿回了一條性命。

【美女王昭君】

經此一戰，劉邦意識到匈奴之強大，就接受了婁敬提出的「和親政策」：找一個宗室的女兒嫁到匈奴，緩和雙方的關係。

後來，到了漢元帝時期，匈奴呼韓邪單于向漢皇室提出和親的要求，這就引出了著名的中國四大美女之一的「王昭君」出塞事件。

王昭君，名嬙字昭君，出生在長江三峽的南郡秭歸（今湖北興山縣），在漢建昭元年被選入宮。

她來到匈奴，和呼韓邪單于非常恩愛，被封為「甯胡閼氏」，王昭君還為呼韓邪單于生下一子，取名伊督智牙師，被封為右日逐王。

婚後的第三年（西元前三十一年）呼韓邪單于去世，呼韓邪單于長子雕陶莫皋繼承單于的位置。按照當地習俗，王昭君成了雕陶莫皋的妻子。年輕的單于對王昭君更加憐愛，夫妻生活十分甜蜜，接連生下兩個女兒，長女叫雲，次女叫當，後來都嫁給了匈奴的貴族。

王昭君再婚生活過了十一年，雕陶莫皋去世。那年是漢成帝鴻嘉元年，王昭君已經三十三歲，正是絢爛的盛年，此後，她全心參與政治活動，對於匈奴與漢室王朝的友好做出重大的貢獻。

在國內，因為王昭君出塞的功勞，她的兄弟被朝廷封為侯爵，多次奉命出使匈奴與王昭君見面。王昭君的兩個女兒還曾到長安皇宮侍候過太皇太后，

這位太皇太后即是漢元帝的皇后王政君。

　　到了王莽改政時期，匈奴因「非劉氏子孫、何以為中國皇帝」為名再次挑起了戰亂。

　　王昭君親眼看著自己創造的和平歲月毀於一旦，無奈的在絕望中去世，葬在大黑河南岸，故址在今內蒙古呼和浩特市舊城南九千尺處的大黑河畔。據說，每到入秋以後，塞外草色枯黃，只有王昭君墓上草色青綠，所以人們稱之為「青塚」。

小知識

　　王昭君的歷史功績，不僅僅是她主動出塞和親，更主要的是她的努力使漢朝與匈奴和好，讓北國邊塞的烽火熄滅了五十年之久。後人評價王昭君的功勞可以和霍去病相媲美，並不為過。

眼界決定命運
——烏孫國投靠誰？

西元前一三九年，漢武帝張騫出使西域的大月氏，打算與大月氏人聯合夾擊匈奴，但是結果無功而返。接下來漢武帝展開反擊匈奴的戰爭，漢軍節節勝利。

西元前一一九年，張騫向漢武帝提議聯合強大的烏孫國，以此切斷匈奴右臂。三年後，張騫奉漢武帝之命向烏孫國王建議讓他們返回敦煌祁連山故土，以便與漢朝聯合對付匈奴，這樣對雙方都有好處。

當時的烏孫國正處於國家分裂的狀態，而且大臣不瞭解漢朝的情況，又畏懼匈奴強盛的國力，因此，最後的結果是，烏孫不可能遷回故地祁連山。

不過，出於禮節，烏孫國國王派數十名使節跟隨張騫來到當時的長安。

令烏孫國王想不到的是，他的使節看到西漢國勢強盛，回去馬上建議他考慮與大漢結成戰略同盟。而匈奴單于得到烏孫準備與漢朝建立聯繫的消息以後，馬上派兵遣將企圖攻打烏孫國。

烏孫國國王迫於當時的形勢答應與漢朝聯姻，結為昆弟，尋求支援。

西元前一〇八年，漢武帝下詔讓宗室劉建的女兒細君公主下嫁烏孫國王。匈奴單于得知烏孫與西漢聯姻的消息後，馬上派一名本族女子來到烏孫國請求和國王成婚，而烏孫國王馬上封匈奴女子為左夫人。

烏孫國王同時與漢、匈奴兩個國家聯姻，表明他跟漢建立外交關係的同時，並沒有與匈奴分道揚鑣。

不久，烏孫國王逝世，皇太子即位，細君公主隨後在西元前一〇五年也駕鶴西去。

　　為了維持和烏孫國的姻親關係，漢武帝馬上把楚王的女兒解憂公主嫁給烏孫國新任國王。令人想不到的是，新任的烏孫國王也死了，解憂公主只好嫁給繼任的烏孫國王。

　　不過，值得慶幸的是，這位解憂公主不負眾望，比細君公主活得長久，使漢朝對烏孫的影響力也隨之日益增加。

　　漢昭帝末年，烏孫國遭到匈奴和車師兩國聯軍的攻擊，身為烏孫國皇后的解憂公主上書西漢朝廷請求出兵解救烏孫國。

　　然而令人想不到的是，漢昭帝就在這個節骨眼上駕崩了，漢朝廷因此就沒有派遣軍隊增援。

　　繼位的漢宣帝得到解憂公主的書信後，馬上命田廣明等五名將軍率領十五萬騎兵與烏孫國軍隊兩路夾擊匈奴。

　　西元前七十一年，烏孫國王親自帶領五萬騎兵自西進攻匈奴，大獲全勝。

　　自此以後，匈奴開始由盛轉衰，其影響力也逐漸退出西域地界，而烏孫國也因此成為了西域最強大的國家。

　　西元前六十四年，烏孫國王上書漢室皇廷「願以漢外孫元貴靡（解憂公主之子）為嗣，得令複尚漢公主，結婚重親，叛絕匈奴」，漢宣帝點頭同意。

　　至此，烏孫國與西漢的聯盟正式被確立。

　　就這樣，西漢取代匈奴在西域的影響力，並設西域都護府，行政長官負責管理西域事務，烏孫國的一舉一動都在西漢西域都護府的監視之下。

　　西元前六十年，烏孫國王逝世，烏孫國的貴族擁立了具有匈奴血統的泥

靡繼承王位，西漢朝廷對此強烈不滿，隨後與烏孫國的聯姻中止。

因為西漢不需要聯合烏孫共同對抗匈奴，所以解憂公主的任務是為漢控制烏孫。

新立國王既不符合西漢朝廷的意思，又因殘暴失去烏孫國國人的支持，遭到解憂公主與漢使者魏如意及任昌合謀刺殺。

這是西漢首次干涉烏孫內政的開始，最後並引起了烏孫國的內亂。

從此以後，西漢不斷透過各種手段增加在烏孫國的影響力，最後讓烏孫國成為漢朝的附屬國。

小知識

　　弱國無外交，這是世界上國家之間交往的規律。烏孫在漢朝國家和匈奴之間妄圖左右逢源是不可能的，最後的結果只能依附於強大的大漢王朝。

權力面前少不了猜忌
──皇帝沒有永遠的朋友

故事 91

提起漢高祖劉邦，幾乎沒有人不知道。對於這位出身亭長，最後能開創大漢王朝四百年基業的人，人人都能說出他的一大串故事來。

蕭何與韓信、張良並列為「漢初三傑」，對於劉邦而言，三個人中最信任的莫過於蕭何。

然而，在權力面前，皇帝從來就沒有永遠的朋友。

不得不說，蕭何是一個非常善於與劉邦相處的人。

最初，他向劉邦推薦了一位善於用兵打仗的將軍，這位將軍就是他月下追來的韓信。韓信果然不負眾望，為漢朝建立了汗馬功勞。後來，有人向劉邦的妻子呂后告發韓信謀反。蕭何便向呂后獻計，以慶賀平叛的名義把韓信騙進宮中，將他殺害於長樂宮鐘室。

為此，劉邦拜蕭何為相國，並派出五百名士兵做他的侍衛。

蕭何被封為相國後，許多大臣前來祝賀，只有召平對蕭何說：「相國，我看您是大禍臨頭了。皇上常年在外征戰，獨留相國在京城，您並沒有為大漢江山作出特殊的功績，皇上為何封您為相國，又為您設置侍衛呢？這是因為韓信謀反的事件，已經牽連到您，皇上已經對您起了疑心，是在防範您。如今，唯一的辦法是您把私人財產拿出來全部捐給軍隊，這樣皇上就會消除對您的懷疑了。」蕭何一想，覺得召平這個建議非常有道理，就這樣做了。事後，劉邦果然消除了對蕭何的懷疑，並且非常高興。

【「初漢三傑」畫像】

不久，大將英布反叛，劉邦親自率軍征討。

留在京城的蕭何，總是兢兢業業，勤於國事，安定民心，不斷地向前方輸送糧食。蕭何做得越好，劉邦越不安心，他那好猜忌的老毛病又犯了，經常派人來詢問蕭何的情況。

有一天，蕭何的一個門客對他說：「相國，您離滿門抄斬已經不遠了。」蕭何一聽，非常震驚：「你在說什麼？」門客一臉嚴肅，繼續說道：「您位列群臣第一，除了皇上，沒有再比您更高的了，而且這十幾年來，百姓非常擁護您，這是人人皆知的事情。現在您又如此為民辦事，更加深得民心，皇上能不懷疑您嗎？如今只有一個辦法，那就是您以相國的名義，故意對老百姓做一些強買強賣的事情，讓老百姓恨您，這樣或許能夠躲避災難。」蕭何覺得有道理，於是就故意做了一些以權勢欺壓老百姓的事情。老百姓非常失

望，民間開始流傳關於蕭何的一些壞話。

劉邦的手下及時向他彙報了這一情況，劉邦不僅沒有發怒，反而高興了起來。

在平定叛亂回朝的路上，很多老百姓攔住劉邦的車駕，狀告蕭何憑藉權勢，靠強奪、變賣人民田宅，獲得了千萬錢財。劉邦心裡暗暗高興，等見到蕭何後，並沒有深究，只是說：「你堂堂一個相國，竟然和老百姓爭利，你就是這樣『利民』的嗎？還是自己去向百姓謝罪吧！」劉邦雖然表面上生氣，讓蕭何向老百姓道歉，並補償所虧的錢財，但是內心竊喜不已，從此消除了對蕭何的懷疑。

小知識

中國古語說「飛鳥盡良弓藏，狡兔死走狗烹」，說的就是這個道理。當劉邦需要用人之際，就低三下四地拉攏有才能的人，可是劉邦坐上皇帝寶座之後，馬上就開始擔心這些人會不會造反了。有了平定天下的共同利益，劉邦就將這些有能力的人聚在一起，當平定天下之後，就想辦法誅殺他們。

新仇舊怨難平息
——漢朝時代，匈奴何以猖獗？

　　《史記》記載，匈奴人的先祖是夏王朝的遺民，他們西遷過程中融合了月氏、樓蘭、烏孫、呼揭等二十六國的白種人，逐漸形成一個獨特的民族。

　　在匈奴建國之前，東北亞草原地區有很多大小不同的氏族部落，他們相互割據。

　　後來，匈奴民族就以匈奴部落聯盟為基礎，在東北亞地區慢慢征服了其他部落以及其他一些小國，逐漸建立了自己的國家。

　　從西周開始，邊境區域的少數民族王國開始對中原王朝構成威脅，發生歷史上著名的周幽王烽火戲諸侯、犬戎部落攻陷鎬京、周平王東遷、趙武靈王胡服騎射等故事，都和少數民族的交戰有關係。

　　邊境的小國為了生存，就逐漸依附到匈奴國周圍，這樣一來，匈奴國的實力就增大了，對中原大國開始虎視眈眈起來。

　　戰國末期，趙王曾經派遣大將李牧帶兵大敗匈奴。

　　西元前二一五年，秦始皇為了打破「亡秦者胡也」的預言，派大將蒙恬帶領三十萬兵馬向北打擊匈奴，奪回河套地區並重設九原郡。

　　後來，匈奴國冒頓單于繼位，這位野心勃勃的國王就邁開對外擴張的步伐。

　　接下來，匈奴國大敗東胡王、吞併樓煩國和白羊河南王（匈奴別部，居

河套以南），向中原地界進攻，收復了蒙恬占領的河套地區、膚施（今陝西榆林東南）等郡縣。

隨著地盤不斷的擴張，匈奴國的實力也在不斷增強，他們開始往西攻擊大月氏國。

等老上單于繼位後，匈奴終於打敗大月氏國並殺死了他們的國王，大月氏被迫向西域遷徙。

北方及西北一帶的丁零、渾庾、屈射、鬲昆、薪犁等部族迫於匈奴的淫威，只能先後臣服於匈奴，聽從匈奴單于的號令。

至此，匈奴依然沒有滿足日益膨脹的擴張野心，他們開始對漢朝的燕、代等地區開始了侵略。

西元前二〇一年，漢朝臣子韓王信被迫投降匈奴。

第二年，不甘於忍氣吞聲的漢高祖劉邦親率三十二萬大軍向北討伐匈奴，但是，他們隨後在白登（今山西大同東北）陷入匈奴冒頓單于四十餘萬騎兵的圍困。名震華夏青史的一代雄主漢高祖劉邦在那裡被困了達七畫夜之久，後來用計謀才得以逃脫。

透過這次的出兵，劉邦領略了匈奴的厲害，回去後就採納了婁敬的建議，開始對匈奴實行「和親政策」，搜尋漢室宗親的女子嫁給匈奴單于，並贈送一定數量的財物以及開放關市准許雙方人民交易。

然而，匈奴依然不滿足，還是不斷出兵侵擾漢朝的邊界。

到漢武帝時期，西漢歷經近七十年的休養生息，經濟、國力大大增強，雄才大略的漢武帝過夠了忍氣吞聲的日子，準備對匈奴的戰略從防禦轉為進攻。

他先後對匈奴發動了三次大戰：河南之戰（也稱漠南之戰）、河西之戰、漠北之戰。

西元前一二七年，漢武帝派衛青收復河南地區；西元前一二一年，漢武帝派霍去病奪取河西走廊，受降匈奴右部十萬人，設四郡；西元前一一九年，衛青、霍去病率五萬騎兵分兩路出擊，衛青擊潰單于，霍去病追殲左賢王七萬餘人，封狼居胥。兩軍共殲滅匈奴軍九萬餘人，使其一時無力南下。

在一系列的打擊下，匈奴也感覺到大漢王朝的威力，開始和漢朝緩和外交關係，後來的王昭君出塞就是雙方友好的見證。

小知識

匈奴民族的發展在某個程度上影響了當時的中國和歐亞大陸的歷史進程，這在中國很多歷史書籍都有記載。正是因為如此，漢族才「取長補短」得以長足的發展。我們今天的中華各個民族大融合，也是在各個民族相互尊重、相互學習的基礎上建立起來的。

故事 93

「事不過三」是定律
──互送人質，是個成功又失敗的外交手段

「質子」就是一國之君將自己的兒子抵押給其他國家作為人質，比如，秦始皇的父親就做過人質。

這種外交手段起源於春秋戰國時期諸侯之間的「納質為押」，發展到兩漢時期基本上形成一種外交制度了。

大漢王朝為了向周邊少數民族國家建立藩屬關係，就索取人質。

能作為質子的人選大多是少數民族首領或部落酋長的兒子或兄弟、王室成員或權貴。

兩漢時期，「入侍為質」和「納質為臣」的現象十分普遍，質子制度就成為兩漢處理民族關係的重要手段之一。

不過，質子作為外交手段，也暴露了很多弊端，最著名的就是漢朝和樓蘭國的「質子」事件了。

西漢時期，樓蘭國迫於形勢和漢室和好，可是正與漢朝敵對的匈奴知道後就對樓蘭不滿了。

樓蘭國王沒有辦法，只好派了一個兒子到匈奴那裡作為人質，然後再派另一個兒子到漢朝作為人質。

後來，漢武帝命令一名將軍帶領部隊進擊大宛國，而向來和漢朝勢不兩立的匈奴就想在半路截擊漢軍，但又害怕漢軍兵力強盛到頭來自己吃虧。

匈奴單于想來想去，就派人到樓蘭國請求幫助。

世上沒有不透風的牆，樓蘭和匈奴想聯合截擊漢軍的消息傳到漢武帝耳朵裡，漢武帝非常生氣，就命令一支輕騎兵部隊從小路襲擊樓蘭國，逮捕了樓蘭國王並押到了長安。

樓蘭國王為自己辯解說：「我們樓蘭國很小，國力有限，只能夾在大漢和匈奴兩個大國之間求生存，不採取討好兩邊的做法就無法得到安全。我希望讓我國遷到漢朝境內居住，這樣我們樓蘭國就和大漢一條心了。」

漢武帝認為他的話很有道理，就送他回到了自己的國家。

這個消息傳到匈奴後，匈奴的單于又對樓蘭不滿了。

後來，樓蘭國王去世，樓蘭國人來請在漢朝的人質回國，準備立他為王。

可是，在長安的樓蘭國人質犯了漢朝的國法，被判處了宮刑，不能回國做君王了。

漢室朝廷就答覆樓蘭使者說：「貴國的人質很受皇帝的喜愛，不能送他回國了。你們要不要想辦法另選別人當國王？」樓蘭國沒有辦法，只好另立了國王，可是此刻漢朝又要樓蘭國王送人質。

新任的樓蘭國王沒有辦法，只好再派兩個人質分別到漢朝和匈奴。

可是意外的事情發生了，這個新任樓蘭國王沒過多久就去世了，匈奴首先得到消息，就把自己國內的樓蘭國人質送回去做了國君。

漢武帝瞭解情況後，就派使者命令新樓蘭國王到長安來朝見自己，說要給他厚賞。樓蘭國王的皇后就是他自己原來的繼母，她給自己的新任丈夫出主意說：「當初先王派了兩個人質去漢朝的長安，最後都沒有回來。你為什麼還要去朝見漢朝皇帝？」樓蘭國王這才醒悟過來，聽從了她的計謀，就向

漢朝的使臣說：「我才立為國王，國內不安定，等到後年再到長安去朝拜天子陛下。」

這樣一來，漢朝就和樓蘭國出現了矛盾。

後來，隨著形勢的發展，樓蘭國徹底倒向了匈奴那一邊，成為匈奴的附庸國。

從那時起，樓蘭人就開始協助匈奴不斷襲擊漢朝的客商和外交人員，讓漢朝和西域的往來受到很大的影響。

一直到唐朝，樓蘭和中原依然處於緊張的關係中，並且留下「不破樓蘭終不還」的千古名句。

小知識

　　中國俗語說「事不過三」，從樓蘭和漢朝的關係可以看出來，人質有助於兩國間的友好交往，但處理不好也會影響兩國的關係。

道高一尺「魔」高一丈

——廚賓國「騙」大漢

廚賓國是漢朝時期西域地區的一個國家，不在西域都護府的管轄範圍內，人口儘管不能和當時的漢朝相比，可是在西域地區也是大國之一。

這個國家向東距離漢朝的長安大約有六千公里，東北距離西域都護府大約三千四百公里，西北和大月氏國是鄰國。

漢朝在漢武帝時期才開始與廚賓國交往。當時，廚賓國的國君認為和地處中原的大漢王朝相距非常遙遠，大漢的兵馬殺到這裡不容易，就沒有把漢朝放在心上。

因為這個原因，廚賓國的國王烏頭勞曾經幾次派人劫殺漢朝出使西域的外交人員，讓大漢朝廷頭疼不已。漢武帝除了加派兵士保護之外，想不出更好的辦法來對付廚賓國。

後來，廚賓國國王烏頭勞去世後，他的兒子繼承王位改變了對大漢王朝的態度，派遣使者帶了不少禮物拜見漢朝皇帝，以示友好。

漢朝也特意派關都尉文忠一路護送廚賓國的使者回國，想和廚賓國修好外交關係，禮尚往來。

但令人想不到的是，當關都尉文忠到達廚賓國的時候，此時的廚賓國忽然間改變了對漢朝的態度，竟然想殺害他。

機警的關都尉文忠感覺到了形勢的嚴重性，就與廚賓國的王子陰末赴一起商議，殺死當時的國王，然後讓陰末赴做了廚賓國的國君，並授給陰末赴

國君的印綬。

這樣一來，廚賓國國王陰末赴就和漢朝的關都尉文忠成了莫逆之交，廚賓國也和漢朝改善了外交關係。

可是，後來漢朝軍候趙德奉命出使廚賓國，結果沒有處理好和陰末赴的關係，憤懣的廚賓國王陰末赴逮捕了趙德，殺死副使以下七十餘人，又派遣使者上書給漢朝皇帝認罪。

漢元帝認為廚賓國距離太遠，不接受來使，就將陰末赴派來的使者阻止在一個叫縣度的地方，沒有讓他到長安。

到了漢成帝時期，廚賓國再次派遣使者到長安向漢朝皇帝獻禮並認罪，大漢朝廷想修好和廚賓國的外交關係，派遣使者護送廚賓國使者回去。

當時，杜欽是漢朝的大將軍王鳳的謀士，他就向大將軍王鳳建議說：「此前的廚賓王陰末赴本來是漢朝幫助他做的國君，可是後來他還是背叛了漢朝，還殺死了我大漢的使者。廚賓國王之所以膽大妄為，就是認為漢朝距離他們非常遠，兵馬殺不過去。當廚賓國有求於漢朝的時候就低聲下氣地向我們說好話，無求於漢朝就對我們翻臉不認人。這樣的國家永遠不可能成為漢朝的友邦。當下，廚賓國使者中沒有國王的親屬貴人，都是一些商賈賤人，他們就是想以向皇帝獻禮為名來做買賣。所以我們朝廷派使者護送他們回到縣度，恐怕是白白受騙。現在使者已經接受了皇帝的派遣，那就可以送廚賓國使者到皮山就回來。」

杜欽將事情的來龍去脈分析得非常透徹，王鳳覺得有道理就報告了王太后，接受了杜欽的建議。

當時，廚賓國派使者到長安的目的確實是貪圖漢朝皇帝的賞賜和做買賣，所以他們的使者每隔幾年就派來一批。

　　我們透過杜欽對廚賓國來使事件的分析，可以看出他分析事情的獨到之處。除了淵博的知識之外，還能及時瞭解事情的來龍去脈，進而看出廚賓國的真實目的，挽救了國家不必要的損失。

該出手時就要出手
——大宛國曾經「不知好歹」

故事 95

大宛國是由張騫第一次出使西域時發現的。

當初，張騫奉漢武帝之命出使西域，目的是想聯合大月氏共同對付匈奴，不料在半路被匈奴扣留了十多年。

等張騫尋找機會逃脫之後，開始向西跑就到達了大宛國。

大宛國早就聽說過東方的漢朝，錢財物產豐富，想與漢朝友好交往，但一直沒有機會。如今見到張騫，大宛國王非常高興，便問張騫到這裡的目的，張騫說明自己的使命，隨後希望大宛國能夠幫助自己。

大宛國國王很信任張騫，就派了嚮導和翻譯，隨後讓張騫出發。

就這樣，張騫在大宛國的幫助下最後才來到大月氏國，這是漢朝和大宛國的首次交往。

回到長安後，張騫就向漢武帝報告了大宛國的情況，漢武帝也覺得大宛國很厚道。

從那時起，漢朝使者出使西域的就漸漸多了起來。

那時，出使到西域的人回到長安後就會把自己熟悉的情況向天子彙報。曾經去大宛國的人彙報說：「大宛國有個貳師城，那裡有很多好馬。不過，大宛國把這些良馬藏起來，不肯送給漢朝使者。」結果，漢武帝非常想得到大宛國的好馬。於是，他派遣壯士車令等拿著很多財寶和金馬，去向大宛王請求交換貳師城的好馬。

313

【西域國家主要分布在塔里木盆地、吐魯番盆地和以北的準噶爾盆地的邊緣。】

當時，和漢朝有交往的大宛國已經有很多漢朝的東西，大宛國王與大臣經過商議，認為貳師的馬是大宛的寶馬，不能隨便送人。況且，漢朝距離大宛國很遠，要經過鹽澤來大宛國很困難，從北邊來又有匈奴侵擾，從南邊來又缺少水草，這種情況下漢朝不會出兵到大宛國找麻煩。

漢朝使者感覺自己是熱臉貼了大宛國的冷屁股，被拒絕後當即怒火沖天，馬上揚言要砸碎金馬離去。大宛國貴族官員聽說後也很生氣，認為漢朝使者沒有將大宛國放在眼裡，就命令漢朝使者離開，還私下指使東邊的西域某國阻擊並殺死了漢朝使者，搶去他們的財物。

漢室朝廷得到消息後大為震驚，馬上商議對策。

曾出使大宛的人向漢武帝提議大宛兵弱，如果能率領三千漢朝的大軍，就可以完全俘獲他們的軍隊，徹底打敗大宛國。

武帝聽完後，決定出兵討伐大宛國，就任命李廣利為貳師將軍，調發屬國的六千騎兵，以及各郡國的幾萬人馬，前去討伐大宛國。

但是，這次軍事行動沒有預想的那樣順利，軍隊除了路途艱難受到損失外，還遭遇了匈奴人的襲擊，最後沒有達到預定的軍事目標，撤回到玉門關。

漢朝的公卿和議事的官員都希望停止打大宛的軍事行動，集中力量攻打

最大的敵人匈奴。

漢武帝覺得已經下達了討伐大宛國的命令，如果連這樣的小國都拿不下，那麼西域各國就會輕視漢朝。被外國人嘲笑不說，更得不到大宛國的良馬。漢室朝廷研究再三，決定調發全國七種犯罪之人，載運乾糧供應貳師將軍李廣利。

於是，貳師將軍後來又一次西征，這次帶領的兵士很多，所到小國沒有不迎接的，都拿出國內食物供應漢朝軍隊。

漢朝軍隊首先到達侖頭國，侖頭國不肯投降，攻打了幾天，血洗全國。

大軍兵臨大宛國，大宛國只得調集人馬迎擊漢軍，漢軍用射箭的辦法很快打敗了大宛國的軍隊，並包圍了大宛國的都城，斷絕他們的水源。

攻打四十多天之後，大宛國都城外城被漢軍擊破，俘虜了大宛國的不少貴族。

大宛人非常恐懼，經過商議後就聯合起來殺死了國王，然後向漢軍請求休兵，並答應李廣利將軍把大宛國的良馬全部交出來，任憑大漢皇室的人挑選。

李廣利見自己的目的已經達到，就答應了大宛國的請求。

就這樣，漢軍選取了大宛國的幾十匹良馬，以及中等以下的公馬與母馬三千多匹，又立了大宛貴族中從前對待漢使很好，名叫昧蔡的人為大宛王，與他訂立盟約後班師回朝。

小知識

大漢王朝出兵大宛國打出了軍威，震懾了西域各國，提高了中原大國的威信。大宛國從這件事上也認識到漢朝的厲害，成為漢朝的附庸國。

故事96

殺雞就是為了儆猴
──震懾的魔力

西漢時期，河東太守田延年巡視大將軍霍光的家鄉平陽時，把過去的官員召集起來，大約有五六十人。

田延年親自接見這些人，下令習文的官員站在東面，習武的官員站在西面。

幾十人都按照命令站好後依次拜見田延年。

令人想不到的是，輪到尹翁歸的時候，尹翁歸伏在地上不起來，他對田延年說：「翁歸文武兼備，任憑大人您吩咐。」

田延年的隨從人員認為這個官吏沒有規矩，要處理他。

田延年說：「不要這樣，我和他談談。」

於是，田延年就把尹翁歸召上前來仔細問話，對他的見解非常驚奇，決定補任尹翁歸為卒史，並帶回了自己的府中。

經過一段時間任用後，田延年很快地發現尹翁歸是個難得的人才。

尹翁歸處理日常案件，揭發官僚的奸邪，都能做到一查到底，最後讓案件水落石出。

為此，田延年非常看重尹翁歸，感覺自己的才能比不上他，就提拔尹翁歸擔任督郵一職，負責檢舉官員。

尹翁歸上任後依法行事，被檢舉的人都是罪有應得，屬縣的長官犯錯後

儘管受到了尹翁歸的處理，卻從來沒有人怨恨他。

後來，尹翁歸因為清廉被舉薦為緱氏縣尉，升職後又在郡中任官。

田延年看到尹翁歸任職的地方都得到妥善治理，就遷升尹翁歸補任為都內令，透過舉廉升任弘農都尉。接下來，田延年又奏請皇上任命尹翁歸為東海太守。

東海地區郯縣有個大土豪叫許仲孫，奸邪狡猾，破壞吏治，周圍的人們深受其害。官員每次要逮捕許仲孫的時候，這個傢伙都依靠勢力，使用奸詐技倆自我解脫，始終沒有受到官府的制裁。

尹翁歸到任後，立刻派人逮捕了許仲孫，隨後在街市上將他斬首示眾。這下子，全郡的人都震驚了，從此再也沒有人敢觸犯國家的法令，東海郡的治安得到明顯的改善。

尹翁歸因為政績優異升任為右扶風太守。

到新的職位後，尹翁歸治理右扶風依然採用治理東海郡的辦法：凡是有犯罪前科和奸邪者的名字，每個縣都做好記錄。只要哪個地區發現盜賊，尹翁歸便召見那個縣裡的長官，告訴他奸惡之徒的主犯名字，讓他們根據蹤跡類推的辦法，尋找這些盜賊的藏身地點。

尹翁歸處理案件有個特色，那就是追查貧弱百姓的時候都比較寬鬆仁慈，而對待豪強就查得非常嚴厲。

那些犯了法的豪強被治罪後送到掌畜官那裡，讓他們鍘草抵罪，不能讓別人代替。不合要求的，都要受到鞭笞懲處，有的人痛得無法忍受，最後被逼用鍘刀自殺。

京城的人都害怕尹翁歸的威嚴，右扶風的治安狀況明顯改善，懲治盜賊的政績常常在京師三輔中數第一。

尹翁歸在公卿同僚中清廉自守，並且溫雅謙虛，從來沒有因為自己有能力而看不起別人，在朝廷中受到很好的讚譽。

元康四年，尹翁歸去世，死後家中沒有剩餘的財產，皇上稱道尹翁歸的賢良，給御史發布詔書：「朕每天起早貪黑，目的就是想提拔好人做官，讓這些為官的能夠安撫民眾。右扶風尹翁歸為官清廉公正，治理百姓的政績突出，不幸英年早逝，無法完成其功業，我非常痛心。朕決定賜給尹翁歸的兒子黃金一百斤，以便祭祀其父。」

後來，尹翁歸的三個兒子都做到郡守的官職。

因此，後來人們都稱道田延年會識人才。

小知識

千里馬遇到伯樂才能得到承認，進而施展自己的人生抱負。尹翁歸是人才，是所謂的「千里馬」，也正是因為田延年這個伯樂成就了他的個人理想。如果當時田延年是個貪官，那尹翁歸是不會得到重用的，更無法實現自己的抱負。

懷柔勝過刀兵
——趙佗最終歸附漢朝

故事 97

西元前二一四年，秦始皇派遣任囂為主將，趙佗為副將，發起了平定南越的作戰行動，很快將桂林、南海、象郡等地占領。

隨後，秦始皇命任囂為南海尉（郡的最高長官），嶺南地區正式與中原併為一體，成為秦國的一部分。其中，趙佗作為這次行動的主要參與者，是完成此重任的關鍵人物之一。

西元前二〇九年，秦朝天下開始出現戰亂，農民爆發起義，各地的回應如雨後春筍般出現。南海尉任囂也想積極回應各地的起義，可惜身體染上了嚴重的疾病，已經病入膏肓。他在臨死之前叮囑趙佗，讓他負起南海尉的重任。

秦朝滅亡後，身在南國的趙佗乘機「擊併桂林、象郡」，將嶺南三郡迅速併為一體，隨後自稱南越武王，定都番禺。

當時，南越國疆土「東西萬餘里」，包括今廣東、廣西大部分，以及越南北部，是嶺南地區第一次建立起的正式政權。趙佗的軍事行動，避免了嶺南地區重新出現分裂狀態，避免了那裡的人民再次遭受多年戰爭之苦。這對嶺南地區百姓的安危以及經濟發展，都有積極的意義。

西元前一九六年，坐上大漢皇帝寶座的漢高祖劉邦為了結束嶺南地區的分裂狀態，決定採取和平政策，派遣大夫陸賈出使南越，勸說趙佗歸順大漢王朝。

趙佗當時以越人打扮接見陸賈，神態有點高傲，結果遭到陸賈的斥責。

趙佗雖然對劉邦不是很服氣，但還是接受了漢的封號，對大漢王朝稱臣。

當時，劉邦對趙佗的懷柔政策對雙方都有利。就在陸賈出使南越這一年，劉邦一方面要對付韓王信部下王黃、趙利等人的騷擾，一方面還要忙於剷除異姓王。正月，設計淮陰侯韓信；三月，殺梁王彭越；七月，淮南王英布起兵，劉邦只得再次出兵討伐。一年下來，劉邦兩次親自出馬鎮壓叛亂。

在這種情況下，對當時登基不久的劉邦來說，最好的辦法就是承認趙佗的存在。如果趙佗當時能夠「自保一方，兵力震於荒裔」，拒絕接受封號，劉邦也無可奈何。但趙佗還是接受了劉邦的封號。

劉邦的正確決策，趙佗的明智選擇，不僅消除了漢與南越的對峙，而且開闢了一條從分裂到統一的和平途徑。

到呂后當政的時候，有關部門禁止南越人在市集上購買鐵器和馬牛羊等牲畜，引起南越趙佗的極大不滿。

當初，劉邦曾經把趙佗的南越劃分到長沙國，趙佗感覺皇室控制南越經濟發展是長沙王出的餿主意，就產生報復的心理。

於是趙佗自加尊號為南武帝，發兵攻打長沙邊境，幾個郡縣遭受戰火的洗禮，百姓苦不堪言。

呂后瞭解情況後非常惱火，馬上派隆慮侯周灶將軍帶兵討伐南越趙佗，可是漢朝的將士到南方後不習慣當地酷暑的陰雨天氣，隆慮侯周灶帶領的兵馬很多人得了瘟疫，根本無法翻越陽山嶺，作戰行動異常艱難。

一年多以後，呂后去世，漢朝就停止了這次軍事行動。

這樣一來更加助長了趙佗的狂妄氣焰，他乘機利用兵馬財物對周邊諸侯

小國實施威逼引誘，讓他們歸屬自己。

　　南越在趙佗的經營下擴大了國土面積，東西距離達到了一萬多里。趙佗出入也像漢朝的皇帝一樣乘坐黃屋左纛車，與漢朝天子平起平坐。

　　西元前一七九年，漢文帝繼位，從代國尚未到長安的漢文帝就布告天下，讓天下黎民百姓都瞭解皇上的盛德。

　　漢文帝派人整修了南越王趙佗在河北正定的祖墳，逢年過節派人按時祭祀，又把趙佗的堂兄弟召來，用尊貴的官職和豐厚的賞賜來籠絡他們。

　　這一切，身在南越的趙佗知道後很感動。

　　漢文帝做好這一切，隨後開始在朝中選拔出使南越的人選，陳平馬上報告說陸賈在先帝時期出使過南越，和趙佗有過交往。

　　漢文帝就派陸賈擔任太中大夫，一名謁者作為副使。另外，漢文帝還給趙佗寫了一封書信，信中說：「皇帝問候南越王……作為高皇帝的庶子，我一直被棄置在代國領地，路途遙遠阻隔了我們之間的交往，未能與南越通使。前天聽說你在邊地興兵，劫掠不斷。長沙郡對此非常痛苦，南郡更嚴重。漢軍與南越作戰，難道對南越有利嗎？結果一定是殺死眾多士卒，損傷好的將帥，使別人的妻子成為寡婦，使別人的兒子成為孤兒，使別人的父母失去兒子，得到一個失去十個，我不忍心……」

　　漢文帝的書信情真意切，徹底打動了趙佗的心。

　　等陸賈再次到達時，趙佗非常慌亂，馬上叩頭謝罪，表示從今以後永為藩臣，遵奉貢納之職。

　　趙佗給漢文帝回信說：「我聽說兩雄不同時而立，兩賢不並世而存。當今皇帝是賢明的天子。從今以後，我願意廢棄帝制黃屋左纛……老夫臣佗昧死再拜上書皇帝陛下：老夫是原南粵的官吏，高皇帝賜給臣佗印璽，讓我擔

任南粵王，讓我做國外之臣，按時輸納貢賦……冒死再拜，來聽皇上教誡。」

陸賈回到長安，漢文帝非常高興。就這樣，漢文帝用懷柔的辦法降服了趙佗，避免了大動干戈的艱難，為大漢的中興打下了良好的基礎。

亂世才有「真英雄」
──王莽為何挑動匈奴的神經

故事 98

北方的匈奴在漢宣帝、漢元帝時期歸附漢朝之後，漢匈之間一直保持著和平相處的友好關係。

每當新單于繼位時，匈奴都會派遣王子入朝進貢，有時候新單于也會親自來長安拜見大漢天子。漢朝對匈奴人也不錯，每次都指派專人到邊塞去迎接，然後一路到長安，按照慣例賞賜匈奴人。

西元八年臘月（農曆），王莽經過多年苦心經營後終於建立了自己的新朝，登上皇帝的寶座。

為了樹立自己的威信，消除漢朝在邊域地區少數民族之間的不良影響，王莽派出很多使者，周遊四邊，宣揚新朝是奉天命取代的漢朝，然後收繳漢朝頒發的印綬，改換新朝的印綬，變「王」為「侯」，這讓周邊的小國都非常不滿。

出使匈奴的是五威將王駿，他將「新匈奴單于章」的新印交給單于後，就命令單于繳上漢朝故印。單于不知道印文已經改了，不假思索準備交上漢朝故印。此時瞭解內情的人在身旁提醒單于察看新印後再交故印，單于居然沒有一點顧慮就將故印交給了五威將王駿，接受新印後也沒有察看印文。

王駿等人用欺詐手段騙取了故印，還是擔心單于察看新印後反悔，想來想去，索性砸壞了故印。天明之後，單于果然派人責問改動印文的事情，請求歸還故印。王駿馬上拿出已經破碎的故印，回覆匈奴人說天意如此，是故

印自碎。單于無可奈何，只好派遣自己的弟弟護送王駿回朝，上書王莽請求另賜印綬，但王莽拒絕了此一請求。

在此之前，王莽曾經命令烏桓國的使者通告烏桓的百姓，不向匈奴繳納「皮布稅」，匈奴大怒，出兵擄掠烏桓婦女弱小一千多人，下令烏桓用牲畜來交換。王莽命令匈奴歸還烏桓被掠人口，匈奴對此置之不理。

對於這件事，匈奴單于早已經對王莽心懷不滿，在王莽拒絕更換印綬後，馬上以歸還烏桓被掠的人為藉口，派遣大量的騎兵部隊做好入侵中原的準備，雙方的關係變得異常緊張。

此刻，西域戊己校尉史陳良發現西域局勢不穩定，匈奴又將大舉進攻，就斬殺長官，自稱廢漢大將軍，然後帶領部下和家眷逃到了匈奴，正痛恨王莽的匈奴單于馬上厚待這些人。

面對動盪不安的局面，王莽覺得必須首先降服匈奴，就下令徵發天下囚徒、男丁、甲卒三十萬人，派立國將軍孫建等十二位將軍，準備討伐匈奴。

另外，王莽還傳令準備把匈奴土地分為十五份，讓匈奴單于子孫十五人擔任新單于。

後來，王莽派中郎將藺苞等率領一支騎兵部隊，攜帶大批珍寶至雲中塞下，誘惑三名不明真相的匈奴貴族到長安，實際上是扣留成了人質。

匈奴單于瞭解情況後大怒，開始派兵進攻當時的新朝邊境，殺掠擄奪當地百姓和官吏以及財產。

王莽不聽朝中大臣的勸告，依然繼續往北邊調動部隊，準備迎擊匈奴的攻擊，天下變得騷動不安起來。

王莽大規模調集部隊，只是為了向匈奴炫耀自己的武力，並沒有制定一個切實可行的作戰計畫，最終只有落個勞民傷財的下場。

小知識

　　王莽還沒有露出做皇帝的野心時，在漢朝的威信很高，受到很多人的擁戴。當王莽做了皇帝之後，做起事來大不如前，尤其對於邊境區域的國家。匈奴本來和漢朝關係很好，讓王莽處理成了仇敵，最終形成戰亂。

「城西萬子夏」
——社會動盪遊俠生

故事 99

歷史上的遊俠，其實就是黑社會的代名詞。

不過，黑社會勢力究竟何時出現，已經無法考證。

有記載的就是在西漢前期，當時的黑幫惡勢力曾經達到猖獗程度，本該是全國「首善之區」的京師地區，實際情況卻是「長安熾盛，街閭各有豪俠」。

這些被稱作「豪俠」的，其實就是黑社會「老大」，他們手下都有眾多「少年」充當幫手。

這樣不僅增強了自己的勢力，也在某個程度上擴大了影響，讓周邊的老百姓和官府都望而生畏。

漢朝時期，有些流氓勢力的結合帶有很強的宗族化和家族化色彩，族長基本上就是「老大」，家法基本上就是「幫規」，組織就是宗族成員的血緣結合，人多勢眾，榮辱與共，形成強大的勢力。

漢武帝時期的黑幫老大郭解，據記載司馬遷曾經親眼見過。

司馬遷在書中描述郭解「身材短小，談吐平庸」，可是在他平常的外表之下，卻「陰懷賊害之意」，和人接觸稍微不高興就拔刀相見，「所殺甚眾」。

郭解很在意追求江湖上的聲望，這樣一來，周邊「少年慕其行」，爭先恐後拜倒在郭解的門下，由此結成以他為「老大」的黑幫。周圍的人若是敢得罪他，甚至在背後議論他幾句，不用老大開口，「少年」們很快就替老大

將這些人「做掉」。聲名遠播後，各地的亡命之徒紛紛來投奔郭解。

到了西漢末年，政治腐敗，各地的「遊俠」勢力更加肆無忌憚，紛紛粉墨登場。其中著名的「城西萬子夏」的萬章就是當時赫赫有名的「遊俠」。

萬章，字子夏，是長安人。當時，作為京師重地的長安十分繁華，街市中有很多豪俠之士。萬章住在城西的柳市區域，所以人稱「城西萬子夏」。後來，萬子夏做了京兆尹（相當於京師的市長）的好朋友。

有一天，萬子夏跟著京兆尹出席一個外交場合。令人想不到的是，在那裡的侍中、諸侯之類的達官貴人都爭著要和萬子夏打招呼，居然將京兆尹放在一旁坐冷板凳。當時，萬子夏十分退縮，也十分害怕。從此之後，京兆尹就再也不叫萬章陪著自己了。

萬子夏另一位很要好的朋友是中書令石顯，沾了石顯有權有勢的光，萬子夏家門前的車馬總是接連不斷。

可是到了漢成帝初年的時候，石顯因為專權的罪名被免去了官職，捲舖蓋回家鄉去了。石顯家財千萬，臨走的時候，留了些床席器物價值不菲。石顯準備送給萬子夏，但萬子夏沒有接受。

有些賓客詢問其中的原因，萬章感歎地說：「我本身就是一個身穿布衣的平民百姓，承蒙石顯憐惜和我成了朋友。現在石顯已經家破業敗，我沒有辦法去救他，現在反而還去接受他的財物，這麼做也太對不起人家了！」眾人聽到萬子夏這番話，都心服口服，稱讚萬子夏為人處世夠朋友。

在這樣的政治環境下，各地出現許多遊俠。比如長安的樊中子、槐里的趙王孫、長陵的高公子、西河的郭翁中、太原的魯翁孺、臨淮的兒長卿等等，他們都和「城西萬子夏」一樣，雖然身為俠士卻都有禮讓謙遜的君子之風。

這些人儘管都是強盜，但是都混雜在平民之中，被人們所仰慕。

到了河平年間，王尊當上了京兆尹，開始打擊捉捕豪俠之士，殺死了萬子夏等一些豪俠人士，這些人之前都是長安城著名的「老大」。

小知識

「遊俠」這個特殊的社會階層是有其社會根源的。秦漢之際，一些破落的六國貴族子弟仗劍習武，以期亂世逐鹿，恢復從前的貴族地位，而此時正當戰亂，社會也需要武俠來平亂，因此應運而生。

「以狼牧羊」的治民手段
──西漢多酷吏

酷吏，就是殘暴苛刻的官吏，歷史上各個朝代都有。

史書記載的酷吏中，漢武帝時期比較多，主要原因是西漢到了中期之後社會矛盾很尖銳，漢武帝需要加強統治，集中皇權，這樣一來，便產生了很多「知陰陽，人主與俱上下」及「禁奸止邪」的酷吏。

漢武帝時代是中國歷史上「酷吏治國」的一個高峰期，以致司馬遷著《史記》，專門闢出《酷吏列傳》，集中記述了西漢十一名酷吏的故事，其中有十名即活躍於武帝時代，分別為：甯成、周陽由、趙禹、張湯、義縱、王溫舒、尹齊、楊僕、減宣和杜周。

其中，以張湯最為著名。

張湯，杜陵人。

張湯由審阿嬌一案發跡，升任廷尉，審淮南王劉安一案得力，升任御史大夫，這兩個案子，他判了上萬人死刑。

這時漢武帝正喜好儒學，張湯判決大案，想要附會古義，就請博士弟子研習《尚書》、《春秋》，擔任廷尉史，調平法令的可疑之處。上奏判決疑難案件，一定要預先給皇上分析各方面的緣由，凡皇上所肯定的，就接受作為依法判決的案例入廷尉的成文法規，來宣揚主上的聖明。報告工作如受譴責，張湯就承認錯誤而謝罪，順著皇上的意向，舉出賢能的助理官員或辦事吏員，然後說道：「他們本來向我建議的，正像皇上所要求我的一樣。我沒

有採用，才愚蠢到了這種地步.」因此他的過錯常常得到寬恕。他有時上奏章議事，皇上讚許那個奏章，他就說：「我不知道有這樣的奏章，這是監、掾、史中某某寫的。」他想要推薦部下，宣揚某人的長處或者掩飾某人的短處就是這麼做。辦理的案件如果是皇上想要加罪的，就把它交給執法嚴苛的監吏辦理；所辦案件如果是皇上想要寬容的，他就把案子交給執法輕平的監吏去辦。所審判的如果是豪強，他一定玩弄法律條文嚴加懲辦；遇上貧窮人家被審判，他常說：「就是按法律定了罪，皇上還要裁斷審察」。於是，往往從輕判決。

張湯做事有原則，他的原則是：皇帝的原則就是我的原則。

可是，張湯作為當朝御史大夫，而且又是漢武帝很看重的人最後竟然自殺了，遺言是：有人陷害我！

當時，朝野上下流傳一個說法，「丞相取充位，天子事皆決湯」，丞相莊青翟被架空，漢武帝的事都是張湯操辦。

莊青翟不甘心，但一時間還扳不倒張湯。

當時，有人盜走了孝文帝陵園的下葬錢，莊青翟與張湯相約一起謝罪。張湯暗想，這個責任本來就由丞相來承擔，自己並沒有參與祭拜，沒有必要承擔責任。莊青翟謝罪後，漢武帝派御史審查這件事，莊青翟擔心張湯從中使壞，感到非常恐懼。

丞相府的三位長史朱買臣、王朝、邊通曾經受過張湯的凌辱，如今見自己的上司有難，決定先下手為強，準備以罪名陷害他。

他們派屬吏逮捕審訊張湯的友人田信等，說張湯向武帝奏報提出經濟上的建議，田信都事先知道，因此屯積取利，與張湯平分。他們還說張湯有其他奸邪之事，這些話很快就傳到漢武帝那裡。

漢武帝向張湯說：「我有什麼打算，商人都事先知道，是不是有人洩露了計畫？」

張湯聽後，沒有謝罪，還驚訝地說：「肯定是有人這樣做。」

漢武帝認為張湯當面撒謊，就派使臣帶八項罪名指責張湯，張湯一一予以否認。於是，漢武帝又派趙禹責備張湯說：「閣下怎麼不懂分寸，你審訊處死了多少人，如今人們指控你的事情都有根據，聖上很重視你的案子，想讓你自己妥善處置，為什麼要多次對證呢？」

張湯於是上疏謝罪說：「張湯沒有尺寸的功勞，從刀筆吏起家，因得到陛下的寵幸而官至三公，沒有任何可開脫罪責之處。然而陰謀陷害張湯的，是丞相府的三位長史。」於是自殺身亡。

張湯的母親說：「張湯作為天子的大臣，被惡言污蔑致死，有什麼可厚葬的！」就用牛車拉著他的屍體下葬，只有棺木而沒有外槨。

漢武帝知道後便將三位長史處以死罪，丞相莊青翟被迫自殺。

張湯絕對是漢武帝時期第一酷吏，但西漢時期的第一酷吏卻不是他，而是嚴延年，此人絕對可以算得上是最「酷」的一個。

嚴延年在漢宣帝時期最早擔任平陵縣令。他做官很有計謀，往往大家都說要殺的囚犯，他反而就放了；大家都說不該處死的罪犯，嚴延年卻找理由把他殺死。這樣一來，周圍的人根本摸不透嚴延年的用意所在。後來，嚴延年過分痛恨邪惡，被他陰謀誣陷的人很多，特別是他善於寫獄辭。凡是嚴延年所想殺的人，奏章很快就會寫成在手，只要上書到皇帝那裡肯定會批下來。部下可以判死罪的，嚴延年絕對會將其殺死，速度非常快。

漢宣帝非常欣賞嚴延年這樣的「超級屠夫」，三年後將嚴延年調任河南太守。但嚴延年嚴重缺乏寬容精神，也不懂得社會教育，更沒有等待人們改

過自新的耐心，他在河南再次展開針對豪強大戶的屠殺。數九寒冬，嚴延年傳令所屬各縣囚犯，召集他們到郡府都判了殺頭之罪，流血數里，當地人們稱他為「屠伯」。

小知識

　　酷吏是君主專制政治的產物，也是其犧牲品，皇帝用酷吏，是為了維護專制政治之威；殺酷吏，是平復民心。酷吏不僅「能幹」，而且大多相當清廉，替主子出頭賣命，官運一般都相當好，經常越級升遷，深得皇帝喜愛。說白了，就是一種政治投機罷了。不過，酷吏投機，這條路也不是那麼好走的，雖然他們在官場常能平步青雲，但最終的結局往往很悲慘。皇帝主子經常要把他們拋掉，來假裝當好人。

國家圖書館出版品預行編目資料

漢書裡的那些人那些事／江輝著.
－－第一版－－臺北市：宇河文化 出版；
紅螞蟻圖書發行，2017.08
面 ； 公分－－(Discover；39)
ISBN 978-986-456-291-6（平裝）

1.漢書 2.通俗作品

622.101   106011252

Discover 39

漢書裡的那些人那些事

作　　者／江輝
發 行 人／賴秀珍
總 編 輯／何南輝
責任編輯／韓顯赫
校　　對／朱靜宜
封面設計／張一心
美術構成／上承文化
出　　版／宇河文化出版有限公司
發　　行／紅螞蟻圖書有限公司
地　　址／台北市內湖區舊宗路二段121巷19號(紅螞蟻資訊大樓)
網　　站／www.e-redant.com
郵撥帳號／1604621-1　紅螞蟻圖書有限公司
電　　話／(02)2795-3656（代表號）
傳　　真／(02)2795-4100
登 記 證／局版北市業字第1446號
法律顧問／許晏賓律師
印 刷 廠／卡樂彩色製版印刷有限公司
出版日期／2017年 8 月　第一版第一刷

定價 300 元　　港幣 100 元